2023

宁夏文化蓝皮书

编委会

主　　任　马文锋

副 主 任　段庆林

委　　员　贠有强　王林伶　李保平

　　　　　　牛学智　李　霞　徐　哲

　　　　　　周鑫一

《宁夏文化蓝皮书：宁夏文化发展报告（2023）》

主　　编　牛学智

宁夏蓝皮书系列丛书

宁夏文化蓝皮书

宁夏文化发展报告

（2023）

宁夏社会科学院 编

主编／牛学智

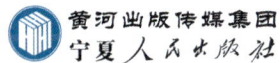

黄河出版传媒集团
宁夏人民出版社

图书在版编目(CIP)数据

宁夏文化蓝皮书：宁夏文化发展报告. 2023 / 牛学智主编. -- 银川：宁夏人民出版社，2022.11
(宁夏蓝皮书系列丛书)
ISBN 978-7-227-07752-7

Ⅰ. ①宁… Ⅱ. ①牛… Ⅲ. ①文化发展 – 研究报告 – 宁夏 – 2023 Ⅳ. ①G127.743

中国版本图书馆 CIP 数据核字(2022)第 246371 号

宁夏蓝皮书系列丛书	宁夏社会科学院　编
宁夏文化蓝皮书：宁夏文化发展报告(2023)	牛学智　主编

责任编辑　　管世献　陈　晶
责任校对　　杨敏媛
封面设计　　张　宁
责任印制　　宋　华

出版发行

出 版 人　　薛文斌
地　　　址　宁夏银川市北京东路 139 号出版大厦(750001)
网　　　址　http://www.yrpubm.com
网 上 书 店　http://www.hh-book.com
电子信箱　　nxrmcbs@126.com
邮购电话　　0951-5052104　5052106
经　　　销　全国新华书店
印刷装订　　宁夏银报智能印刷科技有限公司
印刷委托书号　　(宁)0025198

开本　720 mm × 1000 mm　1/16
印张　20
字数　320 千字
版次　2023 年 1 月第 1 版
印次　2023 年 1 月第 1 次印刷
书号　ISBN 978-7-227-07752-7
定价　50.00 元

版权所有　侵权必究

目 录

总 报 告

2022年宁夏文化发展与展望报告 …………………… 牛学智 徐 哲（3）

综合战略篇

贯彻党的二十大精神 铸就宁夏文化新辉煌 ………… 狄国忠（23）
贯彻自治区第十三次党代会精神 谱写文化强区新篇章 …… 常 超（30）
努力打造文化兴盛沃土 建设新时代文化强区报告
 …………………………………………… 许 峰 牛学智（37）
宁夏"十四五"时期哲学社会科学高质量发展对策研究 …… 段庆林（43）
宁夏公共文化服务高质量发展报告 …………………… 刘智远（55）
新时代宁夏非遗与旅游融合发展路径报告 …………… 万亚平（61）
2022年宁夏乡村文化发展报告 ………………………… 张治东（68）
2022年宁夏旅游业发展分析与展望报告 ……………… 陆媛媛（75）
银川市文明城市创建长效机制研究报告
 ……………… 何银玲 曾秀平 曹富平 叶 璇 王传东（82）

文旅融合篇

2022年宁夏乡村旅游发展报告 ………………………… 马 珍（91）
2022年文旅融合背景下的宁夏非遗保护传承发展报告 ……… 李 勇（97）

2022年宁夏红色旅游发展报告 …………………………… 任　婕（104）
2022年宁夏节假日旅游发展报告 ………………………… 鲁忠慧（113）
元宇宙驱动宁夏文旅数字化场景新业态研究报告 ………… 周丽雯（120）
文旅融合背景下宁夏夜间旅游发展研究
　　………………………………… 汪克会　陈文静　罗海霞（127）

城市市民文化篇

在首府城市的定位与站位上书写文化篇章 ………………… 唐荣尧（139）
老工业城市石嘴山的绿色发展之路 ………………………… 薛青峰（146）
吴忠城市文化发展中的文明密码 …………………………… 冯　立（153）
固原城市文化的历史与现实 ………………………………… 王永晟（159）
从细节处品味中卫市民文化的魅力 ………………………… 彦　妮（166）

文学艺术篇

2022年宁夏小说创作发展报告 …………………………… 周清叶（175）
2022年宁夏散文创作发展报告 …………………………… 李拜石（182）
2022年宁夏诗歌创作发展报告 …………………………… 马慧茹（188）
2022年宁夏文艺批评创作发展报告 ……………………… 许　峰（195）
2022年宁夏书法创作发展报告 …………………………… 杨开飞（203）
2022年宁夏美术创作发展报告 …………………………… 贾　峰（210）
2022年宁夏影视业发展报告 ……………………………… 徐　哲（217）
自媒体时代文学经典传播传承及经典化问题 ……………… 牛学智（223）

新媒体文化篇

宁夏两大主流媒体党的二十大新闻宣传的特色分析 ……… 贺玉莲（233）
2022年宁夏新媒体发展报告 …………………… 崔　跃　薛成云（238）
2022年宁夏短视频发展报告 ……………………………… 于　璇（245）
2022年宁夏直播行业发展报告 …………………………… 王雅蕾（252）

宁夏老年人使用抖音现状报告 …………………………………… 薛雯乔(260)

区域文化篇

2022年银川市文化和旅游业发展报告 …… 王晓菲　许慧杰　鲍　洁(269)
2022年石嘴山市文化和旅游业发展报告 ……………………… 赵晋宁(276)
2022年吴忠市文化和旅游业发展报告 ………………… 杨宗麒　余钧彦(283)
2022年固原市文化和旅游业发展报告 ………………… 王永玮　路　宁(290)
2022年中卫市文化和旅游业发展报告 …………………………… 康娟娟(296)

附　录

2022年宁夏文化发展大事记 ……………………………………… 贾　峰(305)

总报告
ZONG BAOGAO

2022年宁夏文化发展与展望报告

牛学智 徐 哲

  2022年是极不平凡的一年，举国关注、举世瞩目的党的二十大胜利召开。党的二十大是在全党全国各族人民迈上全面建设社会主义现代化国家新征程、向第二个百年奋斗目标进军的重要时刻召开的一次十分重要的大会，是一次高举旗帜、凝聚力量、团结奋进的大会。党的二十大报告站在我们党全面建设社会主义现代化国家和中华民族伟大复兴新征程的历史起点上，全面总结了过去五年和新时代十年取得的具有里程碑意义的举世瞩目的辉煌成就，全面总结了我们党之所以取得伟大成就的历史经验、实践经验和理论经验，为全党进一步高举马克思主义伟大旗帜、坚定不移走中国特色社会主义道路，为全面建成社会主义现代化强国提供了根本遵循，是党团结带领全国各族人民夺取新时代中国特色社会主义新胜利的政治宣言和行动纲领。

  习近平总书记在报告中强调要推进文化自信自强、铸就社会主义文化新辉煌，这为文化建设开启了新的篇章，指明了新的方向。推进文化自信自强，必须始终坚持中国共产党的领导，坚持中国特色社会主义文化发展的道路，紧紧围绕举旗帜、聚民心、育新人、兴文化、展形象的使命任务，

作者简介 牛学智，宁夏社会科学院文化研究所所长，研究员；徐哲，宁夏社会科学院科研组织处副处长，副研究员。

以富有活力的现代文化展示当代中国形象。推进文化自信自强，必须坚持以马克思主义为指导，以马克思主义统领多样化文化发展，走出一条符合中国国情和文化建设实际的发展道路。必须坚持以人民为中心的创作导向，着力创作有温度、有深度的文艺作品，讲好中国故事，弘扬中国精神，书写社会主义文化强国建设的崭新篇章。

2022年，中国共产党宁夏回族自治区第十三次代表大会也在与全国同步全面建成小康社会、踏上全面建设社会主义现代化新征程的关键时期顺利召开。党代会对未来五年宁夏文化建设做出了新的规划部署，明确提出要"打造文化兴盛沃土"，要"推进文化事业和文化产业繁荣兴盛，努力建设新时代文化强区"。

党的二十大及自治区第十三次党代会为宁夏的文化建设擘画了新的蓝图，宁夏的文化迈上了新台阶。一年来，经过全区上下的不懈努力，新气象、新业态不断涌现，各个领域亮点频出。主流媒体舆论引导力进一步增强，社会主义核心价值观更加深入人心，社会文明程度进一步提高，文艺精品不断涌现，文旅融合更加紧密，人民文化生活更加丰富，扎实推进、稳步发展的宁夏文化正在为全面建设社会主义现代化美丽新宁夏提供着坚实的思想保障、注入强劲的精神动力。

一、2022年宁夏精神文明和文化建设工作经验与成绩

（一）深化理论学习，大力开展理论武装入脑入心行动

银川市创新形式，多措并举，覆盖面大，效果突出。贯彻落实《中国共产党宣传工作条例》，实施习近平新时代中国特色社会主义思想铸魂工程，出台贯彻落实习近平总书记重要讲话和重要指示批示精神专项工作机制、工作办法等，分专题举办党组理论学习中心组集体学习会、专题培训班和专题辅导报告，新打造习近平新时代中国特色社会主义思想"七进"和学校"三进"示范点8个，组织开展宣讲2000余场次。组织开展朔方人文科学大讲堂银川分讲堂"百场社科宣讲进基层"活动，开展专题宣讲100余场次，听众达2万人次。出台《推动党史学习教育常态化长效化实施意见》《银川市推动"我为群众办实事"实践活动常态化长效化管理办

法（试行）》，实现工作流程规范化、创新做法制度化、成熟经验机制化。银川市撰写的《把"山海情"作为党史学习教育生动教材》《社会主义是干出来的》案例入选党中央党史学习教育领导小组办公室案例选编。

石嘴山市着力深化理论武装，夯实信仰信念的思想根基。一是坚持以上率下，将学习习近平新时代中国特色社会主义思想，习近平总书记最新重要讲话、重要文章和作出的重要指示批示精神等内容，列为石嘴山市委常委会"第一议题"、市委理论学习中心组"第一主题"，通过党组理论学习中心组集体学习，交流研讨和交流发言，在学思践悟中不断提高政治判断力、政治领悟力、政治执行力。举办青干班等各类培训班11期，培训党员干部1300余人次。二是创新话语方式，运用大众化、通俗化的话语体系，让党的创新理论"飞入寻常百姓家"。邀请党代表、宁夏党委宣讲团成员，成立市县宣讲团，开展专题宣讲活动690余场次，受众54000余人。培育"小马扎""庭院微课堂"等24个宣讲品牌，用身边的"小故事"厘清政策的"大道理"。

吴忠市聚焦首要任务，推动理论学习走深走实。一是深化实化理论学习，推广运用"中心组理论学习+"模式，深入开展党的二十大和习近平总书记视察宁夏重要讲话指示批示精神"大学习、大讨论、大宣传、大实践"活动，用好《党的二十大报告辅导读本》《党的二十大报告学习辅导》等书籍，引导吴忠全市党员干部群众认真学习领会党的二十大精神。以专题辅导班和轮训班方式，抓好自治区第十三次党代会的学习贯彻，实现全市496名市管干部全覆盖轮训。二是分层分类开展宣讲。深化拓展"四千万"工程（四级书记赴一线、千名干部大调研、万名党员大宣讲），组建市县乡村四级网络，运用群众喜闻乐见的方式，切实让广大干部群众喜欢听、愿意听，听得懂、能落实。加强报台网端微立体化理论宣讲阵地建设，打造"吴忠宣讲"网络品牌，组织开展"吴忠宣讲"微视频征集展示活动，录制展播"坚定信心 同心抗疫"等系列微宣讲视频74期，切实让党的创新理论"飞入寻常百姓家"。三是着力推动成果转化，坚持理论联系实际的马克思主义学风，紧密结合吴忠全市改革发展稳定等各方面工作，组织开展"学习贯彻习近平总书记视察宁夏重要讲话精神""奋进新征程 建功新时代"等理论征文活动,征集理论文章101篇,召开推动习近平新时代中国特色社会主义思想走深走实暨学习《习近平谈治国理政》(第四卷)座谈会,推出了一批高质量研究成果。

固原市在打造党的创新理论学习教育示范地上颇有创意。一是按照宁夏党委打造"全区党的创新理论学习教育示范地、红色文化新高地、满足脱贫地区群众精神文化新需求样板地、精神文明建设模范地"要求,抓实抓细"十大工程",深入推进"四地建设",系统化推进党的二十大报告、《习近平谈治国理政》(第四卷)等的学习,组织"第一书记""五老一新"等8支宣讲队开展面对面宣讲、心贴心交流,依托贯通市县乡村的"云视讯"系统开展网络微宣讲、微课堂,把宣讲台搬到社区里、车间中、炕头上。二是为营造党的二十大精神社会宣传氛围,固原市市县两级筹措资金180万元,打造景观造型15处,安装道旗等1600余面,悬挂横幅1.8万条,制作擎天柱宣传牌80余面,利用1.7万余个电子屏不间断滚动宣传,发送宣传短信60余万条。三是在福建召开的习近平生态文明思想理论与实践研讨会上,固原市以"红色固原 绿色发展——习近平生态文明思想的固原实践"为主题推广了固原市的经验,得到了广泛好评。

中卫市思想理论建设和意识形态责任同时抓,两项工作得到进一步深化,进一步压实。中卫市严格落实党委(党组)理论学习中心组学习、中心组成员包抓、巡听旁听等制度,除常规性理论学习中心组学习,县处级以上党委(党组)理论学习中心组学习外,开展各类理论宣讲2200余场次。举办了第五届基层理论"微宣讲"大赛,开展了"用好红色资源、赓续红色血脉"理论研讨会、"奋进新征程·建功新时代"理论征文活动和社科理论课题征集研究,推动党的理论创新成果入脑入心、见行见效。建立了月度重点领域、季度全市范围、随时统筹调度意识形态风险分析研判工作机制,进一步压实了意识形态主体责任。

(二)思想道德教育常抓不懈,大力开展思想道德引领铸魂行动

银川市深入贯彻落实《新时代公民道德建设实施纲要》,弘扬和践行社会主义核心价值观,印发《关于建立社会主义核心价值观入法入规协调机制的实施方案(试行)》,成立协调小组,建立咨询专家库。召开学习贯彻习近平总书记给"中国好人"重要回信精神座谈会,组织银川市文明委各成员单位及先进模范深入学习贯彻重要回信精神、收看第八届全国道德模范故事汇基层巡演启动仪式。组织各地各部门参加宁夏第六届社会主义核心价值观主题微电影评选活动,15部作品获奖。选树推荐发布"中国好人"2名、"宁夏好人"3名、"银川好人"10名,举办《闪亮的名字》思想政治教育系列活动3场,在全社会形成崇尚榜样、见贤思齐的生动局面。推动理想信念教育常态化、制度化,深入挖掘红色资源、赓续红色血脉,结合抗战胜利日、烈士纪念日、中国传统节日等,组织各地各部门依托爱国主义教育基地开展主题党日团日队日活动等线上线下宣传教育活动1600余场次。

石嘴山市通过深化"五大创建",引领文明新风行动。石嘴山市联合市教体局等部门印发《石嘴山市乡村"复兴少年宫"试点建设实施方案》,以思想教育铸魂、道德建设引领、文明风尚培育等"七大工程"为载体,统筹推进"五大创建",积极探索促进全市人民精神生活共同富裕新途径。印发《石嘴山市拓展新时代文明实践中心建设实施方案》,指导各级新时代文明实践中心制定考核项目清单,培育"田间课堂""黄河岸边生态讲堂"等文明实践志愿服务品牌700余个,推动资源入驻下沉。组织开展"拒绝高额彩礼 推进移风易俗"宣传浸润专项行动,石嘴山全市195个行政村全部建立红白理事会,实现"三个全覆盖"。建成新时代文明实践中心(所、站)355个,覆盖率100%;注册志愿者达14.71万人,志愿服务团体1531个,7个志愿服务组织、社区、个人荣获宁夏学雷锋志愿服务"四个100"称号,志愿服务蔚然成风。

吴忠市把强化价值引领,培育向上向善的文明风尚作为重点。一是贴近群众教育引导。常态化开展中国特色社会主义和中国梦宣传教育,围绕"习近平总书记情系宁夏",举办"传承红色基因 奔赴新征程"主题活动,开展"追寻红色足迹"学习体验活动3200余场次,传承红色基因、赓续红色血脉。二是先进典型示范引领。深入实施公民道德建设引领工程,召开习近平总书记致"中国好人"重要回信精神座谈会,深化"我推荐我评议身边好人"活动,深化"好人之城"建设,圆满承办了第三季度"中国好人榜"发布仪式暨全国道德模范与身边好人交流互动活动。三是强化文明实践养成。以群众性精神文明创建为有力抓手，充分发挥群众的主体作用，推动社会主义核心价值观落细落实、融入日常、做在经常。2022年，吴忠全市登记注册志愿者31.31万人，占全市常住人口的22.5%，实施志愿服务项目7.56万余个，在第六届中国青年志愿服务项目大赛中取得2金1铜的好成绩。

固原市在加强干部自身建设和打造精神文明建设模范地上，措施得力，收效明显。举办固原全市党政干部意识形态专题研修班、创建全国文明城市专题培训班，深入实施六盘文化文艺人才提升工程，培育文艺领军人才工作室3个、文艺创作基地1处，全面提升宣传思想战线业务能力水平。拓展深化新时代文明实践中心建设，建成新时代文明实践基地48个，成立网络文明、中华文化等10个行业志愿服务队，开展"践行文明风尚为美丽固原加分"宣教活动，举办首届固原市网络文化节，开展网络"三俗"文化治理，促进"五大文明行动"常态化开展。

中卫市着力构筑"一城好人，满城春风"的新时代道德高地，开展了"新时代好少年"、寻找身边的"雷生勇"等道德建设先进典型选树宣传活动。以文明城市创建"九大攻坚战"为统揽，争创区级文明单位8个、文明村镇5个、文明校园8个，建成新时代文明实践所40个、实践站511个，8人获评"中国好人榜"候选人，延伸建设了沙坡头区雷锋纪念馆、中宁县南河子公园、海原县文化馆等新时代文明实践分中心、实践基地（广场）35个，实现县、乡镇、村（社区）三级阵地建设全覆盖。立足"靶向式服务"，开展"千名文艺志愿者进基层"主题实践活动，建立了宣传部、文明办统筹，群众"点单"、文联"派单"、协会"接单"、中心（所、站）"评单"的闭环运行机制，走出了新时代文明实践深化拓展的创新之路。

（三）着眼于具体和细节，大力开展精神文明建设走深走实行动

银川市以文明城市创建为抓手，推进精神文明建设进一步走深走实。实施创城"十大惠民工程""八项提升行动"，建立市级领导分片包抓责任制，持续完善"街巷长制""双报到"工作机制，顺利完成全国文明城市创建实地测评工作。召开银川市全市拓展新时代文明实践中心现场推进会，建成实践中心6个、实践所54个、实践站538个，实现新时代文明实践阵地全覆盖。2022年，1人荣获全国"新时代好少年"，3人荣获区级"新时代好少年"，25人荣获银川市"新时代好少年"。深入推进未成年人思想道德建设，打造《童心向党 健康成长》专题电视节目，申报宁夏乡村"复兴少年宫"建设试点项目11个。组织开展移风易俗宣传月，通过各种形式开展移风易俗宣传、文艺演出等活动1400余场（次）。

石嘴山市提出创新巩固提升文明城市成果"4456"工作法（强化四级联动抓推进，固化四项机制抓落实，实化五大攻坚抓整治，深化六个行动抓提升），唱响"文明石嘴山 你我共行动"文明城市创建进行曲。创作拍摄的视频短片《宁夏回族自治区石嘴山市：文明花开幸福城》和《宁夏回族自治区石嘴山市龙泉村：龙泉之美，美在文明》，被中央文明办采用推介，在中国文明网刊播并向全国进行宣传展示，属宁夏第一个被展播的全国文明城市。高质量承办2022年"宁夏好人"发布仪式，此次活动是深入学习贯彻落实习近平总书记给"中国好人"安徽黄山风景区工作人员李培生、胡晓春重要回信精神，在党的二十大召开前举办的首场宁夏全区道德表彰盛典活动，高质量承办发布仪式工作得到社会普遍认可。

吴忠市紧盯文化强市目标，深入推进文化高质量发展。吴忠市数字文化馆、"吴忠记忆"黄河文化数字非遗展示馆等投入运营，投入157.8万元完善基层文化站和村综合文化服务中心服务设施，4所城市书房完成建设并投入使用。策划开展了"罗山脚下新生活·感恩奋进跟党走"等主题展览12场次，常态化开展"送戏下乡"、戏曲进校园进乡村等惠民演出569场次，让文化热在基层、亮在基层、暖在民心。成功举办"黄河流域生态保护和高质量发展"文化论坛，邀请黄河水利作家协会主席侯全亮、中国社会科学院博导余斌等11位专家学者建言献策，共谋发展。统筹推进黄河、长城、长征三大文化公园建设，积极争取中央项目21个、资金3.9亿元。

固原市赓续红色血脉，打造红色文化新高地，以爱国主义凸显文明建设亮色。深入保护挖掘利用固原红色资源，开工建设长城、长征国家文化公园项目10个，全面完成六盘山长征纪念馆"红色基因库"建设项目，制作《红色固原》系列视频18集,编印《中国共产党固原历史百年大事记》等地方党史书籍12种。充分发挥红色文化资政育人作用,开展"总书记情系西海固""牢记领袖嘱托、铭记真抓实干"等宣讲活动2600余场次,举办"喜迎二十大 奋进新征程"固原市首届"红歌汇",推出《长征故事》等红色文艺作品。传承弘扬红色文化基因,彰显精神文明建设亮色。

中卫市抢抓热点,因地制宜,精神文明建设充满区域特色。开设了"喜迎党的二十大""二十大时光""奋进新征程 建功新时代""学习宣传贯彻自治区第十三次党代会精神"等60多个专题专栏。开设"黄河之声"专栏,推出学习宣传贯彻党的二十大系列评论员文章、"云宣讲"视频10期,被区级媒体多次转载刊发。聚焦"五个示范市"建设、"四大提升"行动、"稳保促"、大漠黄河文化国际旅游节、第五届云天大会、枸杞产业博览会等重大活动、重大主题,及时准确做好相关宣传报道。主动讲好"中卫故事",配合拍摄党的二十大主题影视剧《我们这十年》之《沙漠之光》、专题宣传片《抹不去的乡愁》等,中宁县大战场农民合唱团事迹被拍摄为乡村振兴主题电影《六谷儿》。

二、2022年宁夏文化事业工作经验与成绩

2022年底,中共中央宣传部对第十六届全国精神文明建设"五个一工程"组织工作先进单位和优秀作品进行表彰,宁夏出品的电视剧《山海情》、音乐剧《花儿与号手》、广播剧《中国北斗》、图书《诗在远方——"闽宁经验"纪事》获得"优秀作品奖",宁夏回族自治区党委宣传部继2001年之后再次荣获"组织工作奖"。

这些获奖作品再次证明,只有坚持创造性转化、创新性发展,深入生活、扎根人民,守正创新、潜心磨砺,文艺作品才能获得奖杯与口碑的双赢。

(一)文艺创作发展多有新举措、新成绩

银川市组织优秀文艺作品巡演,大型原创话剧《情系贺兰》等剧目赴北京、山东、辽宁等地,及在区内完成演出18场。创排《山河人家》《幸福的脚步》音乐短剧、舞蹈等各类作品29部,组织申报国家艺术基金2023年度资助项目25个。舞蹈《公婆戏》等4部作品荣获宁夏第十届文

学艺术奖二等奖，弦鼓说唱《皆大欢喜》入选第八届全国少数民族曲艺展演，杂技《巍巍贺兰·峭壁精灵》成功入围第十一届中国杂技金菊奖全国杂技比赛决赛。

石嘴山市聚焦主题开展文艺创作与宣传，建立"文艺石嘴山"新媒体宣传矩阵，开设"我们的新时代""夜听""诗与远方"等主题优秀文艺作品展示专栏，发布栏目129期，阅读总量达12万人次。举办了周一新名家工作室艺术作品展、宁夏民间文艺名家作品展等，累计展览展出1000多幅作品。

吴忠市文学艺术创作颇多起色，可圈可点。在宁夏第十届文学艺术奖获奖作品中，吴忠市有近10件作品获得优秀作品奖及表演奖。其中，长篇小说《山和梦》获得二等奖，长篇小说《拂晓突袭》《静静的清水河》获得三等奖，报告文学《走出黑眼湾》获得二等奖，散文《远逝的机器轰鸣声》获得二等奖。《高沙窝脱贫记》获得戏剧类三等奖，兰玲获得优秀表演二等奖。摄影作品《梨园人家》（组照）获得摄影类二等奖，剪纸《壮美70年 礼赞新宁夏》获得民间文艺类一等奖，微电影《追梦》获得影视类三等奖。广场舞精品《扬鞭再创新辉煌》荣获宁夏广场舞大赛一等奖，入围第十九届"群星奖"。话剧《兰花芬芳》、小品《一家亲》等优秀剧目荣获宁夏群星奖奖项。舞蹈《血脉情》、秦腔小戏《爸爸回来了》、群舞《温暖的记忆》等优秀作品获得宁夏舞台艺术精品创作工程扶持，《青铜峡的传说》《爱有你我他》等17部优秀文艺作品入选国家艺术基金资助项目。

固原市注重文艺创作激励机制建设。制定《关于促进全市文艺事业繁荣发展的实施意见》。在泾阳县举办了宁夏骨干作家（散文）培训班，特聘北京外国语大学、宁夏大学及国内、区内知名教授、作家、诗人为学员授课。在西吉县木兰书院举办了红色主题文艺作品创作座谈会，近30名作家、文学爱好者参加了座谈。出版《爱情蓬勃如春》《野马尘埃》等个人作品12部，90多人在《花城》《十月》等国内各大报刊发表作品，11人获得自治区第十届文学艺术奖。马金莲作品《爱情蓬勃如春》获得"华语青年作家奖"短篇小说奖主奖。李方获"荣浩杯"第七届全国微型小说征文二等奖。推出了原创公益歌曲《微光》《移动的长城》《西吉好东西》等3首。国画作品《翠微云起图》入选中国美协主办的第三届"香凝如故"美术作品展。摄影作品集《凉山策》出版并入围"2022年人文社科好书榜"。摄影作品《我的西海固》入围第四届中国民族影像志摄影双年展，这是宁夏摄影人作品首次入围该展。

中卫市用社会主义核心价值观阐释黄河文化的精神内涵，深度挖掘黄河文化价值内核，推出守护黄河根脉系列丛书、视听作品、舞台艺术作品、纪录片。推进音乐党史课《歌声里的民心》、动画片《中卫民间故事》、反映建设乡村全面振兴样板区风貌的电影《六谷儿》等精品力作，打造《丝路驿站》《金沙梦》《三个女红军》《红星向党》等样板节目，讲好中卫黄河故事。创新开展"千名文艺工作者进基层"主题实践活动70余场次，确保书同文、语同音、人同心，铸牢中华民族共同体意识。"8·04""9·20"疫情防控期间，坚持以文化人、以艺通心，开展"艺"起战"疫"、以"艺"抗疫主题活动，创作音乐、诗歌、朗诵、书法、绘画、摄影等群众喜闻乐见的文艺作品4700余件，是过去两年文艺创作的总和。

（二）公共文化数字化基础设施和平台建设取得新突破

2022年，中共中央办公厅、国务院办公厅印发了《关于推进实施国家文化数字化战略的意见》，明确提出了文化数字化建设的目标和任务，"到'十四五'时期末，基本建成文化数字化基础设施和服务平台，形成线上线下融合互动、立体覆盖的文化服务供给体系"，到2035年，"建成物理分布、逻辑关联、快速链接、高效搜索、全面共享、重点集成的国家文化大数据体系，中华文化全景呈现，中华文化数字化成果全民共享"。为贯彻落实党中央的战略部署，自治区第十三次党代会明确提出"实施文化数字化战略"，并出台《关于贯彻落实国家文化数字化战略的实施方案》，确保国家文化数字化战略各项任务在宁夏落地落实。

根据国家文化数字化战略的部署及宁夏的具体安排，吴忠率先发力，公共文化服务数字化基础设施建设成绩显著。数字文化馆、"吴忠记忆"黄河文化数字非遗展示馆、吴忠市图书馆信息化平台及业务智能化管理建设、吴忠市博物馆文物数字化保护与展示提升等项目已全面建成并投入运营，免费向市民开放，极大地满足了群众的文化需求，吸引参观互动群众30万余人次。

（三）公共文化空间改造完善、提档升级

推动公共文化服务质量上台阶，提升城乡公共文化空间的建设水平是基础性工作。2022年，宁夏不仅在完善基层公共文化服务设施上成绩多多，在创新公共文化空间上也亮点多多。

进一步提升基层公共文化设施建设水平。银川市新建"城市阅读岛"10个、基层综合文化服务中心20个。吴忠市利通区胜利镇、盐池县花马池镇等4个标准化乡镇文化站和同心县兴隆乡王团村、韦州镇旧庄村等21个村综合文化服务中心（文化大院、民间文艺团队）全面完成改造提升，添置了实用文化器材和设备，提升了基层公共文化服务能力。

着力构建新型公共文化空间。在2021年，创新拓展城乡公共文化空间就被全国公共文化领域重点改革工作总结部署会议列为重要任务，明确要以构建公共文化新型空间为抓手，在建设标准、设施布局、建设主体、功能设置方面进行创新。2022年，宁夏在新型城市公共文化空间建设上加快脚步，银川市推出"文化艺术空间驿站"，驿站整合在地文化旅游资源，融合打造民艺的温度、荟萃的艺术、阅读空间、演艺培训分享等板块，将不同的文化形式"吹拉弹唱琴棋书画"进行互动体验式集中展示。吴忠建成市图书馆军民融合24小时图书阅览室，同心县"豫海城市书房""清水苑城市书房"4座城市书房，藏书2万余册，同时配备自助借还机、自助办证机等电子设备，进一步丰富了全民阅读服务。中卫市在公园广场、景区社区、学校机关等地累计建成图书馆及分馆、城市阅读书房、24小时微书房、共享阅读空间48个，着力构建覆盖城乡的阅读新空间。

（四）文化惠民更加高效精准

2022年以来，宁夏坚持以文化人、以文育人、以文培元，持续开展"送戏下乡""送影下乡""文化大篷车"等文化惠民活动，提升公共文化产品质量，丰富公共文化产品供给，公共文化服务更加高效，人民群众的文化获得感、幸福感不断提升。银川市开展文化惠民演出1816场，举办公益艺术培训班700余场次。石嘴山举办"礼赞新时代　放歌石嘴山"原创歌曲征集传唱等重点活动40余场次，开展"我们的中国梦"——文化进万家等惠民文化文艺演出189场次。吴忠组织开展文化惠民活动700多场次，受益群众超过50万人次，群众满意度为92%。固原开展"全民阅读·书香固原"、"喜迎二十大　奋进新征程"广场文艺演出、"群众广场舞大赛"等文化惠民活动300余场次，放映农村电影6000场次以上。中卫开展"文化大篷车"、"送戏下乡"、百姓大舞台等基层演出700余场次，农村数字电影放映5800余场次。

（五）非遗传承保护转化取得新成效

银川市制定让文物活起来，提升银川历史文化名城影响力的实施方案。推进玉皇阁、海宝塔文物保护规划和仁存渡口革命文物保护利用方案编制。完成国家文物局执法监测水洞沟、西夏陵、海宝塔、宏佛塔等国家重点文物保护单位"两线"范围内违建问题整改38处。

吴忠市扎实推动非遗与旅游融合，积极组织50余家次市级以上非遗项目、非遗传承人开展非遗文化和非遗产品宣传推广。举办"非遗进万家·文旅展风采"2022年宁夏黄河流域非遗讲解大赛吴忠市初赛、吴忠市2022年"我们的节日"端午节暨"文化和自然遗产日"（非遗购物节）等系列活动，吸引游客过万人次，使非遗走进人们的日常生活。积极应对强降雨等不利天气，在重要节点、节假日开展博物馆和各级文保单位安全生产检查25人次，组织动员全市开展重点文物和文物建筑安全专项检查及整改工作，确保了各类文物安全，铸牢文物安全防线。认真梳理修订吴忠市重点文物保护单位、革命历史类纪念设施、红色文化遗址、石窟寺、名碑名刻文物资源等名录体系6个，建立完善了全市文物保护体系。

固原市进一步完善全市非物质文化遗产代表作名录，评定市级非遗代表项目22个，成功举办"文化和自然遗产日"宁夏主会场宣传展示系列活动。

中卫市加强黄河文化遗产研究利用，推动黄河文化遗产资源搜集整理，对古建筑、古镇、古村等农耕文化遗产和引黄古灌区、古渡口、治河技术等水文遗产进行保护传承，推动黄河文化遗产的活化利用和传承创新。保护地方特色戏曲、民俗、传统技艺，古建彩绘、黄羊钱鞭被列入国家级非遗保护项目，道情戏"九进"活动深受群众欢迎。

三、2022年宁夏文旅产业工作经验与成绩

（一）加快产业项目带动，推进产业融合

2022年，宁夏深入挖掘资源优势，突出项目抓手，推进全产业融合发展，努力探索文化旅游融合发展的宁夏路径。

聚力培育特色项目，发挥重大项目的带动作用。近年来，贺兰山东麓葡萄酒产区以建设国家葡萄及葡萄酒产业开放发展综合试验区为契机，扎实推进贺兰山东麓葡萄酒廊道建设，积极探索文旅与葡萄酒产业融合新模式，致力将葡萄IP打造成为多业态融合、高综合产值的复合产业。2022年，成功举办中国（宁夏）国际葡萄酒文化旅游节，向外展示了宁夏葡萄酒文化旅游产业融合发展成果。宁夏贺兰山东麓葡萄酒产业园区也被命名为第六批"绿水青山就是金山银山"实践创新基地。目前，宁夏酿酒葡萄种植基地占地面积58.3万亩，是我国最大的酿酒葡萄集中连片产区，超过全国种植面积1/3。现有酒庄和种植企业实体228家。生产葡萄酒1.36亿瓶，占全国葡萄酒产量的37%，综合产值342.7亿元，酒庄年接待游客超过135万人次。"全产业发展、全业态融合、全体系建设、全媒体营销"宁夏模式和融合路径逐渐显现。

创新推进全产业融合，文旅新业态不断涌现。宁夏大力支持文旅产业与休闲康养、数字信息、电子商务等产业的融合，以创新打破产业壁垒，新业态不断涌现。石嘴山市倾力打造石炭井中国现实主义题材影视拍摄基地、西部地区有影响力的影视基地，国庆档广受关注的《万里归途》就在此拍摄，成功"带红"石炭井工业文旅小镇。中卫市努力探索文化事业与文旅产业的融合，将"书香"融入景区，打造了沙漠大客厅、沙漠图书馆，将公共文化空间赋予旅游功能，拓展形成新型公共文化空间，得到游客的一致好评。

创意赋能文旅融合产品，丰富优质文旅产品供给。宁夏博物馆等文化文物单位依托馆藏资源优势，成立文创产品设计研发团队，将年轻时尚元素注入文创产品中。2022年，宁夏博物馆以"琉璃鸱吻"为基本设计元

素，跨界美食领域，推出桲果、抹茶、蜜桃3种口味的文创雪糕，受到年轻消费群体的青睐。截至目前，宁夏博物馆共开发文创产品15个系列，64个种类，近千款产品，馆藏文物以新颖别致形象展现在受众面前，文物在融入人民生活中"活起来"。

（二）挖掘在地文化特色，文旅品牌更加响亮

自治区第十三次党代会将文化旅游产业列为"六优"产业之首，着力建设"一核、两带、三片区"文化旅游产业发展格局，推进差异化发展。五市坚决贯彻落实自治区第十三次党代会精神，结合发展实际，凝练本地文化的特色亮点，形成各具特色的文化旅游品牌，差异化发展格局逐步形成。

银川市围绕"贺兰山下、黄河两岸、长城内外、葡萄园里、稻渔空间"特色旅游资源优势，制定印发四季旅游活动实施方案，着力打造"爱上银川·四季可游"文化旅游品牌。2022年，成功举办"一山一河"文化旅游节、第三届乡村文化旅游节、文化旅游创意节、市民文化艺术节、宁夏黄河流域非遗讲解大赛等品牌节会20余场，开展温泉养生、红酒巴士、户外露营等主题旅游活动23项，进一步激发文旅市场活力。

石嘴山市结合"塞上煤城"、工业城市的底蕴和特色，整合区域内文化、旅游资源，大力发展工业文化旅游。先后承办"5·18国际博物馆日暨宁夏长城保护宣传日"等自治区大型文旅活动。怀旧石嘴山工业研学游精品线路成功入选文化和旅游部"乡村是座博物馆"主题精品线路之一，龙泉村、硒有田园成功入选"乡村四时好风光"全国乡村旅游精品路线。

吴忠市立足辖区内的非遗资源、美食资源，将"游在宁夏 吃在吴忠"品牌擦得更亮。成功举办"2022中国面食博览会暨第二届吴忠早茶美食文化节"，产品销售额达2.15亿元，接待游客15.9万人次。围绕早茶、黄河、星空、酒庄、红色、长城、休闲七大主题推出14条精品旅游线路，举办了黄河金岸文化旅游节暨"5·19中国旅游日"、全国沙滩排球巡回赛（宁夏吴忠站）、第五届牡丹文化艺术节等活动，发放旅游消费惠民券、免费券价值639.5万元。截至11月底，全市接待游客739.19万人次，实现旅游收入44.86亿元。

固原深入挖掘红色文化资源，打造"红色固原"名片。2022年，固原开工建设长城、长征国家文化公园项目10个，大力推进"红色+旅游""红色+非遗""红色+文创"融合发展，推出"读长征史、走红军路、登胜利山"红色文旅产品，开工建设将台堡红色民宿村等项目，"清凉固原红色研学游"等3条线路入选全国乡村旅游精品线路，努力打造红色旅游产业集群。

中卫统筹利用区域内的黄河文化资源、沙漠旅游资源，建设"印象黄河"的文旅品牌。推进以"活化黄河印象"为主题的黄河文化传承创新工程，培育了黄河文化物产及非遗文创深度研发、非物质文化遗产项目保护与活化形态创意设计开发等一批特色文化产业项目，推出了黄河瓷、黄河泥陶印、沙石画等"黄河印象"系列文创产品。依托丰富的人文资源，推出大漠追星等沉浸式体验式旅游项目，打造秘境之旅等非遗研学线路。

（三）多措并举，持续刺激文化消费

一是开展惠民促销活动，刺激消费增长。联合中国银联宁夏分公司在国家文化和旅游消费试点城市、国家级夜间文化和旅游消费集聚区开展"百城百区"文旅消费助企惠民行动，整合景区、餐饮、出行、住宿、购物等跨场景行业共同打造多元消费场景，开展让利、打折、满减、优惠券等形式多样的惠民消费活动。自治区文化和旅游厅筹集3000万元资金，通过"线上发放、线下核销"的方式发放四大类六档次"畅游宁夏·文旅惠民"文旅消费券。截至8月初，累计发放消费券20.88万张，承兑8.29万张，直接带动消费2248万元，间接带动文化和旅游消费7000万元。

二是加强宣介，促进市场回暖。举办宁夏"两晒一促"大型文旅推介活动，通过制作"8分钟专题宣传片"、"炫彩60秒"短视频、"经典故事·精品线路"《宁夏日报》专版、搭建"云上文旅馆"网络平台、录制"县长晒优品"访谈节目、推出"宁夏有礼了"公益直播等节目，向全国"晒"出宁夏独特的文旅资源、特有的风物优品，充分展示了各县（市、区）的自然风光、民俗风情、特色风物、人文风韵，综合传播量突破32亿次，扩大了宁夏文旅品牌在全国的知名度和美誉度。宁夏文化和旅游厅携手字节跳动，在抖音及今日头条发起以"塞上江南、神奇宁夏"为主题的

系列活动,在抖音端发起"#动感体验神奇宁夏#""#dou游神奇宁夏#"话题挑战赛,并打造神奇宁夏美好目的地100个、开展区内外达人联合探访团等活动内容,创新玩法,带领用户体验宁夏这幅美丽画卷,同时也为宁夏文旅提供了更丰富的内容宣传空间及角度,注入了长效良性发展的量能。各地市也围绕自有文旅品牌,广泛开展宣介活动。银川市开展文旅营销大篷车系列活动,组织优秀旅游企业27家次,锚定河南、山西、广东、福建、山东5省22个城市,推介文化旅游资源和引客入银政策。举办文化旅游消费季等活动40余场,推出精品旅游线路20条,发布"爱上银川"宣传视频100余期,点击量1000余万次,促进旅游市场回暖。固原市聚焦生态文旅特色市建设,制定出台《固原市关于支持精品民宿发展的若干措施》等政策文件,赴福州、温州、银川等地开展"宁静的夏天·凉爽的固原"文旅促销宣传活动60余次,举办火石寨丁香花节、清凉隆德行等特色文旅活动。

历史长河奔腾不息,时代考卷常出常新。经过新时代十年奋力建设的宁夏文化迎来新的征程,面临新的考验。站在新起点,在党的二十大"推进文化自信自强,铸就社会主义文化新辉煌"的光辉引领下,在自治区第十三次党代会的决策部署下,宁夏正朝着建设文化强区的目标昂首阔步、奋勇前进,宁夏文化必将大发展大繁荣。

四、2023年宁夏文化发展展望

党的二十大全面总结了过去五年和新时代十年文化建设成就,提出要"推进文化自信自强,铸就社会主义文化新辉煌"的新任务,昭示着文化建设即将开启新的篇章。自治区第十三次党代会贯彻落实习近平总书记视察宁夏重要讲话精神和重要指示批示精神,提出"努力打造文化兴盛沃土"的务实之举,为宁夏文化发展擘画新蓝图,指引宁夏文化建设迈上新征程。蓝图已绘就,奋进正当时。站在新起点、新阶段的宁夏文化只要敢于突破瓶颈,勇于守正创新,必将在新征程上取得新成绩。

(一)以文化现代化为抓手,统筹推进文化建设

2020年9月,习近平总书记在教育文化卫生体育领域专家代表座谈会

上的重要讲话中强调："统筹推进'五位一体'总体布局、协调推进'四个全面'战略布局，文化是重要内容；推动高质量发展，文化是重要支点；满足人民日益增长的美好生活需要，文化是重要因素；战胜前进道路上各种风险挑战，文化是重要力量源泉。"在以中国式现代化全面推进中华民族伟大复兴的伟大征程中，推进文化现代化至关重要。推进文化现代化，必须坚持以人民为中心的发展思想，深化文化体制改革，有效整合文化资源，打破碎片化的文化管理现状，持续强化文化建设的基础性力量，凝聚文化建设合力，以文化共治推动文化共享，不断激发文化的活力、凝聚力和驱动力。

（二）以人民的美好生活向往为核心，推动文化高质量发展

文化质量高不高，关键在于群众满意不满意、群众喜爱不喜爱。因此，要推动文化高质量发展，最核心的还是要精准满足人民群众的需求。以人民的文化需求为导向推进文化建设，一方面要深入群众了解群众需求，这就能解决公共文化基础设施覆盖质量不高、利用率不高、资源闲置浪费等问题，提升公共文化服务效能；另一方面，要深入群众生活挖掘素材，关怀当下民生，以现代性反思提高文艺作品的思想深度、情感温度、感染力度，推动文艺精品力作不断涌现。以优秀文艺作品提高人民群众的文化获得感和幸福感，提升文化对于社会个体精神情感、审美体验、日常生活等的滋养能力与水平。

（三）以融合为动力，孕育文化新业态

近年来，跨领域、跨行业、跨区域的融合孕育出了许多新业态，产生了许多发展机会。从全国来看，以互联网、数字技术等科技创新为要素支撑的"科技+文旅"正蓬勃发展。于宁夏而言，要紧抓新业态不断涌现的机会，着力推动文化与数字信息、葡萄酒、枸杞、电子商务、会展博览等宁夏"六新六特六优"产业融合发展，推动文旅康养、研学体验、工业旅游等新业态新产品提质升级。

综合战略篇
ZONGHE ZHANLÜE PIAN

贯彻党的二十大精神 铸就宁夏文化新辉煌

狄国忠

推进文化自信自强，建设社会主义现代化文化强国。党的二十大科学规划了未来五年乃至更长时期我国文化强国建设的蓝图，提出为什么建设社会主义文化强国，以什么样的精神状态建设社会主义文化强国，怎样建设社会主义文化强国等重大问题。宁夏要深入贯彻党的二十大精神，推动宁夏文化繁荣发展，为建设社会主义现代化美丽新宁夏提供强大精神动力。

一、推进文化自信自强，建设具有强大凝聚力和引领力的社会主义意识形态

随着中国的发展愈加接近中华民族伟大复兴，我们前进道路上遇到的困难和挑战愈加突出，意识形态领域的斗争愈加激烈。习近平总书记指出，"经济工作是党的中心工作，意识形态工作是党的一项极端重要的工作。"实践证明，宁夏在经济社会发展中也面临西方敌对势力的价值观渗透，抓好意识形态工作，增强意识形态的凝聚力和引领力，对于宁夏发展至关重要。第一，牢牢掌握党对意识形态工作领导权。党的百年历史经验告诉我们，办好中国的事，离不开党的全面领导。习近平总书记在党的二十大报

作者简介 狄国忠，中共宁夏区委党校（宁夏行政学院）社会与文化教研部主任，教授。

告中指出，"牢牢掌握党对意识形态工作领导权。"这为我们做好新时代意识形态工作提供了根本遵循。坚持党管宣传、党管意识形态、党管媒体。各级党委（党组）要落实意识形态工作责任制，推动各地各部门切实做到守土有责、守土负责、守土尽责。巩固壮大奋进新时代的主流思想舆论。第二，始终把坚持正确的政治导向放在首要位置。宁夏在文化建设中，要加强马克思主义意识形态建设。文化工作者"坚持为人民服务、为社会主义服务，坚持百花齐放、百家争鸣，坚持创造性转化、创新性发展"。[1]在重大时间节点、重大主题，创作大量反映宁夏各领域取得的伟大成就、城乡巨变、人民幸福生活的作品，营造爱党、爱祖国、爱社会主义和感党恩、听党话、跟党走的良好氛围。理论工作者从理论和实践不同角度，研究阐释"中国共产党为什么能，中国特色社会主义为什么好，归根到底是马克思主义行，中国化时代化的马克思主义行"，深刻领悟"两个确立"的决定性意义，增强"四个意识"、坚定"四个自信"、做到"两个维护"。第三，用党的创新理论武装全党、教育人民、指导实践。意识形态工作是为国家立心、为民族立魂的工作。做好意识形态工作，必须不断推进马克思主义中国化时代化，创新和发展马克思主义。学习宣传贯彻落实习近平新时代中国特色社会主义思想，把握习近平新时代中国特色社会主义思想的世界观和方法论，用发展的理论指导实践、教育人民。第四，深入研究马克思主义理论。加强高校、党校等马克思主义学院建设，筑牢马克思主义研究阵地，推进马克思主义理论研究。推动高校为党育人为国育才，培育壮大哲学社会科学人才队伍。加快构建中国特色哲学社会科学学科体系、学术体系、话语体系。第五，塑造主流舆论新格局，推动形成良好网络生态。要适应信息时代要求，提高新闻舆论传播力、引导力、影响力、公信力。健全网络综合治理体系，坚持依法管网治网，营造清朗的网络空间，在全社会唱响主旋律、弘扬正能量。

---

[1] 习近平：《高举中国特色社会主义伟大旗帜　为全面建设社会主义现代化国家而团结奋斗——在中国共产党第二十次全国代表大会上的报告》，《人民日报》2022年10月26日。

二、推进文化自信自强，发展中国特色社会主义文化

党的二十大报告强调，"推进文化自信自强""发展社会主义先进文化，弘扬革命文化，传承中华优秀传统文化，满足人民日益增长的精神文化需求。"①我们要以文化自信自强的精神状态，推进宁夏文化发展迈向新辉煌，加快建设社会主义文化强国。首先，推进文化自信自强，发展社会主义先进文化。新征程中，我们要彻底摆脱文化上的妄自菲薄的自卑自闭心态，从文化自觉到文化自信，实现文化自立和文化自强。在文化发展中，把握社会主义先进文化发展方向，立足中国的实际和宁夏的区情，依靠自己的力量，突出自己的特色，推进宁夏文化繁荣发展，增强宁夏区域文化的吸引力、影响力、创造力和竞争力，凝聚建设社会主义现代化美丽新宁夏的强大精神力量。其次，推进文化自信自强，弘扬红色文化。宁夏具有光荣的革命传统和厚重的革命历史，属于全国红色文化资源较富集省区。挖掘和用好宁夏红色文化资源、传承红色基因，发扬"不到长城非好汉"的革命精神，发掘宁夏红色文化精神内涵和时代价值，激发宁夏干部群众奋进新时代的拼搏精神，夯实各族人民团结奋斗的共同思想基础。再次，推进文化自信自强，传承中华优秀传统文化。中华优秀传统文化是中华民族的"根"和"魂"，要"坚定历史自信、文化自信，坚持古为今用、推陈出新"②，深入研究"马克思主义思想精髓同中华优秀传统文化精华贯通起来、同人民群众日用而不觉的共同价值观念融通起来"的方法和路径。一方面，在保护传承中华优秀传统文化中，推动中华优秀传统文化创造性转化、创新性发展，汲取中华优秀文化的智慧，以中华优秀传统文化滋养马克思主义。另一方面，在社会主义文化强国建设中，不断丰富和发展马克思主义，用马克思主义思想激活中华优秀传统文化。

---

①②习近平：《高举中国特色社会主义伟大旗帜　为全面建设社会主义现代化国家而团结奋斗——在中国共产党第二十次全国代表大会上的报告》，《人民日报》2022年10月26日。

三、推进文化自信自强,提升宁夏文化软实力

以社会主义核心价值观为引领,推动全社会形成适应新时代要求的思想观念、精神面貌、文明风尚、行为规范,共建美好精神家园,促进全体人民在思想上精神上紧紧团结在一起。繁荣发展文化事业和文化产业,满足人民群众日益增长的文化需要,提升宁夏文化软实力。

广泛践行社会主义核心价值观,提高全社会文明程度。党的十九大报告在总结过去五年文化发展成就的同时,也指出文化建设方面的不足,比如"社会文明水平尚需提高"。党的十九大以来,我国文化建设取得了巨大成就,社会文明水平有较大的提高,但相比"物质文明与精神文明相协调的现代化"还有差距。我国各领域在培育和践行社会主义核心价值观方面做了大量的工作,产生了良好的社会效益。但在创新方式践行社会主义核心价值观方面还需要有所突破。中国式现代化关键在于培养有理想有信念的现代化之人,根本在于全社会走向文明。在全面建设社会主义现代化国家的进程中,要巩固拓展 2021 年"党史学习教育"成果,把理想信念教育常态化,党的二十大报告特别强调,"深入开展社会主义核心价值观宣传教育,深化爱国主义、集体主义、社会主义教育,着力培养担当民族复兴大任的时代新人"[①],推进社会文明进步。首先,推动理想信念教育常态化制度化。在深入学习党史、新中国史、改革开放史、社会主义发展史中,引导人们知史爱党、知史爱国,增强干部群众对马克思主义的信仰,对中国共产党的拥护和支持,不断坚定中国特色社会主义共同理想。结合宁夏实际通过多种方式和途径进行宣传教育,构筑精神文明建设高地。把理想信念教育融入社会实践中,让理想信念教育常态化、制度化。其次,加强思想道德建设。"实施公民道德建设工程,弘扬中华传统美德,加强家庭

---

① 习近平:《高举中国特色社会主义伟大旗帜 为全面建设社会主义现代化国家而团结奋斗——在中国共产党第二十次全国代表大会上的报告》,《人民日报》2022 年 10 月 26 日。

家教家风建设，加强和改进未成年人思想道德建设。"[1]宁夏要结合"四德"建设，广泛开展爱国主义教育，推进公民道德建设，加强家庭家教家风建设，推动营造良好社会风尚。再次，统筹推动文明实践和文明创建活动。近年来，宁夏在推进新时代文明实践活动中积累了大量经验。新征程中，要继续拓展新时代文明实践中心建设，健全志愿服务体系。提升公民科学素质，倡导移风易俗，进一步提高全民素质，凝聚社会力量。结合乡村振兴的过程，推进城乡精神文明建设融合发展，培育时代新风新貌，为宁夏经济社会发展提供精神动力。

繁荣发展文化事业和文化产业，满足人民日益增长的文化需要。高品质的精神文化生活越来越成为衡量人民幸福感的重要尺度。发展文化事业和文化产业，是推动文化繁荣发展，再创文化兴盛辉煌的内在要求。从党的十六大报告到党的二十大报告，"发展文化事业和文化产业"都是文化建设的重要内容和必要条件，党的十六大报告、党的十九大报告、党的二十大报告都就如何"发展文化事业和文化产业"专门进行部署。宁夏要深入学习贯彻落实党的二十大精神，打造文化繁荣兴盛的沃土。首先，推进文化事业的发展。公共文化事业是满足人民精神文化的基本需求，各级党委政府要立足宁夏实际和人民群众对文化的基本需求。第一，健全现代公共文化服务体系。"健全现代公共文化服务体系，创新实施文化惠民工程"[2]是时代发展的要求，宁夏各级政府要加大财政投入，推进基本公共设施建设，推进基本公共文化服务标准化均等化。第二，加大文物和文化遗产保护力度。党的二十大报告强调，"加大文物和文化遗产保护力度，加强城乡建设中历史文化保护传承，建好用好国家文化公园。"[3]文物和文化遗产是文化的有形载体，既是中华文化的符号，也蕴含着中华民族文化基因，宁夏要加大对文物和文化遗产的保护、开发和有效利用，让文物"活"起来。第三，发展社会主义文艺。"坚持以人民为中心的创作导向，推出

---

[1][2][3] 习近平：《高举中国特色社会主义伟大旗帜　为全面建设社会主义现代化国家而团结奋斗——在中国共产党第二十次全国代表大会上的报告》，《人民日报》2022年10月26日。

更多增强人民精神力量的优秀作品。"①宁夏广大文艺工作者要扎根于人民群众的创造性劳动中,挖掘人们生产生活中的"真、善、美",创作讴歌党、讴歌人民、讴歌社会主义社会的好作品。其次,加强文化产业发展。文化产业发展是满足人民不断增长的不同文化需求的重要方式,是提升宁夏区域文化软实力的重要途径。党的二十大报告强调,"健全现代文化产业体系和市场体系,实施重大文化产业项目带动战略。"第一,加强文化产业的基础性研究。推进文化产业服务平台建设,加大文化与科技、文化与旅游等方面融合的创新研究,加大文化作为新引擎,提高产品附加值、拉动经济发展等方面的研究。第二,注重培育骨干文化企业发展。在历史民俗、影视旅游、文艺演艺、创意设计等重点领域发展中,培育一批主业突出、具有核心竞争力的文化企业。第三,加大文化产业的创新力度。根植于宁夏这片文化沃土,挖掘、保护和传承非遗文化、优秀民俗和乡土文化,并在文化产业发展中孜孜不倦地创新求索。实施文化数字化战略,培育发展新型文化业态、文化消费模式,不断满足人民群众多元化、高品质文化需求。第四,提高文化产业规模和效益。做好文化产业发展专项规划,提高文化产业规模和效益,并在此基础上进一步建构起种类丰富、特色鲜明的现代文化产业体系,指导宁夏文化产业的创新发展,提高文化产业在整个经济发展中的贡献率。

提升宁夏形象塑造能力和文化竞争力。宁夏在文化发展中,充分挖掘宁夏黄河文化、红色文化等,不断提升宁夏文化的吸引力和影响力。首先,坚守中华文化立场,展示新时代宁夏形象。在建设社会主义现代化国家的新征程中,我们要坚守中华文化立场,展示宁夏文化发展的成果。通过新闻发布、文化旅游等方式,加大宣传宁夏区域文化的独特性。推出更多反映新时代宁夏形象的优秀文艺作品、优秀文化产品。开展多层次、全方位、立体式对外宣传交流,不断加大"请进来""走出去"力度,展示新时代

---

① 习近平:《高举中国特色社会主义伟大旗帜 为全面建设社会主义现代化国家而团结奋斗——在中国共产党第二十次全国代表大会上的报告》,《人民日报》2022年10月26日。

宁夏形象。其次，推进哲学社会科学研究，讲好宁夏故事。繁荣发展哲学社会科学，把握经济社会发展规律和趋势，主动超前开展形势政策研究，推出更多优秀理论成果。宁夏要用好高等院校、党校（行政学院）、科研院所等人才队伍，引导哲学社会科学工作者始终心怀"国之大者"，善于把政治话语、专业术语转化为群众语言，推动宁夏哲学社会科学实现高质量发展，更好地服从服务党和国家工作大局和宁夏建设社会主义现代化美丽新宁夏目标。再次，推进媒体深度融合发展，讲好宁夏故事。在信息化时代，要加强全媒体传播体系建设，创新传播内容和形式，正如党的二十大报告强调的，"加强国际传播能力建设，全面提升国际传播效能，形成同我国综合国力和国际地位相匹配的国际话语权。"[1]宁夏要加强舆论宣传能力，旗帜鲜明地反对和抵制各种错误观点，让正能量更强劲、主旋律更高昂。

---

[1] 习近平：《高举中国特色社会主义伟大旗帜　为全面建设社会主义现代化国家而团结奋斗——在中国共产党第二十次全国代表大会上的报告》，《人民日报》2022年10月26日。

贯彻自治区第十三次党代会精神 谱写文化强区新篇章

常 超

党的十八大以来,习近平总书记深刻阐明了文化建设一系列战略性、全局性、根本性的重大问题,为新时代条件下推动文化繁荣发展提供了根本遵循。10年来,宁夏深入学习贯彻习近平新时代中国特色社会主义思想,铸文化之魂,强文化之基,兴文化之业,取得了令人瞩目的重大阶段性成果。展望未来,宁夏将牢牢把握以中国式现代化推进中华民族伟大复兴的使命任务,全面落实自治区第十三次党代会和自治区党委十三届二次全会部署要求,奋力谱写宁夏新时代文化强区新篇章。

一、把握新时代文化强区的鲜明政治导向、工作指向和区情定向

(一)要把握习近平总书记视察宁夏时的深情嘱托和党的二十大报告的新指向

党的十八大以来,习近平总书记先后两次来到宁夏考察,作出"建设美丽新宁夏、共圆伟大中国梦""努力建设黄河流域生态保护和高质量发展先行区""继续建设经济繁荣、民族团结、环境优美、人民富裕的美丽新宁夏""发展现代特色农业和文化旅游业"等一系列深情嘱托,为宁夏

作者简介 常超,宁夏社会科学院科研组织处工作人员。

发展指明了方向，提出了新的工作思路。习近平总书记在党的二十大报告中提出"推进文化自信自强，铸就社会主义文化新辉煌"，为文化领域未来五年的工作擘画了发展蓝图。从建设社会主义现代化美丽新宁夏大局出发，全面系统地认识、把握、考量，激发宁夏各族群众创新创造文化的活力，提升奋发向上的精神动力，贯彻落实习近平总书记提出的各项要求，答好新时代考题。

（二）要把握自治区第十三次党代会精神及一系列重大安排部署

自治区第十三次党代会报告中作出"打造文化兴盛沃土""要坚持举旗帜、聚民心、育新人、兴文化、展形象，以文化人、以文惠民、以文兴业，推进文化事业和文化产业繁荣兴盛，努力建设新时代文化强区"的规划部署，对未来五年宁夏文化建设做了谋篇布局。立足新起点，要深刻认识物质文明和精神文明"两手抓"的重要性，宁夏人民"口袋""脑袋"都要富起来的紧迫性，挖掘宁夏文化资源和特色，吹响新时代宁夏文化建设的号角，着力推进文化自信自强，助力全面建设社会主义现代化美丽新宁夏。

二、党的十八大以来宁夏文化事业发展的基本情况

（一）精神文明建设深入推进

10年来，宁夏坚持举旗帜把方向，坚定不移用党的创新理论武装全党、教育人民、指导实践，结合开展"两学一做"学习教育、"不忘初心、牢记使命"主题教育、党史学习教育等，宁夏更加坚定自觉地贯彻"两个确立"，做到"两个维护"更加坚定自觉，切实把思想和行动统一到党中央的决策部署要求上来。围绕聚民心、增共识，全方位、多渠道、宽领域培育和践行社会主义核心价值观，与思想道德建设、志愿者服务、文明城市创建、群众文艺有机结合，开展服务经济社会发展、助力脱贫攻坚、赋彩全面小康、推动乡村振兴等主题宣传，让正能量助力增强主流意识形态话语影响力。通过公民道德建设、新时代文明实践中心试点建设、移风易俗、创建全国文明城市等为抓手，市民文明素养和文明新乡风持续提高，社会文明程度显著提升。

（二）公共文化事业发展成就瞩目

10年来，宁夏在建立健全欠发达地区公共文化服务体系方面逐渐探索出了一条新的路子，助推公共文化事业发展。不断提升城乡公共文化设施的覆盖面，宁夏共有6个自治区级公共文化场馆，乡镇综合文化站设置率100%，达标率98.9%，村（社区）综合文化服务中心覆盖率98.9%，建立了5级公共文化设施网络，公共文化服务空间得到拓展。积极引领公共文化服务供给升级，宁夏各地发挥各自优势和主动性，开展系列文化活动。宁夏年均举办广场文化活动1500场以上，形成30多个特色品牌文化广场活动，"欢乐宁夏"、"清凉宁夏"、中国西部民歌（花儿）歌会等群众喜闻乐见的文化活动已成为具有区域特色的品牌，创新采用"1+4"模式组织开展"文艺轻骑兵"基层巡演，深入基层巡演20余场。宁夏有580多个农民文化大院和1000多支民间文艺团队。公共文化基础设施不断充实，服务内容更加丰富，服务效能不断提升，让群众实实在在享受到公共文化服务体系建设带来的实惠。①

（三）文艺创作硕果累累

10年来，宁夏文艺创作始终坚持以人民为中心，紧扣"颂党、颂祖国、颂人民、颂英雄"精神内核，健全完善文艺创作扶持激励机制，宁夏各地围绕各项重大主题进行文艺创作，扶持优秀文艺作品，鼓励本土艺术家开展原创，组织申报文艺扶持项目，创排舞曲剧目进行演出。在影视剧、文学创作、美术、书法、专题纪录片等方面创排了一批展现宁夏发展成果、激发群众奋斗精神、促进民族团结和睦的精品佳作，并通过专题汇演、秦腔精品展演、书画摄影作品展、融媒体产品等形式服务人民精神生活。

（四）文化遗产传承保护卓有成效

10年来，宁夏深入开展地域文化、黄河文化和中华文化的资源挖掘、文化遗产的整体性研究保护力度，努力推动文化遗产创造性转化、创新性发展，发挥文物讲中国故事、宁夏故事的作用。随着"花儿"被列入联合

---

①此段相关数据来源：《高质量打造惠泽百姓的民心工程——10年来宁夏公共文化事业发展综述》，《宁夏日报》2022年10月16日。

国教科文组织人类非遗代表作名录，28项非遗项目列入国家级非遗名录[①]，成功打造以非物质文化遗产讲故事、展形象、增福祉的亮丽名片。着力推动非遗扶贫"百千万"行动计划，实现特色农副产品、非遗商品等与制作车间、营销平台有效对接，带动群众就业，非遗大赛系列活动被文化和旅游部列入黄河流域非遗重点活动。大力梳理黄河文化遗产，深挖宁夏黄河文化内涵，在传承保护、弘扬黄河文化等方面加大黄河文化研究力度，取得了明显成效。

（五）文旅产业生机勃勃

为适应文旅融合的发展需求，宁夏逐步系统地完成了文化、旅游行政体制改革。宁夏挖掘区域特色文化资源，以"建设黄河流域生态保护和高质量发展先行区"为抓手，各市找准文旅产业发展定位，大力实施"文化+""+旅游"多业融合发展模式，有机整合各类文化资源、文化特征特色，做好融合重组、挖掘转化、放大增值等文章，致力于打造一批名村、驿站、教育实践基地，以及知名节事、赛事活动，推出文化主题精品，全力培育黄河文化、星星故乡、酒庄休闲、红色主题、动感体验、长城遗址六大特色品牌。借助现代网络媒体等手段加强宣介，与黄河流域、丝绸之路沿线、周边省区沟通联系合作，举办系列推进会，签署合作协议，实现市场共享，不断提升宁夏品牌形象影响力，集中攻坚全域旅游示范区建设，切实推动文旅产业的高质量发展，全省旅游接待人次、旅游收入稳中有升。

三、建设新时代文化强区存在的不足

10年来，宁夏文化发展虽然取得了一定成绩，但与建设新时代文化强区的目标相比，仍然存在一些不足和短板。

一是城乡公共文化服务发展不均衡，区域文化、城市文化建设、乡村文化振兴等方面存在短板，要进一步促进城乡区域文化协调发展。

二是文化体制改革需要不断深化，标准化、均等化的公共文化服务机制建设以及全媒体传播、文化遗产保护传承利用等体系需进一步健全完善，

[①] 崔娜：《宁夏：文化强区 砥砺阔步》，《中国文化报》2022年8月29日。

公共文化服务"上云端""下基层"水平有待进一步提升。

三是聚焦满足广大人民群众多样化、多层次、多方面的精神文化需求，文化创新创造活力有待提升，产品供给形式不够丰富，文旅人才培养与引进工作、主流文化产品供给、精品佳作、数字创意产业研发与供给有待进一步提升。

四是文化数字化建设相对滞缓。先进适用技术、数字化与公共文化空间、文化旅游项目、智慧旅游、文化创新能力、文化产业布局、文化生产传播方式等方面的对接共享、资源整合还存在短板。

四、谱写宁夏新时代文化强区新篇章的建议和展望

（一）坚持正确的方向导向，画好新时代文化强区最大同心圆

自治区第十三次党代会报告提出："把握先进文化前进方向，坚持马克思主义在意识形态领域的指导地位，全面落实意识形态工作责任制，加强意识形态阵地建设和管理，推动理想信念教育常态化、制度化，繁荣发展哲学社会科学，推进媒体深度融合发展，大力开展重大主题、发展成就、先进典型宣传，讲好宁夏故事、展示宁夏形象，旗帜鲜明反对和抵制各种错误观点，让正能量更强劲、主旋律更高昂。"社会主义先进文化代表着时代进步潮流和发展要求，意识形态关乎旗帜、关乎道路、关乎国家安全，决定文化前进方向和道路。加快建设新时代文化强区要坚定对马克思主义的信仰，对社会主义和共产主义的信念，站稳政治立场，牢牢掌握意识形态工作的领导权。要结合宁夏重大战略和工作实际，增强政治自觉、思想自觉、行动自觉，不断深化对马克思主义中国化时代化的研究运用，深入开展文旅基础理论和应用理论研究，以黄河流域生态保护和高质量发展理论研究成果助力宁夏文化和旅游高质量发展。要贯彻以正面宣传为主的方针，不断探索和尝试适应新时代发展的媒体融合，进一步凝魂聚气、强基固本，更加鲜活地讲好宁夏文旅故事，讲好中国故事的宁夏篇章。

（二）坚持以社会主义核心价值观为引领，寻求全区人民凝心聚力的"最大公约数"

自治区第十三次党代会报告提出："提高社会文明程度，积极培育和

践行社会主义核心价值观,广泛开展爱国主义教育,推进公民道德建设,提升公民科学素质,实施文明创建扩面提质工程,倡导移风易俗,拓展新时代文明实践中心建设,健全志愿服务体系,加强家庭家教家风建设,推动形成适应新时代要求的思想观念、精神面貌、文明风尚、行为规范。"加快建设新时代文化强区要通过加强教育引导、舆论宣传、文化熏陶、实践养成、制度保障等,使社会主义核心价值观成为宁夏人民共同的价值追求和自觉遵循的行为准则,融入人们社会生活的方方面面和各种精神文明创建活动中。要坚定文化自信自强,深度梳理宁夏实践习近平新时代中国特色社会主义思想、推动文旅高质量发展图景、彰显地域文化魅力的生动故事,让"五个认同"通过精品力作润物无声地得以宣传,让中华民族共同体意识在人们心中扎根。开展一系列有特色、有影响的主题党日、主题创作、展览展示活动,让可信、可爱、可敬的中国形象宁夏叙事"飞入"世界各地"寻常百姓家"。以社会主义核心价值观引领文化建设,不断激发出满足宁夏人民文化需求和增强奋斗美好生活的精神力量,助力加快建设新时代文化强区。

(三)坚持文化依民为民,推动文化事业繁荣发展落实处

自治区第十三次党代会报告中提出:"繁荣城乡文化事业,创新实施文化惠民工程,推进市县区公共文化服务云平台、乡镇数字影院、农家书屋数字化建设,广泛开展群众性文化活动,完善文艺创作引导激励机制,加强水洞沟遗址、贺兰山岩画等文化遗产保护,推进长城、长征、黄河文化公园建设"。加快建设新时代文化强区,要始终以满足人民美好生活需要为目的,立足"文化强区、旅游富民,为特色产业赋能、促民族团结融合,展示美丽新宁夏"战略定位,主动适应新时代对公共文化服务提出的新要求,加强服务功能,创新服务模式,健全管理机制,全面提升服务质量和水平,不断扩大公共文化服务覆盖面。要深入群众,以民为师,聚焦反映和讴歌新时代、新征程、人民新创造,形成"立得住、传得开、留得下"的文艺精品,用艺术的形式阐释中国精神,用群众的语言讲好党的故事,推动公共文化服务多元化、品质化发展,以文艺最鲜活、最温情的形式送到街道乡村、送到田间地头、送到寻常百姓家,引领风尚、凝聚人心。立足宁夏文物资源禀赋和特色优势,坚持"保护第一,加强管理,挖掘价值,有效利用,让文物活起来"的新时代文物工作方针,找到文化遗产融合旅游发展、服务先行区建设的锚点,保护好、利用好、传承好文化遗产。

(四)坚持守正创新,打造文化产业发展新气象

自治区第十三次党代会报告提出:"大力发展文化产业,深化文化体制改革,实施文化数字化战略,培育发展新型文化企业、文化业态、文化消费模式,不断满足人民群众多元化、高品质文化需求"。文化与经济社会发展随着时代的发展日益交融,在提供强大精神动力的同时,对经济增长的贡献日益显著,其经济功能也在显著增强。建设新时代文化强区,要坚持守正创新,把社会效益放在首位,坚持社会效益和经济效益相统一,推动文化资源转化利用、传承发展,向改革要动力,完善文化产业规划和政策,加强文化市场体系建设,增强宁夏文化的感召力、传播力和影响力。持续做好文旅融合文章,推动文化产业转型升级,发展新业态、打造新样板,在文旅人才培养水平、提升科研成果转化和标准化工作推进上有新作为,把文化产业做优做强做大,使文化对经济社会发展的贡献率不断增强。要把握国家实施文化数字化战略机遇,让科技赋能文化研究、传播、表达,为社会公众提供汲取宁夏文化营养的网络渠道,为社会各界讲好宁夏故事提供便利条件。

努力打造文化兴盛沃土
建设新时代文化强区报告

许 峰 牛学智

党的十八大以来，在以习近平同志为核心的党中央坚强领导下，按照中央全面深化改革的总体部署，在自治区党委、政府正确领导下，坚定文化自信，增强文化自觉，围绕中心，服务大局，在推动全区文化建设中宁夏取得了骄人成就。

一、近十年宁夏文化建设发展取得了辉煌成就

（一）持续推进社会主义核心价值体系建设，深入学习贯彻习近平新时代中国特色社会主义思想，为宁夏文化建设发展指明了新的方向

一是持续推进社会主义核心价值体系建设深入人心。在党的二十大报告中，习近平总书记再次强调，推进文化自信自强，铸就社会主义文化新辉煌，要广泛践行社会主义核心价值观。社会主义核心价值观是凝聚人心、汇聚民力的强大力量。对此，自治区党委、政府将社会主义核心价值体系建设作为一项首要的核心工作，准确把握各民族认知水平和认同根源，启动机制、制定措施、狠抓落实。坚持以文化人，西海固从"苦瘠甲大下"到创造脱贫致富的奇迹，从"干沙滩"到"金沙滩"的沧桑巨变，贺兰山东麓葡萄酒"当惊世界殊"的奋斗历程，都是历届宁夏党政领导为不断满

作者简介 许峰，宁夏社会科学院文化研究所副研究员；牛学智，宁夏社会科学院文化研究所所长，研究员。

足广大人民群众精神文化需要而留下的坚实物证；坚持以文惠民，宁夏围绕"三区建设"，创新实施文化惠民工程，持续丰富"文化大篷车"品牌的时代内涵，运用"文艺轻骑兵""送戏下乡""清凉宁夏"等平台载体，让党的创新理论第一时间"飞入寻常百姓家"，为打造各民族交往交流交融的示范样板，创造了雄厚基础；坚持以文兴业，宁夏力争到2025年建成国家级文化产业示范园区1个，国家文化产业示范基地10个，自治区级文化产业示范园区10个，自治区级文化产业示范基地70个，积极培育引进一批主业突出、实力雄厚的文化企业，加快培育网络视听、数字内容等新型文化企业、文化业态、文化消费模式，推动文化产业全面转型升级，不断提高质量效益和核心竞争力，为加快建设文化产业高质量发展的快速通道积蓄了充沛能量。二是认真学习贯彻落实习近平总书记新时代中国特色社会主义思想，认真学习贯彻落实习近平总书记几次考察宁夏重要讲话和重要指示批示精神，在"不到长城非好汉""走好新时代新的长征路"精神激励下，全区人民热情高涨、激情饱满，习近平新时代中国特色社会主义思想成了统一思想、凝聚力量、攻坚克难的重要法宝，激励着宁夏各族人民奋发向前，指引着宁夏各项事业阔步前进。

（二）适应人民需要的文化产品不断丰富，精品力作持续涌现

一是文学创作精品持续涌现。季栋梁的长篇小说《上庄记》和马金莲的长篇小说《马兰花开》荣获中宣部"五个一工程"奖；李进祥的短篇小说集《换水》，马金莲的中短篇小说集《长河》，马占祥的诗歌集《西北辞》荣获第十届、第十一届、第十二届全国少数民族文学创作骏马奖；赵华的长篇科幻小说《大漠寻星人》荣获第十届全国优秀儿童文学奖；马金莲的短篇小说《1987年的浆水与酸菜》获第七届鲁迅文学奖。西吉县被命名为中国首个"文学之乡"，同心县、原州区被命名为"中国诗歌之乡"。

二是艺术创作精品迭出。党的十八大以来，宁夏创排《花儿声声》等精品剧目44部，《花儿》《花儿声声》2部作品荣获中宣部"五个一工程"奖，1部剧目入选国家舞台艺术精品工程重点扶持剧目，2部剧目入选国家舞台精品创作扶持工程重点扶持剧目，2部剧目摘得文旅部"文华大奖"和"文华剧目奖"，填补了宁夏在"文华大奖"上的空白；纪录片《神秘的西夏》被评为2015年中国电视纪录片十优作品，6人获中国戏剧"梅花奖"，3人获上海白玉兰戏剧表演艺术奖，2人获"文华表演奖"，1人荣获中国摄影"金像奖"；电视剧《灵与肉》《山海情》一经播出，收视长虹，产生了广泛好评和持久社会反响。

三是文化品牌日益响亮。推出极具地域特色的文化旅游品牌，银川市的西部影城，中卫市的沙坡头，石嘴山市的沙湖，吴忠市的早茶文化，以及中宁县的枸杞节等文化品牌展示了独特的地域风情。深入挖掘宁夏的红色文化，精心打造红色文化景点，如吴忠市涝河桥烈士陵园，固原市任山河烈士陵园、将台堡红军长征会师纪念碑、六盘山红军长征景区和宁夏川民俗园。此外，单家集革命遗址、老龙潭革命烈士纪念亭、陕甘宁省豫海县回民自治政府旧址、中国工农红军西征纪念园等，也进一步成了红色文化标志，一起把宁夏红色文化特色推向了一个新的高度。

（三）宁夏黄河文化传承彰显区建设成绩显著

黄河文化发展战略规划和理论研究上，宁夏率先发力，宁夏社会科学院联合黄河流域九省（区）社科界科研人员，在黄河流域生态保护和高质量发展、黄河文化高质量发展研究方面，分别于2020年出版《黄河流域生态保护和高质量发展报告》（社会科学文献出版社）和2022年出版《黄河文化高质量发展研究》（宁夏人民出版社）两书，有力地推进了这两个领域的理论话语进度，大大提升了宁夏社科研究水平，填补了宁夏空白，赢得了全国知名度。

建设国家文化公园，是推动新时代文化繁荣发展、弘扬中华优秀传统文化的重大工程。党的二十大报告提出"建好用好国家文化公园"的要求，再次强调了国家文化公园建设的重要性，为未来国家文化公园的建设发展明确了方向。宁夏对于国家文化公园的建设高度重视，把高标准建设黄河、长城、长征国家文化公园（宁夏段）作为推进黄河文化传承彰显区建设的重要载体和抓手，传承黄河历史文脉，彰显中华文化自信。宁夏5市因地制宜，出台了一系列符合5市实际的规划、方案和措施，完善顶层设计，有序开展黄河文化资源调查摸底和保护、研究工作。银川市初步完成了黄河文化遗产数目的统计与确认；石嘴山市在推进黄河石嘴山历史资源的利用保护上注重研究的精细和利用的分寸感；吴忠市在落地三大国家公园项目上初见规模，突出利用新媒体打造黄河文化形象；固原市开工建设长征、长城国家文化公园项目，红色文化和优秀传统文化齐头并进；中卫市探索了一套"中卫模式"，在提升黄河文化彰显区地方形象上优势突出。

（四）文旅产业进一步融合发展

自治区党委、政府高度重视文旅产业发展，出台《文化旅游产业高质量发展实施方案》，为宁夏文旅产业发展谋篇布局。各市找准文旅产业发展的定位，确定高质量发展的方法与步骤，文旅产业取得不俗的成绩。银川市精心开发了依托黄河文化资源的旅游项目；石嘴山市持续推进大武口洗煤厂等生态工业文化旅游项目；吴忠市将助力乡村振兴与发展全域旅游同步推进，成功树立"游在宁夏，吃在吴忠"的吴忠文化旅游品牌；固原市推出全季节旅游体验项目，推动全域旅游建设；中卫市在康养旅游方面下功夫，形成了"一带三区多节点"的康养旅游产业空间。

二、宁夏文化建设发展存在的问题

（一）文艺创作特色精品力作生产能力不强

黄河文化时代价值挖掘不深，诸多理论成果得不到转化，与鲜活生动的时代脱节。文艺作品有高原无高峰，缺乏有影响力的文艺精品，与党的二十大报告中提出的"能增强人民精神力量的优秀作品"还存在不小差距。文化产品市场竞争力不强，能赢得消费者认可的文化产品比较少。

（二）公共文化设施建设相对薄弱

公共文化服务的质量不高，公共文化服务数字化水平不高，作用发挥不够；公共文化服务人才紧缺，文化队伍极不稳定；公共文化服务社会化水平不高，社会力量参与不足；公共文化资源整合与供给不够，距离建设完善的公共文化服务体系有较大的差距。

（三）文化旅游深度融合不够

厚植文化内涵和丰富旅游载体双向作用发挥不明显，旅游建设项目重资源、轻内涵，文化旅游资源深度挖掘不够；旅游主体文化特色不明显，同质化建设现象仍很普遍，与国家全域旅游示范区还存在不小的差距，旅游的综合竞争力不强；旅游资源开发层次低，旅游景区处于初级开发阶段，无法转化为产品优势与经济优势。

（四）黄河文化传承彰显区建设中的问题认知还不深入

黄河文化遗产的保护面临较大的压力，黄河文化遗产资料整理不足，黄河文化的产业化推动乏力，三大国家文化公园建设进展较为缓慢，各方面需进一步加强协调，建设中还存在空间边界不确定、文化标志物不确定、建设资金不确定、责任主体不明确等问题。

三、今后的建议

（一）深入学习宣传贯彻党的二十大精神，认真学习贯彻习近平总书记考察宁夏重要讲话和重要指示批示精神，聚焦学习贯彻落实自治区第十三次党代会精神

党的二十大报告中要求推进文化自信自强，铸就社会主义文化新辉煌。提出了建设具有强大凝聚力和引领力的社会主义意识形态、广泛践行社会主义核心价值观、提高全社会文明程度、繁荣发展文化事业和文化产业、增强中华文明传播力影响力等五个方面的战略任务。准确把握、全面落实好这些战略重点和主要任务，对于推进文化自信自强，铸就社会主义文化新辉煌具有重要基础支撑作用。认真学习贯彻习近平总书记考察宁夏重要讲话和重要指示批示精神，全面贯彻党中央决策部署，科学谋划宁夏文化未来发展建设的美好蓝图。自治区第十三次党代会强调要立足"文化强区、旅游富民，为产业赋能、促民族融合，展示美丽新宁夏"战略定位，提出"打造文化兴盛沃土，建设新时代文化强区"是宁夏今后文化建设的重要奋斗目标，就必须在"六新六特六优"总体产业布局中推进文化发展，加快构建"一主一带一副"发展新格局，打破同质化局面，突出宁夏不同区域文化的特色，强化与产业发展、社会治理等的深度融合，在"六优"整体中，讲好新宁夏故事、展示新宁夏形象。

（二）以先行区建设为契机，深入挖掘黄河文化的时代价值，激发地方文化活力

党的二十大报告中特别提出"传承中华优秀传统文化"，"加大文物和文化遗产保护力度,加强城乡建设中历史文化保护传承","坚持以人民为中心的创作导向,推出更多增强人民精神力量的优秀作品"。宁夏要抢抓黄河流域生态保护和高质量发展机遇,深入挖掘黄河文化的时代价值,开展好黄河文化遗产保护的系统工作,科学推进文化的保护利用,弘扬优秀传统文化精神。制定文艺创作计划,突出选题策划、强化文艺精品意识,深入开展"深入生活、扎根人民"主题实践活动,加强乡村振兴题材、爱国主义题材、黄河文化题材文艺创作,推出一批高质量的影视剧、舞台剧、广播剧及文学、美术、摄影、音乐、民间文艺作品。大力实施文化惠民工程,扎实开展"文化进万家""文化大篷车""送戏下乡""广场文化艺术节"等系列群众文化品牌活动,提升公共文化阵地服务效能,彰显黄河文化的凝聚力。

(三)贯彻新发展理念,加强文旅融合,提升文化旅游的品质

党的二十大报告中指出:"建好用好国家文化公园。坚持以文塑旅、以旅彰文,推进文化和旅游深度融合发展。"宁夏要以建设长城、长征、黄河国家文化公园为依托,以项目申报实施为抓手,打好三大国家文化公园组合牌,讲好黄河故事、长城故事、长征故事,进一步讲好宁夏故事。依托乡村振兴,加强民俗文化与旅游相结合,打造独特的民俗文化旅游精品。严格对标国家全域旅游示范区认定标准,培育打造更多国家级旅游景区和生态旅游度假区。以文铸魂,增强文化自信,提升旅游的文化内涵。

(四)加大对公共文化基础设施建设的投资力度,提升文化服务效能,加速构建现代公共文化服务体系

党的二十大报告中指出:"健全现代公共文化服务体系,创新实施文化惠民工程。"因此,宁夏要加大对县、乡镇、村级的公共文化设施的建设投入,提升图书馆、文化馆、博物馆、科技馆等公共文化设施的服务效能,建立基层综合文化服务中心,完善各级公共文化设施的建设和服务标准,提高设施的服务品质和利用率。推进乡村文化振兴建设,深入挖掘本土文化资源,以移风易俗、乡村文明、传统民俗为主要内容,开展特色文化项目的创建活动,有效解决乡村文化失调的问题。

宁夏"十四五"时期哲学社会科学高质量发展对策研究

段庆林

党的二十大报告强调:"深入实施马克思主义理论研究和建设工程,加快构建中国特色哲学社会科学学科体系、学术体系、话语体系,培育壮大哲学社会科学人才队伍。"这为新时代哲学社会科学工作指明了方向。中华人民共和国成立以来,宁夏逐步形成了地方社会科学院、高校、党校、党政部门研究机构等社会科学"五路大军",特别是改革开放以后,社会科学繁荣发展,涌现出一批国内外、区内外知名的专家学者,形成了一批重要的科研成果。2016年5月17日,习近平总书记《在哲学社会科学工作座谈会上的讲话》,全面系统地阐述了当代中国哲学社会科学工作的一系列重大问题,强调了坚持马克思主义在我国哲学社会科学领域的指导地位,提出了加快构建中国特色哲学社会科学的宏伟目标,是做好新时代哲学社会科学工作的根本遵循。2017年,中共中央印发了《关于加快构建中国特色哲学社会科学的意见》,对我国哲学社会科学进行了全面部署。2022年,中共中央办公厅颁布了《国家"十四五"时期哲学社会科学发展规划》,提出"以加快构建中国特色哲学社会科学为主题,以提升学术原创能力为主线,以加强学科体系、学术体系、话语体系建设为支撑,以重大项目、重点工程、重要平台为牵引,以体制机制改革创新为动力,努力建设学科布

作者简介　段庆林,宁夏社会科学院副院长,研究员。

局优、学术根基牢、科研水平高、服务能力强、国际影响大的中国特色哲学社会科学,为全面建设社会主义现代化国家提供有力思想和智力支持"。《宁夏回族自治区"十四五"时期哲学社会科学发展规划》提出了"六大计划""八大研究重点"等任务。为了贯彻落实中央和自治区关于哲学社会科学规划精神,我们对宁夏"十四五"时期哲学社会科学高质量发展提出以下对策建议。

一、实施新时代中国特色社会主义研究水平提升工程,坚持和巩固马克思主义在哲学社会科学领域的指导地位

坚持马克思主义的指导地位,是当代中国哲学社会科学区别于其他哲学社会科学的根本标志。党的二十大报告强调必须坚持把马克思主义基本原理同中国具体实际相结合、同中华优秀传统文化相结合,"两个相结合"对开辟马克思主义中国化时代化新境界以及开展重大现实问题研究、历史文化研究具有重要的指导意义,必须运用马克思主义的立场、观点、方法,坚持辩证唯物主义和历史唯物主义,研究解决各种重大理论和实践问题,继续推进实践基础上的理论创新,努力多出经得起实践、人民、历史检验的研究成果,在为国家和人民立德立言中成就自我、实现价值。

(一)深化习近平新时代中国特色社会主义思想研究

加强习近平治国理政思想的宁夏实践系列研究,深入贯彻新发展理念,主动融入新发展格局,深刻领会精神实质、丰富内涵和基本方略。深化全面建设社会主义现代化美丽新宁夏、黄河流域生态保护和高质量发展先行区建设、乡村全面振兴样板区建设、铸牢中华民族共同体意识示范区建设研究,以学术创新支撑和推动党的理论创新。

(二)实施培根铸魂计划

要在学懂、弄通马克思主义上下功夫,在哲学社会科学各个学科、各个领域,把马克思主义作为基本的世界观、方法论,坚持正确的政治方向、学术导向和价值取向。必须努力提高政治判断力、政治领悟力、政治执行力,把提高理论武装水平作为政治自觉,自觉地运用发展着的马克思主义来指导和引领科研工作。

（三）实施社科理论正本清源工程

铸牢中华民族共同体意识。坚持用联系的观点和发展的眼光分析问题，判断问题的性质，寻找解决问题的思路。不断增强思维的战略性和系统性。要旗帜鲜明地反对历史虚无主义，反对各种错误思潮。应优化研究队伍结构，增强"五个认同"意识，坚持"三化"治理。

二、实施特色优势学科提升工程，切实加强中国特色哲学社会科学"三大体系"建设

着力构建中国特色哲学社会科学的学科体系、学术体系、话语体系。学科体系是基础，学术体系是核心，话语体系是学术体系的反映、表达和传播方式。必须坚持学术研究与智库建设并重，坚持基础理论研究与应用对策研究并重。

（一）优化学科体系建设

学科体系建设是科研工作的基础，必须以学科建设为重点，优化调整学科布局，强重点、补短板、谋前沿，在巩固提高原有特色优长学科的基础上，积极培育新的研究优势，逐步形成特色鲜明的科研工作新格局。科研工作的关键是创新能力建设，不能走低水平重复老路。继续巩固学科发展基础，加强学科人才梯队建设，形成以核心团队为引领、主干学科为支撑、多学科协同参与的联合攻关机制。创新支撑平台，提升学科发展质量，不断提高科研创新能力，注重原创性研究，努力提高核心竞争力，在重点和特色领域形成传承有序的人才梯队，加快学科交叉融合创新。以质量、成效、特色、贡献为导向，完善学科评价指标体系。

（二）实施特色优势学科提升工程

突出特色，培育优势，聚焦重点，针对每个学科面临的问题提出解决之策。提升优势学科地位、增强重点学科实力、扶持特色学科发展、保护冷门濒危学科，解决重点学科地位下降问题。一是加快完善经济学、社会学等对哲学社会科学具有支撑作用的学科。努力提高马克思主义中国化研究水平，加快发展资源环境和生态文明等具有重要现实意义的新兴学科和交叉学科。二是充分发挥地方志和古籍所的优势。2022年，中共中央办公

厅和国务院办公厅颁布了《关于推进新时代古籍工作的意见》，全国古籍整理出版规划领导小组会同有关部门编制了《2021—2035年国家古籍工作规划》。应该充分发挥宁夏回族自治区地方志编审和古籍文献整理委员会办公室职能作用，发挥地方志编纂对全区各市县的指导职能，加强哲学社会科学、地方志、少数民族古籍文献整理，加大基础学科的投入和建设，提升古籍整理研究能力，注重发展地方历史文化等优势重点学科，加强古籍文献整理研究力量。三是积极培养学科新优势，加强黄河文化研究。坚持创造性转化、创新性发展，凝聚文化研究力量，进一步梳理宁夏历史文脉，加大对黄河文化传承彰显区的建设研究，努力提高文化研究优势和社会影响力。四是强化民族学、西夏学的正本清源、守正创新精神。树立马克思主义民族观宗教观，铸牢中华民族共同体意识，加大对西北民族问题、宗教问题的研究。重视发展具有重要文化价值和传承意义的冷门"绝学"。

（三）强化学术体系建设

学术体系是对学术的见解和观点，是加快构建中国特色哲学社会科学的核心。以哲学社会科学重大理论和现实问题研究为主攻方向。实施学术繁荣计划，坚定文化自信，加强理论创新，弘扬中华优秀传统文化，努力发挥宁夏区域特色优势，聚焦"三区"建设，为中国特色、中国风格、中国气派的学术体系建设添砖加瓦。实施哲学社会科学创新工程，积极创新学术研究组织体系，创新学术平台支撑体系，创新学术评价考核体系。要加强方法创新，积极使用计量经济学模型、统计分析软件、地理信息制图工具等手段。形成理论、方法和数据支撑体系。

（四）注重话语体系建设

建设战略性智库平台，提升学术话语体系建设水平。推进政治话语学理化，学术话语大众化。积极举办学术交流活动，邀请区内外专家学者举办"朔方人文科学大讲堂""黄河文明论坛""宁夏文脉大讲堂"等，联合举办"宁夏智库论坛"，举办贺兰山论坛等学术活动。继续加强对党中央、自治区重大精神的理论阐释，提升对《宁夏日报》《光明日报》《共产党人》等党报党刊供稿质量。

三、实施重大项目绩效提升工程，构建中国特色新型高端智库体系

必须抓住新型智库建设战略机遇。实施智库提升计划，构建以重大现实问题对策研究为主的智库体系，以特色优长学科为主的学科体系，以人才和经费为支撑的智库服务体系，切实提高智库建设能力。深入开展理论研究和阐释工作，着力推出一批具有全局性、战略性、前瞻性、针对性的决策咨询成果，更好地服务于自治区党委、政府的战略决策。抓住新型智库建设的关键环节，坚持以重大理论和现实问题研究为主攻方向，集中优势力量于主攻点上，集中研究力量为自治区中心工作提供对策咨询意见。

（一）形成新时代新型智库新格局

重点建设一个综合新型高端智库——宁夏社会科学院，充分发挥其作为自治区党委、政府思想库和智囊团的职能，发挥在公共政策第三方评价等方面的作用。积极建设自治区政府研究室、中共宁夏区委党校、自治区科技厅宁夏科技发展战略和信息研究所、自治区统计局、宁夏大学中国阿拉伯国家研究院等重点专业智库，努力提高企业智库、社会智库研究能力和水平。

积极打造宁夏综合智库、西北新型智库、丝路特色智库三大高端智库品牌。把为地方政府决策咨询服务作为重中之重，依据"五位一体"建设需要，进一步优化科研机构设置，加强马克思主义、经济、文化、社会学、生态环境等五大专业子智库。争取成立宁夏习近平新时代中国特色社会主义思想研究中心，积极延伸研究职能。

（二）加强新型智库建设，关键是提高智库能力建设

一是提升思想创新力。加强前瞻性研究，提高议题设置能力，培育独特的竞争优势。二是夯实研究支撑力。强化理论基础，提高专业精神和工具意识。积极促进田野调查、问卷调查、质性研究等方法的使用，加强调研基地建设，加快宁夏区情数据库建设，加强对统计数据挖掘和分析研究。三是主攻政策服务力。积极参与自治区政府重大行政决策咨询研究重点课题研究。通过举办各类学术论坛、承接政府课题、向政府提交政策研究报告等方式，直接服务党政决策。鼓励科研人员在媒体上发表理论文章。四

是强化社会传播力。加强沟通交流机制建设，通过各种载体加强输出机制建设。加强舆论引导机制。举办高端智库论坛与各种学术会议。形成系列讲座等品牌。五是加强国际合作力。增强全球意识与世界视野，加强国际学术交流。

（三）加强开放合作研究

建议推进《中国社会科学院与宁夏回族自治区人民政府全面合作协议》续签工作。完善中国社会科学院国情调研宁夏基地管理工作。推动智库之间横向交流和联合研究。加强与外省（区、市）社会科学院、智库、高校的合作。

（四）实施重大项目绩效提升工程

以项目带动引领科研工作和智库建设全局，积极抢抓学术资源，围绕自治区中心工作谋划重大选题项目，建设科研项目库，实施一批、储备一批、策划一批。积极争取财政资金支持，切实策划实施重大科研项目。加强对自治区财政预算科研项目的经费管理，继续完善重大课题管理办法，严格预算管理和绩效评价。重大项目立项必须通过严格筛选，确保其原创性和重要性。集中力量加快推进重点项目。加强课题体系建设，优先鼓励申报国家社科基金、国家自然科学基金软科学项目和自治区社会科学规划项目、智库项目等。积极承接横向委托课题，加强合作研究，推出一批高质量的研究成果。

（五）实施学术精品质量提升工程

树立精品意识，进一步强化科研管理的系统性、导向性、可操作性。以科研成果价值为标准，从注重前期课题资助到更加注重学术影响和对策价值，强化后期奖励。实施精品培育计划，以原创性作为科研工作的灵魂，改变一段时间注重资料性成果而忽视研究类成果的倾向。强化创新意识，提高对策研究水平，强化学术研究质量，精简应用研究项目。坚持问题导向，注重选题的前瞻性和针对性。完善科研成果评价体系，鼓励创新，奖掖人才，激发活力，形成科研精品创新激励机制。把好课题立项关，选准科研方向及其选题，对策研究要加强与党政部门联合攻关，充分发挥特邀研究员作用，做好开题论证工作。把好成果发布关，严把政治关，严格查重制度，强化前期成果专家论证，提高决策咨询质量。

四、实施领军骨干人才引进培养提升工程，加强新时代哲学社会科学人才队伍建设

实施领军骨干人才引进培养提升工程。积极落实宁夏新时代人才强区战略及"才聚宁夏1134行动"，实施人才培养、人才引进、人才活力、人才暖心四大工程，营造识才、爱才、敬才、用才的良好环境。

（一）以出高水平人才为手段，以出高质量成果为目标，形成高质量科研发展新格局

加强人才队伍思想政治建设。突出思想引领，坚持培根铸魂，加强道德修养，提升人文素养，培育时代新人。积极为高层次人才创造良好的工作条件和生活条件，坚持用事业留人、用待遇留人、用感情留人，稳定科研骨干队伍。必须坚持以科研为中心，根据每个学科实际情况提出有针对性的解决方案，解决重点学科人才梯队建设问题。进一步强化以著名老专家为学科首席专家，以在区内外具有较高学术影响的年富力强专家为学科负责人和学术带头人，以崭露头角的中青年学者为后备骨干的学术梯队。实施人才汇聚计划，各科研院所和高校要加大对急需专业人才的招聘，解决部分学科人才青黄不接的问题，积极培养和引进学术带头人和学术骨干。提升科研创新能力，使之尽快成为宁夏乃至全国学术共同体中的领军人物和骨干人才，提升在学术界和智库界的知名度。应该有所为有所不为，形成出高水平人才、出高质量成果的良性循环新机制。

（二）加快建立以创新价值、能力、贡献为导向的科研人才评价体系

科研评价体系是科研工作的"指挥棒"。坚持成果导向和问题导向，从科研定位和学科发展规划的实际出发，开展人才评价工作。完善职称评聘体系。根据基础研究、应用研究和决策咨询研究等不同岗位科研人员及科研活动特点，分类制定人才评价标准。深化人才发展体制机制改革，克服唯学历、唯资历、唯论文、唯奖项倾向，推行代表作制度，注重论文著作质量。完善科研考核奖励体系。科研考核应该避免"评工记分"，注重目标导向，而不是试图计量所有过程的劳动。高度重视对策报告获得自治区领导肯定性批示，争取党和国家领导人批示。注重学术研究，奖励国家级学术期刊论文、省部级社会科学成果奖等。重点考核期刊论文全文转载率、培养宁夏本地研究力量，对宁夏问题研究的学术贡献率等。加大对国家级核心期刊发表论文的奖励力度。

（三）加强学术梯队团队建设

要把培养学术梯队、带出具有较强科研水平的学术团队作为根本任务，既出成果，又出人才。有针对性地加强专业化培训。进一步加强多种方式业务培训，强化利用人才建设经费支持科研骨干的高校进修、基层挂职锻炼，鼓励出国访学等，拓展学术视野，增加实践经验。培养拔尖领军人才，着力发现、培养、集聚一批理论功底扎实、勇于开拓创新的学科带头人。积极优化科研人才结构。地方社会科学机构成立于改革开放之初，随着社会发展，哲学社会科学从规模上、结构上早已经不能适应现代社会发展的需要。近年来，部分社会科学院已获得编制增加的机会，绝大多数社会科学院都调整增加了经济类、资源环境类、国际类研究所。应加强"一带一路"等研究。应该积极落实自治区《关于深入实施新时代人才强区战略的意见》，积极争取政策支持，优先开展职称评聘试点及其动态管理政策，实施创新工程，从而形成人才良性循环新机制。加强中青年科研人员培养。鼓励各类课题特别是院级课题"老中青"三结合，明确学术带头人的"传帮带"责任。引导、鼓励和支持青年科研人员脱颖而出，对具有一定科研潜力和创新能力的青年科研人员予以重点培育支持，为其尽快成才创造条件。充分发挥退休老专家作用。充分发挥依然具有一定精力从事哲学社会科学研究的老专家作用，允许他们主持重大现实问题研究课题、基础研究课题研究，鼓励参加国课区课申报，支持出版学术专著，对发表学术论文和理论文章进行奖励，发挥专业优长，发挥"传帮带"作用，弥补研究力量不足，提高学术影响。

五、实施科研激励机制提升工程，建立以创新价值为导向的科研激励机制

积极争取实施哲学社会科学创新工程。学习借鉴外省（区、市）哲学

社会科学院创新工程经验，争取有关部门对宁夏实施创新工程的支持。针对人员管理的固化、项目管理的物化、经费使用的泛化等问题，逐步形成以报偿制度、准入制度、退出制度、配置制度、评价制度、资助制度六大制度为核心的创新工程制度体系，建立一批重要研究机构、形成一批重要学术平台、完成一批重大科研项目。找准定位，快出成果、多出成果。积极争取财政经费支持，扩大制度创新空间。抓住重点环节，争取自治区相关部门支持。从宁夏区情出发，着力优化体制机制。大力破除不符合科研规律的经费管理规定，提高重大现实问题间接经费比例和科研项目经费中用于"人"的费用，简化预算编制，给予科研人员更大经费管理自主权。加快改革科研项目管理机制，砍掉繁文缛节，让科研人员把更多精力用到研究上。

坚持从深化激励机制改革入手，提高科研人员收入、福利水平，吸引高水平创新人才加入科研队伍，让科研人员过上体面的生活，让适合从事科研工作的人才脱颖而出，形成出高水平人才、出高质量科研成果的良性循环。

（一）建立完善以信任为前提的科研经费管理机制

探索科研经费包干制管理模式。积极探索科研经费"包干制+负面清单"管理模式，简化预算编制和预算调剂，简化过程财务检查及财务验收，解决"报销繁"等问题。在人才类和基础研究类科研项目中推行经费包干制。积极探索横向课题项目经费包干制改革，横向课题按照合同规定及预算执行。让科研人员从烦琐、不必要的体制机制束缚中解放出来。明确界定科研项目经费权责。按照"科研相关、诚实守信、厉行节约"的原则，加强内部控制和风险防控体系建设。科研项目实行课题主持人负责制，财务部门负责科研项目财务票据合法性审核，科研项目负责人对科研项目列支承担诚信及报销合理性等相关责任。加强预算管理和绩效评价，注重科研经费投入产出绩效评价。简化科研项目经费报销管理制度和流程。坚持科研项目主持人负责制。简化预算编制，下放预算调剂权，除设备费外的费用调剂权下放到项目负责人，由项目负责人根据科研活动实际需要自主安排。合并财务验收和技术验收，在项目实施期末实行一次性综合绩效评价。优化科研设备采购方式，根据科研项目要求给予购买和管理，简化不必要的签字报销流程和各类票据合理性工作审核流程。充分引入院外财务专家做好预算工作，积极探索财务业务外包等形式。继续坚持报账员制度，探索科研财务助理制度。优化定点招标制度，提高定点单位服务水平和便利性。

（二）实施以增加知识价值为导向的分配政策

根据中共中央办公厅、国务院办公厅《关于改革完善中央财政科研经费管理的若干意见》《关于实施以增加知识价值为导向分配政策的若干意见》，以及宁夏《关于改革完善自治区财政科研经费管理的实施意见》等精神，扩大科研项目经费管理自主权。建立健全科学合理的科研管理制度体系。制定完善以科研人员工作量化考核为核心的科研管理制度。在国家政策允许的范围内，合理确定智力报偿、间接经费、绩效奖励等经费比例，提高哲学社会科学项目尤其是基础理论研究的间接费用比例，扩大劳务费开支范围。改进结转结余资金留用处理方式。充分发挥收入分配政策的激励导向作用，激发广大科研人员的积极性、主动性和创造性，鼓励多出成果、快出成果、出好成果。

（三）深化课题立项和组织管理方式改革

坚持课题主持人负责制，探索"揭榜挂帅"和"赛马制"课题组织管理方式，优秀科研成果的"直接购买制"和"后期资助制度"。积极探索"揭榜挂帅"和"赛马制"。对于时效性强和重大攻关的课题，采取课题立项备案管理的"赛马制"。针对同一个任务，经专家论证后有两个以上牵头团队获得立项的，展开竞争性研发，中后期淘汰竞争力不足的承担主体，逐步聚焦优势主体。项目结束考核通过的，给予剩余经费支持，考核不通过的不予支持。积极探索"揭榜挂帅"，对揭榜团队负责人无年龄、学历、职称要求，实行课题竞争招标。探索后期资助制度。建议现有科研成果经相关专家评审或获得相关自治区领导肯定性批示的，可具体根据结果参照课题立项有关规定给予课题立项资助或者双倍绩效一次性购买方式；已基本形成科研成果，经专家评审后符合优秀科研成果的，可作为课题立项给予后期研究资助并承诺最终科研成果全额资助出版。

（四）切实解决科研人员切身利益，努力形成人才梯队建设良性循环新机制

努力提高科研人员收入、福利水平。提高科研人员收入福利水平是维持人才队伍稳定的基本条件，是人才建设从恶性循环转变为良性循环的关键措施。只有形成高层次的人才队伍，才能够提高科研经费的使用效率。努力使收入向科研第一线倾斜，向增加知识价值大的项目倾斜，向带来成果奖励、肯定性批示、国家级课题立项、国家级核心期刊论文等的优秀成果倾斜。努力实现多劳多得、优劳优得。努力形成优化的职称结构。改革开放之初，地方社会科学院金字塔形的职称结构，随着招聘博士当年享受副研究员政策的出台，目前初级职称人员较少，而研究员职数严重不足。科研活动是创新性劳动，其劳动报酬应该高于行政事业单位的平均数。只有收入、福利水平较高，才能吸引高层次人才加入科研队伍。应该积极争取适当增加研究机构的正高职称指数，逐步形成人才的良性循环机制。积极争取政策支持。积极争取优化承接横向委托课题的支持政策，为地方政府提供优质服务。强化绩效管理，完善绩效评价，制定激励和约束并重的薪酬分配制度。

六、实施科研管理能力提升工程，切实提高哲学社会科学工作的治理体系和治理能力现代化水平

努力提高哲学社会科学工作的治理体系和治理能力现代化水平，应该积极落实国家和自治区"十四五"时期哲学社会科学发展规划，创新社会科学管理体制机制，加大科研经费投入力度。

（一）必须加强党管社科和智库工作

加强和改善党对哲学社会科学工作的领导，是繁荣发展哲学社会科学事业的根本保证。要坚持党的全面领导，坚持"二为"方向、"双百"方针，坚持内涵式发展，坚持守正创新、问题导向、系统观念、统筹协调。加强党的领导，深化科研管理体制改革，把握正确的科研方向。要加强马克思主义中国化研究，为意识形态阵地建设提供重要的理论支撑。要正确区分学术观点问题、思想认识问题和政治原则问题，尊重劳动、尊重知识、尊重人

才、尊重创造，尊重科研规律，开创百花齐放、百家争鸣的繁荣发展新局面。

（二）强化意识形态责任制

结合理论研究实际，坚持和巩固党对意识形态工作的领导，加大对科研工作重大问题的研究，为坚持正确的科研方向提供政治保证。加强马克思主义民族观、宗教观学习，要加强意识形态管控和网络舆情的正确引导。树立民主管理理念，充分发挥学术委员会职能，提高民主管理科研水平。加强机关党的建设，充分发挥工会、共青团、妇女组织等群团组织的积极作用。更广泛地凝聚发展合力，提高大家的向心力和获得感。

（三）加强科研诚信建设

各学术机构要牢固树立以科研为中心的地位。加强科研诚信建设，树立良好的院风、学风、文风。坚持和完善《科研诚信管理办法》，加强学术道德修养，以德治学，坚决抵制各种不正之风，自觉维护哲学社会科学工作者的良好形象。加强学术自律，遵守学术规范，坚持严谨治学、实事求是、民主求实的学风。增强法治观念。注重学术积累，厚积薄发，力戒浮躁和急功近利。把做人做事做学问结合起来，真正肩负起社会和时代赋予我们的职责。

（四）加快提升信息化水平

继续提高信息化建设水平。解决部分办公设备问题，淘汰落后设备。提升科研管理、行政办公、财务报销、信息管理等方面的信息化管理水平，提高管理效率，加强科研辅助保障体系建设。加强图书馆人文建设，为科研人员提供周到的信息检索、咨询服务工作。

（五）加强学术出版传播工作

以国家级课题结项报告为主，打造并提升学术文库水平。积极办好学术集刊，争取编撰《宁夏智库丛书》，努力提高宁夏蓝皮书系列丛书编印质量。继续加强期刊建设，重点提高稿件质量和编辑水平。积极开展哲学社会科学成果普及宣传工作。强化政治家办刊和专家办刊，端正期刊政治方向，促进研究与办刊紧密结合，提升宁夏各类学术期刊对宁夏哲学社会科学的反映水平、学术创新的支持力度和本地人才的培养作用。实施社科普及计划，提高哲学社会科学服务社会、服务大众的能力和水平。

宁夏公共文化服务高质量发展报告

刘智远

党的二十大报告鲜明指出，要"健全现代公共文化服务体系"。①这充分体现了以习近平同志为核心的党中央对公共文化服务高质量发展的高度重视，反映了我们党鲜明的人民文化立场和文化价值取向。

宁夏推动公共文化服务高质量发展具有现实紧迫性。宁夏公共文化服务高质量发展是关切"建设美丽新宁夏 共圆伟大中国梦"的一项重大战略举措，是新时代新征程上进一步保障民生、满足人民群众日益增长的精神文化需求的重大战略任务，必须补短板、强弱项、谋发展、探路径。

一、宁夏公共文化服务取得的历史性成就

党的十八大以来，全体宁夏儿女勠力同心、风雨同舟，始终牢记习近平总书记"建设美丽新宁夏 共圆伟大中国梦"题词，积极响应"社会主义是干出来的"伟大号召，弘扬"不到长城非好汉"的革命精神，全力推进宁夏经济社会发展，在各项事业中取得了骄人成绩。在公共文化服务领域，宁夏加快构建覆盖城乡、便捷高效、保基本、促公平的现代公共文化服务体系，公共文化服务水平大幅度提升，公共文化服务高质量发展步入了快车道。

作者简介 刘智远，中共宁夏区委党校社会与文化教研部副教授。

① 习近平：《高举中国特色社会主义伟大旗帜 为全面建设社会主义现代化国家而团结奋斗——在中国共产党第二十次全国代表大会上的报告》，《人民日报》2022年10月26日。

（一）不断加强顶层设计，加大政策支持力度

党的十八大以来，宁夏不断加强顶层设计，加大政策支持力度，全力保障公共文化服务高质量发展。出台了《关于加快构建现代公共文化服务体系的实施意见》《基本公共文化服务实施标准（2015—2020年）》《宁夏回族自治区公共文化服务体系建设专项资金管理办法》《关于做好政府向社会力量购买公共文化服务工作的实施意见》等一系列重要的方针政策，不断加快构建现代化公共文化服务体系。特别是2020年以来，紧紧围绕习近平总书记来宁视察时赋予宁夏的时代新使命（建设黄河流域生态保护和高质量发展先行区），以先行区建设为统领，在公共文化服务领域取得了新突破，陆续编制出台一系列新规划、实施一系列新举措。

（二）不断加强供给能力，加大基础设施建设

近年来，宁夏高度聚焦公共文化服务领域基础设施不完善、数字化建设相对落后等突出问题，始终坚持问题导向，以全面提档升级公共文化服务基础设施、加强数字化建设为抓手，开展实施了一系列公共文化服务惠民工程，深入打造一批公共文化服务场馆、深入建设一批公共文化服务主题公园、深入挖掘梳理一批公共文化服务资源。充分运用优质文化资源，建设了红色文化主题场馆、黄河文化主题场馆、移民文化主题场馆、工业文化主题场馆、民俗文化主题场馆等。公共文化服务基础设施场馆遍地开花、交相辉映。

（三）不断加强品牌创建，加大文化宣传力度

宁夏在推动公共文化服务高质量发展中，高度重视公共文化服务品牌建设。近年来，相继推出一系列有影响力、凝聚力、塑造力的公共文化服务品牌，在推广宁夏、宣传宁夏中发挥了重要的作用。如今，民族团结进步月活动常态化，黄河文化艺术节深入人心，清凉宁夏广场文化活动逐年开展，"全民阅读·书香宁夏"形成社会风气。

（四）不断加强重点改革，加大示范区建设

目前，国家示范区创建中宁夏地市级覆盖率已逾80%[1]，在全国处于领

---

[1] 新时代10年来，宁夏大力推进公共文化领域重点改革任务。银川、石嘴山、吴忠、固原先后成功创建成为国家公共文化服务体系示范区。

先水平。银川、石嘴山、吴忠三市先后成功创建为国家公共文化服务体系示范区。2021年6月，固原市被命名为第四批国家公共文化服务体系示范区。在国家公共文化服务体系示范区建设中，宁夏在不断积累公共文化服务体系建设的经验，不断夯实发展之基，为推动公共文化服务高质量发展开辟新的道路。

（五）不断加强文化创作，加大惠民力度

宁夏着力加强公共文化服务领域精品创作、推进公共文化场馆免费开放、推进文化惠民"连台戏"，育种文化"种子"，让文化成为推动经济社会发展的强动力。近年来，精品文化创作硕果累累，舞剧《不到长城非好汉》、音舞诗《红旗漫卷六盘山》、秦腔现代戏《我的青铜峡》等一批佳作脍炙人口。创排的秦腔现代戏《王贵与李香香》《花儿与号手》前后荣获国家文华大奖。宁夏文化馆群舞《守在村口的娘》跻身第十八届群星奖决赛。一系列优秀作品一经产生，都能及时补给到公共文化服务领域。"送戏下乡"等一系列惠民演出活动得到了人民群众的广泛赞誉，增强了人民群众的文化获得感。

二、宁夏公共文化服务建设中存在的问题

公共文化服务是随着改革开放的不断深入而逐步走向成熟的一种服务能力，伴随着政府职能的转变和社会力量的广泛参与，公共文化服务建设必然在以优化的趋势适应时代之需。

（一）现代公共文化服务体系还不健全

与一些经济发达地区相比较，宁夏公共文化服务"体系化"程度还不高。一是在基础设施体系建设上。上下一盘棋的宏观设计没有更加充分地展示出来，五市公共文化服务基础设施建设的统筹谋划、一体推进不够，局部存在基础设施建设缺乏前期市场调研、后期利用率不高的现象。二是在城乡一体化体系建设上。城市公共文化服务的带动力不足，城乡公共文化服务融合不深，城乡多级网格体系还不健全。三是在内容体系建设上。公共文化服务的内容还不够丰富，对红色文化、黄河文化、移民文化、农耕文化等的挖掘整理整合还不够深入，各种文化资源渗透公共文化服务领

域的作用还没有充分地发挥出来。

（二）公共文化服务基础相对薄弱

基础设施建设薄弱、数字化水平不高，这是长期制约宁夏公共文化服务水平提升的主要因素。一是乡村基础设施建设有待提升。乡村文化站、新时代文明实践中心、农家书屋的建设水平还不高，部分主题场馆存在功能单一、面积窄小、条件简陋、现代气息不浓的现状。二是在智能化、数字化、信息化等新型基础设施建设方面滞后于发达地区。宁夏公共文化服务供给总量有提升、总体有改变，但存在着标准偏低、智能化速度不快的现象。还不能充分满足快速、高效、便捷的现代化服务之需。三是由于自然条件制约，偏远地区一些乡村公共文化服务基础建设难度大、投资成本相对高，公共文化服务供给不足。

（三）公共文化服务领域社会参与力量还不强

群众参与度不够、积极性不强、体验感不深，这是制约宁夏公共文化服务高质量发展的因素。实践中我们看到，社会力量是公共文化服务体系建设中一支非常重要的力量。特别是群众参与，这是公共文化服务运行中最关键的一环。

（四）公共文化资源的挖掘梳理整合还不够

宁夏虽然地处西部偏远地区，但同样是一块文化资源富集的宝地。在这里，各种文化交相辉映，各种古遗迹遗址诉说着古老的历史，留下了深厚的文化资源，创造了辉煌的文明。宁夏被誉为"中国史前考古的发祥地"，被国家列为"最具中华文明意义的百项考古发现"之一的水洞沟古人类文化遗址，就是镶嵌在黄河上游的一颗珍珠。大量的古石器、化石静静躺在黄河滩上，诉说着往昔古今。目前，正需要对宁夏深厚的文化资源展开深入研究整理，使其充分运用到社会公共文化服务领域，不断满足人民群众的新期待、新需要。

（五）公共文化产业产品还不富集

一是存在着文化产品的供给和人民群众基本文化需求错位的现象。二是公共文化服务的市场主体活力不够。特别是一些相对偏远的县乡村，文化产业基本依赖于政府不断的财政扶持，很难吸引企业投资和市场培育。

三是文化产业的市场潜力开发不足。与区外文化产业大省相比较，宁夏文化产业在区内年生产总值中占比还比较低。

(六) 公共文化价值理念的宣传教育还不深入

我们在文化阵地建设、主流思想宣传教育中依然还面临着一些难题。一是爱国主义教育基地相对较少，乡镇至村一级爱国主义、集体主义、社会主义教育开展不丰富，基层爱国主义教育工作较薄弱。二是"民族团结教育"还有待进一步加强。

三、推动宁夏公共文化服务高质量发展的对策建议

提升公共文化服务水平、推动公共文化服务高质量发展已经到了非常关键的时期，全国上下紧锣密鼓一盘棋。推动公共文化服务高质量发展，要做到准确把握政策导向、切实立足实际实践，不断探索公共文化服务新模式，积极创建公共文化服务示范区。

(一) 在加强顶层设计的方向引领中推动公共文化服务高质量发展

一是必须加强顶层设计，不断完善现代公共文化服务体系。科学规划、完善体系、统筹推进是推动公共文化服务高质量发展的"先手棋"。必须结合时代新特点、新要求，结合宁夏发展新部署、新任务，适时出台《关于加快构建现代公共文化服务体系的实施意见》，在基础设施体系建设、城乡一体化体系建设、内容体系建设上明确重点任务。

二是紧抓公共文化服务基础薄弱环节，在乡村基础设施建设，智能化、数字化、信息化等新型基础设施建设方面加大政策支持力度，推进基本公共服务均等化。

(二) 在抢抓先行区建设的战略机遇中推动公共文化服务高质量发展

先行区建设是宁夏的最大工程，这也给宁夏公共文化服务高质量发展创造了历史性机遇。一是抓住黄河流域公共文化服务体系建设的优势和特点，深入挖掘一批历史文化村落、街区、建筑、遗存遗产，打造一批文化服务主题场馆、教育基地、研学高地、文创产地。培育文化产业，加强公共文化服务产业产品供给。二是在深入推进黄河文化研究阐释中，持续推动精品创作工程。积极探索黄河文化与红色文化、农牧文化、丝路文化、

移民文化、工业文化的融合并存，不断丰富公共文化服务内容、载体，努力构建公共文化服务"大格局"。

（三）在深入开展"民族团结教育"的宁夏担当中推动公共文化服务高质量发展

在宁夏全面推动公共文化服务高质量发展，就必须要做好"民族团结教育"这篇大文章。一是要准确定位。进一步明确"民族团结教育"总体要求、基本原则、主要内容等，做好分类指导，努力实施品牌创建工程。二是要加强宣传引导，创设浓厚社会氛围。全媒体时代，扩大主流价值影响力十分重要。要让主流媒体牢牢占领传播制高点，要壮大网上主流思想舆论，营造良好的社会文化空间。

（四）在持续做强全域文化旅游的宁夏实践中推动公共文化服务高质量发展

目前，全域旅游得到深度开发，为宁夏公共文化服务高质量发展创造了先机。一是需要借助全域旅游进一步加强一体化设计。公共文化服务高质量发展是一项宏大系统的工程，需要宏观布局、一体化设计、统筹推进。目前，全域旅游的人文环境基本形成，全域旅游的带动辐射能力逐步提高。恰恰亟须借助全域旅游的文旅资源优势，着力推动公共文化服务高质量发展。二是需要把文旅业态与公共文化服务深度链接起来，把旅游资源变为服务资源，延伸文旅服务功能。要处理好公益与私益的关系，发挥好政府主导作用，扩大公益维度，激发私企社会公益精神，激发广大群众积极性。

伴随着我国进入新的发展阶段，公共文化服务高质量发展已然成为公共文化服务体系建设的主旋律。只有扎实推进公共文化服务高质量发展，才能更加有力有序有底气地办好民生工程，才能不断增强人民群众的获得感幸福感安全感。扎实推进公共文化服务高质量发展，是宁夏以奋斗姿态立足现代化新征程的一件大事，是新征程上面临的一项重要的历史任务。公共文化服务的高质量发展，必将为"建设美丽新宁夏　共圆伟大中国梦"夯实更加坚实的基础，必将为宁夏儿女大团结增光添彩，必将助力宁夏在新时代新征程上昂扬姿态、阔步前行。

新时代宁夏非遗与旅游融合发展路径报告

万亚平

习近平总书记在党的二十大报告中对"推进文化自信自强,铸就社会主义文化新辉煌"作了重要论述和全面部署。习近平总书记指出,坚持以文塑旅、以旅彰文,推进文化和旅游深度融合发展。这为我们提供了根本遵循、指明了前进方向。认真学习贯彻落实党的二十大精神,结合宁夏实际,以非遗与旅游融合发展为抓手,调研探索新时代发展路径,加快推进优秀传统文化创造性转化、创新性发展,促进文化事业和文化产业繁荣发展。

一、非遗与旅游融合发展的时代背景

中共中央办公厅、国务院办公厅印发《关于进一步加强非物质文化遗产保护工作的意见》(以下简称《意见》),从顶层设计明确了非遗与旅游融合发展的基本要求。《意见》十二条提出:"促进合理利用。在有效保护前提下,推动非物质文化遗产与旅游融合发展、高质量发展。"着力推进深挖乡村旅游消费潜力,利用非遗资源发展旅游业态;推出非遗特色主题旅游线路、研学旅游产品、演艺作品;非遗有机融入景区、度假区,建设非遗特色景区;拓宽非遗产品推广和销售渠道。

作者简介 万亚平,宁夏回族自治区文化和旅游厅公共服务和非遗处二级调研员。

2021年9月1日新修订颁布实施的《宁夏回族自治区非物质文化遗产保护条例》第四十六条对非遗融合旅游发展作出具体规定：县级以上人民政府文化和旅游主管部门应当将非物质文化遗产传承基地、保护设施纳入主题旅游线路，开发具有非物质文化遗产特点的旅游项目和旅游产品。支持代表性传承人以及有关团体进入旅游景区和乡村旅游示范点展演、展销，宣传和推介非物质文化遗产及其旅游产品。

宁夏创建全国全域旅游示范区给非遗与旅游融合发展带来重大机遇。全域旅游是我国首创的旅游理念，是以地区整体生态、生活场域为旅游时空的新旅游发展观。体现在旅游产业的全景化、全覆盖，在传统的"食、宿、行、游、购、娱"基础上形成的"文、商、养、学、闲、情、奇"旅游综合要素体系，为游客提供高质量旅游体验。以"旅游+"的思路发展旅游，挖掘旅游的附加值，带动多元产业发展，推动实现空间上的全域、参与上的全民、产业上的全域。宁夏作为创建全国全域旅游示范省区，推进非遗与旅游融合发展正当其时。

二、宁夏非遗保护及资源分布概况

（一）基本情况

宁夏境内现有非遗资源5667项。列入联合国教科文组织人类非物质文化遗产代表作名录1项（花儿）；列入国家级代表性项目名录28项（其中4个项目入选首批国家传统工艺振兴目录）；列入自治区级代表性项目名录224项，市级代表性名录363项，县级代表性名录450项；认定国家级代表性传承人22名，自治区级代表性传承人376名，市级代表性传承人488名，县级代表性传承人725名；命名国家级非物质文化遗产生产性保护示范基地1个，自治区级保护传承基地95个；全国职业院校民族文化传承与创新示范专业点2个，国家级非物质文化遗产传承人群研培基地2个；建立非遗工坊15个。

（二）项目及地域分布

十大类非遗项目，其中，传统技艺主要包括贺兰砚、二毛皮、宁夏手工毯、宁夏手抓羊肉等；传统美术主要包括剪纸、刺绣、砖雕、泥塑、传统建筑营造、彩绘、麻编、葫芦烙刻画等；传统音乐主要包括花儿、民间乐器等；传统戏剧主要包括秦腔、京剧等；传统舞蹈主要包括黄羊钱鞭、小花灯舞等；曲艺主要包括宁夏小曲等；传统医药主要包括张氏正骨疗法、陈氏医技十法、马氏济慈堂生育药剂制作技艺等；传统体育、游艺与杂技主要包括踏脚、方棋、木球等；民俗主要包括高台马社火、青苗水会等；民间文学主要包括民间故事、春官送福等。

国家级非遗代表性项目共有 28 项，涉及民间文学、传统音乐、传统舞蹈、传统戏剧、曲艺、传统美术、传统技艺、传统医药、民俗 9 大类。

自治区级非遗代表性项目共有 224 项，涉及民间文学，传统音乐，传统舞蹈，传统戏剧，曲艺，传统体育、游艺与杂技，传统美术，传统技艺，传统医药，民俗 10 个类型。

国家级和自治区级非遗代表性项目在区域分布上形成了 4 个组团，即宁夏北部区域组团、宁夏西部区域组团、宁夏中部区域组团、宁夏南部区域组团。呈现"组团+均衡"分布的空间格局，非遗分布地域性特征明显，非遗保护发展环境良好。

三、非遗与旅游融合发展路径

根据宁夏非遗资源分布和特色禀赋，结合近年来非遗保护实践启示，科学设计融合发展方式路径，开辟具有宁夏特色的非遗与旅游融合发展新境界。

（一）旅游走进非遗

通过非遗旅游考察踩线，规划主题旅游线路。聚焦宁夏非遗富集区域，衔接宁夏主体旅游线路，将宁夏非遗工坊、保护传承基地、非遗展示场馆、非遗街区等非遗传承群体有效串联起来，设计运营非遗主题旅游线路。主要线路设计为：

1. "贺兰神韵"

沿贺兰山东麓文化旅游廊道主线，以镇北堡西部影城、贺兰山漫葡小镇、银川市非遗展示馆、水洞沟景区、灵武市非遗展示馆为支点，游赏体验花儿、贺兰砚、麻编、秦腔、京剧、二毛皮、民间器乐、剪纸、刺绣、皮艺等非遗项目。

2. "黄河记忆"

沿黄河楼景区、沙坡头景区主线，以吴忠市非遗展示馆、刘三朵八宝茶展示馆、强家老醋工坊、陈氏医技十法康养基地、黄羊古落、黄河非遗展览馆、高庙彩绘等为支点，游赏体验宁夏手抓羊肉、羊杂、八宝茶、老醋、传统医药、黄羊钱鞭、蒿子面、古建彩绘、羊皮筏子等非遗项目。

3. "六盘古风"

沿同心县、原州区、隆德县、彭阳县、西吉县、海原县主线，以同心县非遗展示馆、原州区大原古建营造工坊、六盘山抟土瓦塑工坊、花儿保护传承基地、隆德县魏氏砖雕基地、杨家彩塑基地、高台马社火基地、老巷子、盘龙山庄非遗展示体验馆、西吉县刺绣工坊、龙王坝非遗展示体验馆、彭阳县非遗展厅体验馆等为支点，游赏宁夏山花儿、砖雕、古建、刺绣、剪纸、社火、泥塑、麦秆画、根雕、秦腔等非遗项目。

（二）非遗进驻旅游

采取双向选择、互相签约、合作共赢的办法，让供销对路的非遗项目（产品）、传承人进驻旅游景区、乡村旅游点、特色街区等各种旅游空间，沉浸式植入展陈、表演、体验、研学、餐饮等形式多样的非遗项目，丰富旅游业态、升华旅游品质、塑造旅游形象，打造非遗旅游热门打卡地，让游客全程感受非遗活态魅力，不断满足游客休闲新选择、消费新需求。如：灵武市在城区兴唐苑景区建设非遗展示体验馆，采取文字、图片、实物、视频、表演"五位一体"呈现方式，将非遗开发为硬核旅游吸引物，融入"西湖夜市"，使非遗成为游客看好的打卡项目。

（三）搭建非遗旅游载体

因地制宜、分类指导，在旅游景区建立非遗大师工作室、展览馆、体验馆、演艺广场（馆）、销售店铺、主题餐厅等，打造独具风情的非遗旅游新空间。如：隆德县依托国家级非遗项目高台马社火，在陈靳乡新和村打造非遗特色房车营地，将房车体验与高台马社火表演融为一体，游客参与扮演社火角色，使得房车旅游多了维度、平添了几多温度，给了游客参与回味的难忘之旅。

(四) 打造非遗旅游品牌活动

统筹传统技艺、传统美术、传统音乐、传统戏剧、民间文学、民俗等非遗资源，结合春节、端午节、中秋节等传统节日，注重观赏性、体验性、参与性，打造"非遗购物节"、实景演艺、展示体验、竞技表演等非遗类活动，有效嵌入旅游线路，融入旅游景区、传统村落和城市街区，让"一地一特、一区一品"的非遗活动转化为游客观赏品鉴、互动体验的主要项目，成为扮靓景区、吸引游客的打卡点。如：比较成功探索尝试的"漫葡小镇贺兰山盛典"、盐池县元宵节"游九曲赏花灯"、泾源县老龙潭"柳毅传书花儿剧"等。

(五) 研发非遗旅游产品

有效衔接旅游市场需求，遴选具有生产属性的非遗代表性项目，牵手职业院校、文旅企业、文创公司等，贴近新时代尤其是年轻人的审美情趣和消费心理，从制作材料替代更新、表现形态内容创新、丰富文化内涵等方面，专精化研发推出独具宁夏特色的非遗旅游商品进入旅游市场，促进非遗产品消费成为浸染、愉悦游客的亮丽业态。

(六) 培养非遗导游人才

策划开展非遗知识培训、非遗讲解大赛、非遗情景表演等活动，组织非遗传承人群、高等院校学生、景区导游人员、社会志愿者广泛参与，培养推出一批非遗旅游讲解员，导引广大游客心向非遗之旅。

四、处理好融合发展中的几对关系

(一) 守正与创新的关系

守正创新，源于本真，迸发时代活力，推动创造性转化、创新性发展，做到"法必宗如古，式必从其新"。非遗与旅游融合是相辅相成的，不变的是非遗本有的传统内核，变的是迎合游客需求的呈现方式，在变与不变中体现传统基调下的时尚之美，其实这正是游客寻求异域旅游风情的心理所在。

(二) 保护与利用的关系

非遗是可见、可感、可参与的生活方式，非遗在当代的传承实践，是优秀传统文化与现代生产生活相融合,实现转化利用的发展过程。保护是第一位,其次才是利用,非遗与旅游融合是实施保护优先与合理利用相结合的有效途径。非遗衔接旅游得以活态保护、活态传承、体现时代价值,旅游因非遗的转化利用焕新添彩,二者相辅相成、互利双赢。

(三) 传统与现代的关系

"无论走多远也不忘来时路",这句话用在非遗融合发展中科学把握传统与现代的关系是十分恰当的。传统是根本和魂魄,现代是生机和动力,现代化的创新路要走,传统的核心技艺也要传承,非遗与旅游融合是在传统与现代的矛盾冲突中寻找最佳链接,这种融合应该是根植于传统文化土壤上的现代旅游环境的培育发展。因此,要将宁夏设立文化生态保护区与创建全域旅游示范区相衔接,保护好非遗生存发展的自然人文环境(传统村落、老街区等),源于非遗的传统核心技艺,对接现代人群的消费要求、消费倾向、消费情趣,创作研发旅游新产品,被当代人群广泛享用,让颇具地方特色和民族特色的非遗扎根沃土,焕发勃勃生机。

(四) 本土与外来的关系

非遗既有浓厚的地域特色,同时又具有较强的流动性,交流互鉴更会绽放异彩。非遗与旅游融合应当以本土为主、外来为辅,游客来宁夏的内心喜好和需求在于了解感受当地文化,展示给游客来体验消费的必须是独具魅力和凸显地域特色的非遗项目,但是适当引进展销一些外地非遗精品也未尝不可,关键在于哪是本土哪是外来要给游客讲清楚说明白,也让游客萌发异地故乡情、有回家的感觉,唤起大众的情感共鸣。

(五) 手工与机器的关系

正确处理非遗产品手工制作与文化产业批量化、规模化、复制化机器生产之间的矛盾。研究非遗与产业的关系、非遗与科技的关系、非遗与数字技术的关系、非遗与消费的关系、非遗与工具物流的关系。根据旅游市场需求,传统手工作品主要对接个性化消费,机器批量生产主要对接大众化消费,二者可以兼容并蓄、统筹经营。

五、融合发展的经营理念

（一）因地制宜，差异化布局

着眼全局，统筹策划，聚焦当地旅游特质和非遗资源，因地制宜、一地一策、差异化布局，彰显非遗旅游的地域特色和不同气质。

（二）打造品牌，树典立标

在非遗与旅游融合发展实践中要注重总结推出典型案例，打树品牌引领融合发展走实走强。

（三）生活化创意，多样化营销

融入现代生活，链接市场需求，以现代生活方式创新利用非遗资源，让古老非遗焕发新的生命力。契合现代人的审美情趣，丰富文化底蕴，增强欣赏性，与影视、戏曲、餐饮、服饰等结合，利用现代科技手段，构建线上线下多样化、立体化营销网络。

2022年宁夏乡村文化发展报告

张治东

近年来，随着宁夏经济社会的不断发展，农民群众的精神文化生活日益丰富，以民间文艺团队、农民文化大院等为代表的乡村民间自办文化蓬勃兴起，呈现出良好的发展态势，"文明实践+爱心超市+"得到推广，村规民约作为乡风文明的教化资源受到重视，个别文艺爱好者还结合当地的优势资源和文化积淀创建了具有"书屋"性质的文创基地，共同为引领社会风尚、传承优秀传统文化、促进乡村文化发展发挥着积极作用。

一、宁夏乡村文化发展现状

（一）乡村民间自办文化态势强劲

发展乡村民间自办文化是农村从"送文化"到"种文化"转型过程中，实现乡村文化内生机制的一条有效实践路径。目前，宁夏乡村民间自办文化的形式主要包括村办、业余和个体三种类型。其中，村办文化是在村（居）委会的带动下，结合当地人文特色组织开展的包括戏曲传

作者简介　张治东，宁夏社会科学院文化所副研究员。

基金项目　宁夏哲学社会科学规划一般项目"政府规划与农民适应：新内源发展理论对宁夏打造乡村振兴样板区的经验启示"（项目编号：22NXBSH02）阶段性成果。

唱、非遗传承、秧歌舞蹈、社火表演等各种文化活动形式。在全区公共文化服务体系实现县乡村三级全覆盖的基础上，每个村（社区）都建有村（社区）综合文化服务中心，有些还成立了民间文艺团队。民间文艺团队多数以村（社区）为单位，通过村（居）委会牵头，由乡村文化能人带动周边村民组建而成。据统计，全区现有各级各类民间文艺团队 1136 支，平均每年开展文化活动达 1.8 万场次以上。

乡村文化大院是以农户大院为依托，集文艺演出、非遗传承、特色收藏、体育活动等多种形式于一体的综合性文化活动场所。全区现有 586 个农民文化大院，其中较有代表性的是原州区中河乡庙湾村梁云文化大院、开城镇善堡村李存吉文化大院、盐池县麻黄山乡何新庄村何家大院等。在农闲之余聚集于文化大院的"行家能手"都是当地土生土长的农民，也是乡村文化内生动力的主体力量，他们在剪纸刺绣、书法绘画、歌唱表演、文学创作、陶瓷制作等方面有一定专长。乡村文化大院的兴起，对丰富村民业余生活、提高人们生活品位具有较强的聚合作用。

西吉县吉强镇杨河村木兰书院由史静波个人创建而成，目前已设立"西海固文学教育馆"和"石榴籽文学馆"，并引进布贴画、山花儿等 7 个非遗项目，建成"非遗文化园"，为 16 名非遗传承人设立了工作室。作为非遗传承基地，每年都坚持举办乡村非遗节、农民作家诵读会等群众文化活动，还将农民作家和文艺爱好者联结在一起，为大家提供创作、交流和学习平台，并吸引李成东等农民作家成为书院"签约作家"，进行"一对一"地帮扶培养。近年来，众多科研工作者先后走进木兰书院，使这座偏乡僻壤的小村落逐渐成为一块闪耀着文化气韵的精神家园。

（二）"文明实践+爱心超市+"得到推广

"文明实践+爱心超市+"模式，是宁夏近年来积极探索建立村民自治、德治、法治"三治"建设相结合的有效管理模式，对于激发群众争先评优具有较强的引导和促进作用。自 2019 年银川市率先出台《银川市移民村"积分超市"管理工作方案》后，全区 2217 个行政村有 30%以上的村委会都积极效仿并以"积分换物品"的形式，将村民参与集体公益活动、村庄环境保护、移风易俗、遵纪守法、家庭和睦、邻里团结与选树"身边典型",开展"美丽庭院""星级文明户"等评优选先活动结合起来,把村民的日常行为转化为可量化的积分数据指标,对照量化考核评比细则开展积分兑奖活动,为乡村弘扬新风正气,摒弃陈规陋习,激发群众脱贫致富内生动力,实现"积分改变习惯、勤劳改变生活、环境提振信心、共建美丽乡村"的目标发挥了积极效应。

"马连平家因为孩子考上大学被村委积分评定工作小组一次赋予了50分,加上他们家在邻里互助、爱护公物、赡养老人等方面积攒的45分,目前已有积分95分,是今年全村最高的积分大户。"西吉县偏城乡上马村村支书马西文说,"在'文明家庭'的评选活动中,村委会还将对他们家作优先考虑。"据调研,该村结合本地实际,大力推行乡风文明实践积分卡制度,将公德美德、诚实守信、减免彩礼、婚丧简办、矛盾纠纷调解等纳入积分制管理,通过积分兑换使村民行为规范有了"标尺",让新风良俗有了"分值",村规民约在大家心中有了分量,为基层乡村治理提供了有力抓手。

"村民在积分申报过程中,可以随时随地通过口头、电话、短信、微信等方式申报,申报时要提供相关证据。"马西文说。村"两委"班子通过村民推选组建了积分评定小组,每月通过村级联合办公日或村民代表大会进行审定,审定后的积分会进行公示。据了解,上马村村民所持积分按照1分兑换1元的标准,在文明实践爱心超市兑换等价物品,物品兑现后积分不清零,仍以家庭为单位逐年累加,总积分在全村前15名的,在村级"道德模范""文明家庭"等评选活动中优先推选;总积分在前3名的,作为村部推荐各类先进模范评选的依据。

(三)融入传统美德,积极探寻"以孝治村"的发展路径

近年来,很多村镇将基层治理与民风转变紧密结合,探索出了具有当地特点的发展路径。彭阳县白阳镇中庄村"两委"班子针对本村薄养厚葬等陋习,倡导移风易俗,通过举办孝老爱亲座谈会,评选表彰"孝道之星",探寻出了一条"德孝文化强心志,精准帮扶促发展"的治村思路,使民风在行为规范中得到极大转变，涌现出"全国五好家庭"牛治刚①等一批先进典型，使该村形成了争先"尽孝心、讲诚信、守礼仪、勤劳动"的良好氛围。牛治刚夫妇不仅是村里的致富能手，也是家喻户晓的"孝道之星"。其80多岁高龄的母亲瘫痪多年，夫妇二人"早梳晚洗、端屎端尿"的尽孝行为，深深感化了左邻右舍。为了能让孩子从现实生活中受到教育，每放寒假之后，牛治刚都会带领全家到村里有老人的贫困家庭，为困难老人送上自己家榨的胡麻油和一些生活用品。

2004年，牛治刚夫妇通过中庄村小额贷款，在县城租了一间小屋做起了榨油生意。由于勤奋能干，油坊生意十分红火，现在已由原来的小打小闹逐步发展为加工配送"一条龙"服务。创业成功之后，牛治刚夫妇积极投身帮扶乡邻共同致富的行动。譬如，村里一些无法外出打工的村民想在家里发展养殖业而无钱购买饲料时，牛治刚夫妇便将油渣赊欠给他们，缓解了养殖户资金一时周转不开的压力。"在老牛的影响和带动下，大家纷纷外出务工创业，很多人都在城里买了房和车。"据中庄村党支部书记闫生栋介绍，"以前村民闲暇之余不是打牌喝酒，就是聚众赌博，现在看到牛治刚家庭、生意两不误，还带动村民一起创业搞发展，很多人也将精力集中在教育孩子和照顾老人上，原先坐在一起比酒量，现在坐在一起交流挣钱渠道和经营家庭，大家的日子过得风生水起。"

（四）以村志、族谱等为代表的乡风文明得到较好传承

乡风文明是乡村文化的精髓，以村志、族谱等为代表的家规家训或村规民约，作为乡风文明的教化资源，蕴藏着家庭教育、宗族制度、村落历史等文化内涵，对于再现乡村原始风貌，强化群众自我教育，唤起村民文

---

①2016年，牛治刚夫妇被中共中庄村党支部评为全村"孝道之星"，2017年牛治刚因积极参加尊老、助老、敬老等社会公益活动，被宁夏孝文化促进会评选为"孝老爱亲"模范，并被吸收进宁夏孝文化发展促进会，成为孝文化发展促进会会员。同年，其家庭被彭阳县评选为全县第一届"文明家庭"，还被自治区推选为"最美家庭"。2018年，牛治刚因热心帮助乡亲邻里创业致富被彭阳县白阳镇推选为全镇"优秀致富带头人"。2018年，牛治刚一家被全国妇联评为"五好家庭"。2021年，中共彭阳县白阳镇委员会授予牛治刚"全镇优秀共产党员"称号。

化认同等意义明显。近年来，在自治区党委、政府的大力推动下，宁夏各地依据当地村落发展实际，已相继完成《梁堡村志》《长城村志》《崖堡村志》《南长滩村志》等30余部村志的编写和出版工作。在传统文化保留相对完整的村落，传承着很多或用文字记载或口头传承的村规民约和家规家训，有些甚至以族谱的形式予以传承。譬如，在隆德县奠安乡梁堡村保存有传承已达七代之久的董氏族谱，该族谱封面题签"皇清董氏历代家谱编纂"，卷首有清代庄浪"五进士"之一赵贡玉所撰的《十则例》，详细列举了董氏家谱的修谱规定。董氏族谱涵盖"行孝""尽悌""尽忠""守信""守礼""尚义""养廉""知耻"等内容。

良好的乡风文明对于选树身边道德典型，弘扬乡村优秀传统文化，以及村民持家治业、孝敬老人、教育子女等方面都具有重要的引领和示范作用。据《纳家户村志》载，该村对"偷盗、赌博、吸毒、性乱以及经营中的坑蒙拐骗等丑恶行为为人们所不容；勤劳节俭、吃苦耐劳、诚实善良、济贫扶困、尊老爱幼的优良品德则为人们所崇尚。"[1]家风正则民风淳，民风淳则社稷安。深入挖掘村志、族谱中所蕴含的思想观念、人文精神、道德规范，结合时代要求善加引导和继承创新，让以家规家训和村规民约为代表的乡风文明展现出永久魅力和时代风采。

二、宁夏乡村文化在发展过程中存在的困境和问题

（一）人口结构失衡，乡村文化传承后继乏力

乡村有一定文化知识或技能经验的青壮年多数外流，他们不仅疏于农业生产，对乡村文化活动也较少参与。随着年轻一代婚姻的渐次形成，多数女方家庭要求男方家庭要"在城里有车有房"，这使农村社会结构呈现出明显的从结构"空心化"到精神"空心化"的发展趋势，人口外流使农村社会结构严重失衡。另外，乡镇文化站、村（社区）文化活动中心、农民文化大院普遍缺乏文化带头人，专业人才断层和老龄化问题突出，严重影响了乡村文化活动的正常开展。尽管在县域，多数已经实现了总分馆模式，

---

[1] 永宁县党史县志办公室编：《纳家户村志》，宁夏人民出版社，2017年，第78页。

但是乡村明显次于城镇。各乡镇、村（社区）文化站（室）的建设、管理和使用与公共文化服务发展也不相适应，不能满足农民群众日益增长的精神文化需求。

（二）缺乏现代元素，传统文化与当代实际契合不够

乡村现代化是一个综合性概念，涉及经济、文化、科技、观念、生活等各个方面的变革与发展。在这一整体概念下，要实现乡村文化的现代化，就要在复兴、修复和回望的基础上，与现代文化无缝衔接、快速融合，形成符合现代需求的文化体系，而当前宁夏很多村镇对传统文化的发掘尚停留在能唱、会演的肤浅层面，对传统文化的传承和改造并没有很好地融入现代文明及相关元素，这使传统戏曲、传统舞蹈、传统小吃、传统手工艺品等传统技艺在新时代农村难以呈现诱人的闪光点。

（三）基层文化服务存在同质化倾向，优势地域特色不突出

各乡镇文化服务存在明显的同质化倾向，呈现出文化产业结构不尽合理，文化科技创新能力不强，地方优势地域特色不够突出，新兴产业发展滞后，有规模、成体系的文化产业园区培育缓慢等状况，也未形成内生增长的文化生态系统。

（四）发展合力尚未形成，核心竞争力有待提升

基层群众文化创新、消费能力普遍较弱，缺乏大项目带动和支撑，未能与乡村旅游、体育运动、特色民宿、审美意识等文创产业形成发展合力，缺少品牌意识，在市场上推出的一些文化产品附加值明显较低，缺乏核心竞争力。

三、对宁夏发展乡村文化的一些对策建议

（一）大力发展农民自办文化

乡村民间自办文化组织产生于乡村土壤，深知和熟悉当地的文化传统和民俗禁忌，对农民群众的喜好也有相当的认知和了解，比较容易激发村民的参与热情，并能直接获取村民的文化诉求。因此，应大力支持和发展农民自发成立的各种民间文化组织形式，通过以奖代补的方式，疏通它们与国家、社会，与村民的联结机制，在充分把握国家主流文化的基础上，

结合乡村文化小传统的既有认知和话语结构，多方面拓展乡村文艺素材和展现村民生活情境，形成社会共建共享格局。

（二）积极培养乡土文化人才

挖掘和培养扎根基层的乡土文化能人和非遗传承人，建立乡土文化人才信息库，通过搭建交流平台、提供活动经费、组织培训辅导等方式，鼓励和扶持乡土人才开展乡村文化艺术、民族民间文化、文物保护管理等文化技能培训的传承、普及与推广。依托非遗传承人群研培计划，以非遗工坊为重点，帮助当地传承人群掌握工艺技能，提高技艺水平。同时，广泛动员专家学者、文艺爱好者到贫困地区进行教、学、帮、带的文化志愿服务，使公共文化志愿服务成为传承和弘扬中华优秀传统文化的窗口和重要阵地。

（三）在农文旅融合上下功夫

农旅产业是当前改善乡村人居环境、传承乡土文化、带动农民增收的重要抓手，通过农旅项目的开发和运营可以最大限度盘活乡村的生态、农业、民宿等资源，并倒逼乡村厕所革命、基础设施改善、生态环境提升的有序推进。在有条件的村镇继续打造集文化展示、特色餐饮、演艺娱乐休闲、民俗风情体验等于一体的文化旅游综合体及文化创意园区，努力推动以"农业产业+文旅配套+文旅社区"为模式的城乡融合发展新格局。

（四）丰富公共文化服务供给

依托重大节庆、文艺博览等活动，鼓励各乡镇积极组织并参与建设群众文艺会演、广场展演、社火大赛、秦腔大赛、戏曲小品大赛、民间非遗展览、群众书画展览等群众性赛事活动，提升县域特色文化品牌建设的水平。实施广场文化延伸工程，推动文化广场覆盖乡镇（街道）、村（社区），开展乡镇、县域间的民间文艺团队和农民歌手大赛等文化活动，建立并形成群众演给群众看的长效机制。同时，鼓励有规模的文化艺术公司深入农村，切实加强与民间文艺团队、农民文化大院的文创交流活动。

2022年宁夏旅游业发展分析与展望报告

陆媛媛

旅游业辐射面广、产业链长、关联度高，兼顾政治性、经济性、社会性等多重属性，涵盖经济功能、文化功能、教育功能、展示功能等多种功能，在服务宁夏经济社会发展的带动作用越发突显。2022年以来，宁夏文化和旅游厅坚持以习近平新时代中国特色社会主义思想为指导，深入贯彻落实中国共产党第二十次全国代表大会与自治区第十三次党代会精神，立足"文化强区铸魂、旅游富民增收，为特色产业赋能、促民族团结融合，展示美丽新宁夏"战略定位，统筹常态化疫情防控，锚定高质量发展目标，突出融合发展主线，着力延长板、强优势、创品牌，宁夏文化和旅游工作取得了新成效。

一、2022年旅游业基本情况

2022年宁夏旅游市场总体保持平稳有序，上半年疫情防控常态化的旅游市场全面恢复，市场格局正在重构。2022年前三季度，宁夏累计接待国内游客3172.76万人次，较2021年同期增长4.58%，较2019年同期下降10.49%；实现旅游收入280.00亿元，较2021年同期增长13.40%，较2019年同期下降10.85%。截至"十一"前，宁夏旅游人次已经超过2021年全

作者简介 陆媛媛，宁夏回族自治区文化和旅游厅主任科员。

年的 85%（2021 年接待游客 3623.67 万人次），旅游收入与 2021 年全年基本持平（2021 年旅游收入 286.65 亿元）。

从总体情况看，2022 年以来宁夏旅游业呈现稳中有进、强劲复苏的发展态势，特别是跨省游放开后的一段时间内（6 月 19 日—8 月 2 日），宁夏旅游业表现抢眼、成效显著，群众旅游意愿强烈，消费潜力持续释放，旅游人次、旅游收入实现"双增长"。其中，以黄河宿集、星星酒店等为代表的"小规模、高规格、大流量"的高品质新兴旅游市场主体，抢抓市场机遇，创新产品业态，复苏反弹趋势强劲。

据携程大数据统计，2022 年国内多地疫情爆发，对旅游出行市场带来直接影响，中长线跨省游受挫，度假、机票两大板块受冲击明显。在此情况下，宁夏"近郊游""微度假"类短线游、本地游增长显著。截至 2022 年 9 月，宁夏门票在线旅游数据实现正增长，旅游人次增长达 60.06%，交易额增长达 34.88%。宁夏酒店、门票两大板块均赶超 2019 年同期表现，其中，酒店订单量恢复至 2019 年同期 139.13%，门票订单量恢复至 2019 年同期 128.15%。2022 年宁夏旅游 Top 20 线路中，短线游（1—3 天）占比达到 50%，周边游、省内游趋势明显，且以自然风光游览、美食游、网红目的地打卡的休闲度假游为主。整体上，游客更加倾向体验性旅游，注重品质及独特性，如观星体验、沙漠露营、晚餐、酒庄品酒等。黄河宿集接待游客 1.19 万人，实现旅游收入 1100.38 万元，占上半年总收入的 60% 以上，人均消费达 924.69 元；沙坡头景区（含星星酒店）接待游客 14.98 万人，实现旅游收入 6153.75 万元，是上半年总收入的 3 倍，人均消费 410.80 元。同时，依赖门票经济的传统旅游景区也呈现快速恢复的态势，比如，沙湖景区接待游客 11.37 万人，实现旅游收入 1525 万元，旅游收入是上半年的 2 倍之多。

全国旅游业处于行业寒冬阶段，前三季度，国内旅游收入（旅游总消费）1.72 万亿元，比上年减少 0.65 万亿元，同比下降 27.4%。其中，城镇居民出游消费 1.42 万亿元，同比下降 25.8%；农村居民出游消费 0.30 万亿元，同比下降 33.5%。2022 年 8 月 2 日以来，受突发疫情以及跨省游业务受阻、区域内人员流动性整体不足等因素影响，宁夏旅游业受到明显冲击，特别是国庆黄金周受到的冲击最为明显,严重影响了旅游业全年水平。但在疫情肆虐的情况下,自治区文化和旅游厅通过精准防控、精准纾困、精准营销、精准服务"四个精准"举措,有效拉动了区内旅游市场消费,前三季度宁夏旅游人次、旅游收入仍处于正增长。

二、2022年宁夏旅游业发展特点

宁夏回族自治区第十三次党代会报告将文化旅游产业列入"六优"产业,并提出高水平打造国家全域旅游示范区的目标,为推动旅游业高质量发展指明了方向。自治区文化和旅游厅将认真贯彻落实党代会部署要求,坚持把满足游客高品质、多元化服务需求作为贯穿旅游业转型发展的一条主线,打破路径依赖和传统思维惯性,以创建国家全域旅游示范区为目标,以打造大西北旅游目的地和国际旅游目的地为抓手,以构建"一核两带三片区"发展格局为重点,加快构建"吃、住、行、游、购、娱"全链条贯通延伸的服务体系,推动旅游业迭代升级,实现高质量发展。

一是实施精准防控。统筹好安全和发展两件大事,全面压实"四方责任",严格落实严防"第一例"要求,坚决执行景区和文化娱乐场所限量、预约、错峰等措施,始终把疫情风险控制在最小范围,为加快旅游市场恢复发展营造良好外部环境,良好稳定的疫情防控态势已经成为促进文旅发展、宣传展示宁夏最有效的"名片"。

二是优化产品供给。聚焦"宁夏人游宁夏",推出一日游、二日游等近郊游、微度假线路产品,拉动人流、活跃市场、促进消费。紧盯文旅消费新需求,推出亲子研学、野奢度假、休闲康养等一批旅游线路和产品,满足不同类型游客需求,丰富产品业态、延伸产业链条、促进消费升级。

三是丰富业态布局。以"星星故乡""酒庄休闲"等文旅品牌为突破口,围绕"吃、住、行、游、购、娱"打造全流程贯通延伸消费服务体系,大力发展"停留经济""快旅漫游"。2022年,自治区文化和旅游厅新评定AAAA级旅游景区2家、自治区级旅游度假区3家、自治区休闲街区7条,百瑞源枸杞工业基地、大武口生态工业旅游休闲集聚区入选国家工业旅游示范基地,吴忠市成功入选第二批国家文化和旅游消费试点城市,西夏区怀远观光夜市等3家单位被评为第二批国家级夜间文化和旅游消费集聚区。

四是助力乡村振兴。自治区文化和旅游厅高度重视乡村旅游工作，重点实施乡村旅游助力乡村振兴"六大"提档升级工程，先后安排全国乡村旅游重点村镇以奖代补资金近2000万元，2022年拨付乡村旅游建设专项资金7590万元，主要用于乡村旅游示范提升项目及乡村旅游标识标牌和乡村旅游智慧化建设提升项目，同时支持贺兰山东麓葡萄酒产业、中宁枸杞产业与旅游业融合发展，并推动西夏区、永宁县、隆德县自驾游高质量发展。2022年重点推荐全国乡村旅游重点村西吉县龙王坝村和石嘴山市大武口区龙泉村参加联合国世界旅游组织"最佳旅游乡村"遴选工作；向文旅部精心推荐"乡村四时好风光"精品线路，前三季度14条线路入选；9个村镇入选全国乡村旅游重点村镇，新评定宁夏特色旅游村镇24家。宁夏乡村旅游发展势头迅猛、综合带动作用明显、发展潜力巨大，形成了一定的规模和特色，正成为宁夏休闲旅游、假日消费和近郊游的新亮点、旅游产业蓬勃发展的生力军和助力乡村振兴的新引擎。

五是强化纾困解难。筹集5000万元资金，发放4类6档文旅消费券，预计间接带动各类消费超过1亿元。建立重点旅游企业项目融资需求库和中小微旅游企业融资需求库。累计暂退旅行社质保金224家次4393.50万元，兑付2021年"引客入宁"奖补资金1094万元，统筹下达各类补助经费9400万元，减免纳入计划支持范围内的文旅小微企业银联二维码交易手续费，进一步激发文旅企业发展活力。

六是提升品牌形象。联合相关市、县（区）举办枸杞饮食文化节、吴忠早茶美食文化节等"一市一品牌""一县一节庆"文旅活动，深耕长三角、珠三角、川渝、福建等重点客源市场，策划实施"宁夏文旅大篷车"十城营销活动，通过专场推介、公众路演、非遗展示等方式，全方位展现"神奇宁夏·星星故乡"独特魅力。借助"欢乐春节""美丽中国"等国家及省部平台，深化与韩国、意大利等"一带一路"沿线国家和地区中国文化中心（旅游办事处）交流合作，开展"当惊世界殊"宁夏红酒旅游海外推广，讲好中国故事、展示宁夏精彩。深入实施"云秀宁夏"海外推广项目，累计曝光量 1000 余万次，连续两月 4 项指数上榜全国省级文旅新媒体国际传播力指数榜单。据携程大数据平台监测，宁夏整体搜索量增长 37.31%，其中"自由行"搜索量增长 155.56%，度假类（跟团游）搜索量增长 93.10%。

三、宁夏旅游业重点工作形势展望

2023 年将继续围绕深入学习贯彻党的二十大和自治区第十三次党代会精神，不断推动宁夏旅游业高质量发展。宁夏要继续依托优势资源，抓住重大机遇，把握形势与机遇，顺应环境与趋势，彰显特色优势，推动产业结构调整，既为旅游业态升级注入新动力，也为产业链条延伸带来新活力，推进旅游产业转型升级。坚持把调结构融入旅游业发展全过程，积极调市场、调服务、调理念，实现量的合理增长和质的稳步提升，推动宁夏旅游由跟跑向并跑、领跑转变。

一是全力将贺兰山东麓葡萄酒文化旅游长廊打造成为国际旅游目的地。贺兰山东麓被誉为酿酒葡萄种植"黄金地带"和高端葡萄酒绝佳产区，也是宁夏文旅资源最为富集的重点地区。未来 5 至 10 年，通过旅游赋能，能够带动提升葡萄酒产业综合效益。宁夏将围绕中国葡萄酒"当惊世界殊"目标，利用好中国国际葡萄酒文化旅游博览会平台，整合提升沿线重点产业、自然景观、文化遗产等资源，全力推进贺兰山东麓葡萄酒文化和旅游产业融合发展示范区建设，将贺兰山东麓葡萄酒文化旅游长廊打造成为以葡萄酒产业为核心，与国际接轨、同世界对话的国际旅游目的地。

二是全力推动宁夏在全国率先创建全域旅游示范省区。宁夏是全国第二个省级全域旅游示范区创建单位，宁夏有 22 个县（市、区），较其他省区创建全域旅游示范省区有明显优势。我们将按照"重点培育、梯次跟进、一体发展"的理念，加快全域旅游发展步伐，全力推动将银川市、中卫市打造成为国家全域旅游示范市，力争宁夏在全国率先创建成为全域旅游示范省区。

三是全力将宁夏黄河旅游精品带打造成为国内旅游目的地。将以实施三大国家文化公园建设为抓手，以黄河干流（宁夏段）为主线，深度挖掘、优化整合沿线文化遗产、自然景观、特色风物等资源，建设一批标志性文化旅游项目，培育一批示范性特色旅游景区，打造一批引领性精品线路，按照打造国内旅游目的地定位，努力构建融合生态景观、承载文化价值、富含人文底蕴的黄河旅游精品带，唱响"天下黄河富宁夏"品牌，全力推动大西北旅游目的地建设。

四是全力打造全国红色旅游高地和红色旅游基地。将进一步深度挖掘和系统整理长征时期在宁夏形成的一系列主题明确、内涵清晰、影响突出的革命历史事件、长征文物和文化旅游资源，以研学旅行、教育培训、休闲康养为重点，以六盘山红军长征景区、西吉龙王坝村等为载体，打造在全国有较高知名度的红色旅游高地。同时，习近平总书记在宁夏发出了"走好新的长征路"伟大号召，鼓舞人民在新时期继续发扬长征精神，走好新的长征路。宁夏将进一步阐释运用好习近平总书记号召"走好新的长征路"所包含的时代内涵，深入挖掘阐释"苦瘠甲天下"西海固脱贫攻坚的伟大实践以及"不到长城非好汉"的革命精神、"社会主义是干出来的"实干精神、"走好新长征路"的奋斗精神，统筹红色旅游开发，叠加宣传教育功能，形成有形、有感、有效的服务平台和传播载体，打造在全国叫得响的红色教育基地。

五是全力推动在全国形成具有示范带动作用的自驾游服务体系。伴随大众旅游时代以及后疫情时代叠加影响，自驾游以其安全性好、私密性强、便捷性高等特点，成为游客出游首选方式之一。将依托现有的基础优势，以全域旅游示范区创建为抓手，以涵盖宁夏46个全国乡村旅游重点村（镇）、100个宁夏特色旅游重点村（镇）的乡村旅游"北部大环线"和"南部小环线"为依托，配套完善自驾车营地、观星营地、观景台等旅游配套服务设施，提升自驾游配套服务水平，推动自驾游线路和产品迭代升级，力争形成在全国有带动影响力的自驾游服务体系。

六是精准推进后疫情时代旅游业转型发展路径。当前疫情发展不确定性依然存在，对旅游市场的冲击影响仍在持续。对内，我们将进一步做精做深短途游、城市周边游和本地休闲等旅游线路产品，支持旅游企业业态叠加或推陈出新，常态化开展"宁夏人游宁夏"旅游惠民活动，让更多本地游客"故地重游",挖掘区内旅游市场潜力。同时,加大与中华全国总工会等部门(单位)对接联系,支持具备相应资质的旅游企业承办研学实践、职工团建等延伸活动,拓展旅游市场空间。对外,我们将进一步动态调整应对策略,抓好跨省游市场阶段性恢复"窗口期",通过旅游大数据分析,提前锁定旅游资源差异大、消费能力强,且处于较低风险地区的重点客源市场,在确保疫情防控安全的前提下,进行"点对点、端对端、一对一"精准化对接,推送个性化产品、实施精细化运营,吸引中远程旅游市场。

下一步,自治区文化和旅游厅将抢抓文化旅游列入宁夏"六优"产业之首的重要契机,主动融入国家生态大局、黄河流域全局、宁夏发展格局,推动产业融合不断提高、结构比例不断优化、品牌价值不断突显、消费链条不断延长。

银川市文明城市创建长效机制研究报告

何银玲　曾秀平　曹富平　叶　璇　王传东

中国式现代化的重要特征之一"是物质文明和精神文明相协调的现代化",为此要"提高全社会的文明程度""统筹推动文明培育、文明实践、文明创建,推进城乡精神文明建设融合发展"。①如何在文明城市创建实践中建构常态长效机制,促使文明创建持续深入进行,不断提高创建工作的规范化、常态化、精细化水平,推进文明城市创建高质量发展,已经成为城市决策者和管理者亟待解决的课题。本文以银川市创建全国文明城市的实践为调研对象,探讨提出建构银川市创建文明城市常态长效机制的思路和对策,为银川市和其他市县的文明创建工作提供参考。

作者简介　何银玲,中共宁夏区委党校哲学部教授;曾秀平,银川市春熙社会工作发展服务中心理事长;曹富平,银川市春熙社会工作发展服务中心副理事长;叶璇,银川市委文明办社会活动科科长;王传东,银川市委文明办专职副主任。

①习近平:《高举中国特色社会主义伟大旗帜　为全面建设社会主义现代化国家而团结奋斗——在中国共产党第二十次全国代表大会上的报告》,《人民日报》2022年10月26日。

一、银川市创建全国文明城市的现状

(一) 银川市创建全国文明城市取得的成效

银川市自20世纪90年代开始参与文明城市创建,在2011年荣获第三届全国文明城市称号,并连续10年保持了这一来之不易的荣誉,获得全国文明城市"四连冠"的佳绩。

一是城市基础设施建设水平显著提升,各种便民利民的交通、照明、运动、休闲、卫生、购物、文化、娱乐等方面的基础设施建设不断加强,日臻完善。二是市容市貌显著改善,垃圾分类回收、街道清洁通畅,卫生水平显著提升,为市民打造出日益干净整洁的生活环境。三是城市公共交通秩序显著改善,酒后驾车、违章停车、行人闯红灯、开车不礼让等乱象得到有效治理,文明出行渐成风尚。四是城乡人居环境质量显著改善,强化治理水源、空气、建筑工地等污染源,使天更蓝、水更清、空气更清新。五是城市社会治理体系不断完善、基层治理能力日益增强、历史文脉得到延续、文化设施遍及城乡,公共服务更加普惠便捷。

这些变化无一不在提升着银川市的文明程度、文化品位和百姓的生活品质,受到广大市民群众的认同和支持。"丝路明珠·魅力银川"的影响力不断扩大,更好地担负起展示宁夏形象的窗口、引领宁夏发展的龙头、扩大宁夏开放前沿阵地的作用,市民对银川市的归属感、自豪感、幸福感不断增强。

(二) 银川市创建全国文明城市的良好经验

一是加强领导,统筹规划,坚持不懈地推进文明城市创建工作。全市围绕创建全国文明城市的目标,上下一心,共同奋斗,努力克服经济基础比较薄弱、硬件设施水平不高、市民文明意识比较薄弱等多重不利因素,付出艰苦努力,最终获得文明城市创建的丰硕成果。

二是始终坚持围绕中心、服务大局这一根本原则。将文明城市建设的各项具体任务有机融入城市产业结构调整、发展方式转变、全面深化改革和政治、经济、社会、文化、生态发展的各个环节和层面,切实做到文明创建为发展提供动力,发展为文明创建提供支撑。

三是围绕目标，真抓实干，不断夯实文明城市创建基础条件。从兴工强市、优化发展环境、提升市民素质、加快科技创新、加强和创新社会治理等方面入手，每年一个主题，集中力量加以推进，不断改善城市"硬件"和"软件"条件。

四是始终坚持以人民为中心、造福于民生这一根本要求。通过实施"十大惠民工程"，围绕食品安全、教育医疗、社区服务、交通秩序、社会治安、生态环保、便民服务等重点民生领域，不断改善，久久为功，让文明城市建设成为造福百姓的民生工程和民心工程。

二、银川市文明城市创建中存在的主要问题及其原因

尽管银川市在文明城市创建中取得了良好成效，但是在维护和保持全国文明城市荣誉和形象的过程中，还存在一些不足和问题，导致文明创建出现滑坡现象，以至于造成被中央文明委暂时"停牌"的严重后果，需要认真总结其中教训，防止这种情况再次发生。

（一）银川市文明城市创建存在的主要问题

一是由于连续获得全国文明城市奖牌，部分单位和干部产生了"牌子到手，创建到头"的松懈思想，有的部门将"创城"游离于日常工作之外，形成"两张皮"现象；有的单位将"创城"工作当作额外负担来临时应付，致使创建工作出现滑坡现象。

二是"创城"工作欠缺精细化、内在化，长期存在"重面子、轻里子"问题，文明元素往往停留在城市表面，而没有深入城市的内里。例如，城市建设中注重打造大街、大道和中心广场、公园、景区等地标性设施，而忽视老旧小区和背街小巷的改造；在环境卫生治理上不彻底，卫生死角清理不够，在城乡接合部、集贸市场、交通场站"脏乱差"等问题依然存在。

三是"创城"工作方式存在突击式、运动式现象，缺乏常态长效化机制，"来时一阵风，过时无影踪；雨过地皮湿，风吹地皮干"的问题依然存在。

四是"创城"工作存在重建设轻管理、重创建轻保持的问题，致使创建成效和成绩难以巩固和持续。

五是"创城"工作方法存在简单粗糙问题,较多依靠行政命令来层层压责任,缺乏广泛深入的社会动员和耐心细致的群众工作,出现一定范围"干部在干、群众在看"的局面。

(二) 银川市文明城市创建出现问题的深层原因

一是思想认识不够到位。部分党员和干部欠缺深入学习和认真贯彻习近平总书记关于社会主义精神文明建设重要论述,没有认识到创建全国文明城市这一重要举措在打造城市品位、提升市民素质、改善人居环境、推动经济社会高质量发展中的重大意义。

二是工作措施不够精准。一些部门没有充分担负部门和辖区政府文明创建的主体责任,相关责任部门落实文明城市建设各项任务力度不够,"创城"工作中各部门联动的合力不够强大。

三是常态长效化创建机制不够健全,制约着文明城市创建工作深入持久开展。"创城"工作一定程度还停留在初期起步阶段的"运动战""歼灭战"的方式上,而没有进入"创城"的深化拓展阶段,主要采用制度化、规范化的方法,总结归纳以往好经验、好做法,固化形成制度机制推行使用,并促使其一以贯之、常态长效地运转,促使文明城市创建常态化、规范化、精细化地深入开展,推动文明城市向城市文明转变。

三、银川市建构文明城市创建常态长效机制的对策建议

(一) 健全文明城市创建的制度化领导机制

一是进一步健全完善文明城市创建党委统一领导、党政群齐抓共管、文明办组织协调、有关部门各负其责、全社会共同参与的领导体制和工作格局,聚焦职能交叉的整改事项,部门间及时沟通、主动作为,协同配合到位,形成上下联合、左右联动的合力,使文明城市创建成为全市上下的共识和共同行动。

二是健全督导和问责工作机制。贯彻落实《银川市创城办关于创建全国文明城市督查工作办法》,将创城工作纳入市领导视察督导,人大代表、政协委员调查督导,市纪委、市委组织部效能监察,以及媒体和市民监督等渠道之中,确保"创城"工作的有效落实。

三是健全考核奖惩机制和长效激励机制。贯彻落实《银川市创建全国文明城市工作考核办法（暂行）》，将创建文明城市的工作成效与各级党政领导的政绩考核体系挂钩，将文明城市建设各项指标纳入各级党政领导政绩考核体系，用考核带动落实，在全市努力营造表扬先进、鞭策后进的良好氛围。

（二）建立健全文明城市创建的共建共享机制

一是建立健全群众性参与"创城"活动的制度机制，广泛深入开展文明单位、文明社区、文明校园、文明村镇和文明家庭等群众性创建表彰活动，以此为载体，推动文明创建向城市的各行各业和各个区域广泛渗透和深入进行。

二是健全和完善群众性常态化开展学雷锋志愿服务活动的制度机制，健全志愿服务注册登记、培训管理、褒奖激励、物质保障、技术支持等规章制度和服务体系，引导广大市民在做好事、献爱心的过程中陶冶情操、提升境界，努力将银川市打造成为精神文明高质量发展的首善之城。

（三）建立健全文明城市创建的结合"融入"机制

一是将创建全国文明城市纳入市委、市政府的中心工作任务之中，纳入经济社会发展规划之中，推动"创城"工作和其他各项工作的同步开展。

二是将"创城"工作融入各行各业日常工作和管理之中，找准各自的"结合点"，把文明培育、文明实践和文明创建有机融入城市各方面工作之中，并注重打造本部门或本行业的特色和亮点，通过各部门日常工作的开展，实现文明创建的常态化；通过文明创建，使各项工作融入更多文明"细胞"和元素，从而提高文明水平，努力将银川市打造成为环境共同改善、素质共同提升、生活共同富裕的共享之城。

（四）建立健全文明城市创建持续广泛的宣传引导机制

一是宣传部门和新闻媒体要将文明城市创建工作作为重要的宣传主题，广泛传播创建全国文明城市的重大意义、标准要求、主要任务，特别是党的二十大关于"中国式现代化"的重要特征是"物质文明和精神文明协调发展"的重要思想；广泛宣传在文明创建中涌现的先进典型和好人好事，起到引导、示范和带动作用；通过制作刊播公益广告，大力倡导文明健康、绿色环保的生活方式。

二是充分利用街道、社区新时代文明实践站和村镇文化大院等基层宣传文化阵地，开展丰富多彩的群众性文明创建主题活动。

三是借助"三下乡""四进社区"等活动，将市委、市政府关于创建文明城市的工作部署及其重要意义，送到基层，面向群众，广泛传播文明创建人人有责的理念，引导广大市民树立文明的行为方式和生活习惯，珍视文明创建成果，不断提高文明素质。

（五）建立健全文明城市创建的实事惠民机制

一是围绕"为百姓干事、让百姓知晓、请百姓参与"的目的，从群众最关心的问题抓起，从群众反映最强烈的问题改起，通过实施惠民实事项目，着力提升群众的生活质量，使广大群众在实实在在的获得感、幸福感和安全感中，充分感受到文明创建活动带来的成效和变化。

二是始终把文明城市创建的群众参与度、满意度作为衡量创建工作成效的重要尺度，坚持面向群众，紧紧围绕群众的需求开展创建工作，并根据不同阶层群众的不同特点、不同需求，开展主题鲜明、形式新颖、内容实在、成效好的系列创建活动，使群众深刻理解"创城"，大力支持"创城"，主动参与"创城"，努力将银川市打造成为群众生活品质不断提升的幸福之城。

（六）建立健全文明城市创建的精细化管理机制

一是建立健全文明城市创建的检测监督体系，对标对表全国文明城市测评体系，细化落实文明创建各项工作，做到全覆盖、无死角、无盲区、无空档，达到全面创建、全域创建、全民创建和全程创建。在创建方式上，从"小"入手、以"实"求进，多做"耐心活""细致活"，打造细节之美，做到里外统一。不仅注重打造大街、大道和中心广场、公园、景区等地标性设施，更要注重改造背街小巷、农贸市场、老旧小区、"城中村"等老百姓实实在在过日子的地方，为百姓创建方便、清洁、优美的生活环境。

二是健全文明城市创建法治管理系统，注重用法治思维和法治方式推进创城工作，加快地方立法，制定出一套针对文明城市创建的地方性法规，使各项创建工作有法可依、有章可循，促使文明创建走上法治化的轨道。

三是建立健全文明城市创建的德治教育体系，在市民中全面加强理想信念教育和爱国主义教育，深入开展铸牢中华民族共同体意识教育；以社会主义核心价值观为引领大力实施公民道德建设工程，激发人们形成善良的道德意愿和道德情感，培育正确的道德判断和道德责任，提高道德实践能力，向往和追求明大德、守公德、严私德的生活，努力将银川市打造成为崇德向善的首善之城。

四是注重增强文明城市创建的文化底蕴，延续本土文化脉络，突出地方文化特色，培育城市文化厚度，努力将银川市打造成为具有人文特色和文化内涵的魅力之城。

文旅融合篇
WENLÜ RONGHE PIAN

2022年宁夏乡村旅游发展报告

马 珍

乡村旅游是指发生在乡村地区，依托乡村资源开发观光、休闲、度假等旅游体验活动的一种旅游方式。①发展乡村旅游已成为农业农村发展转型、农民致富的重要渠道。党的二十大报告中指出："全面建设社会主义现代化国家，最艰巨最繁重的任务仍然在农村。发展乡村特色产业，拓宽农民增收致富渠道。"自治区第十三次党代会报告中也提出加快建设乡村全面振兴样板区。聚焦产业兴旺、生态宜居、乡风文明、治理有效、生活富裕的总要求。乡村旅游作为乡村特色产业的一部分，在今后的发展中，必将为国家乡村振兴战略和全面建设社会主义现代化美丽新宁夏作出更多贡献。

一、2022年宁夏乡村旅游发展的基本情况

2022年宁夏出台《关于做好2022年全面推进乡村振兴重点工作的实施意见》《关于支持农产品加工业高质量发展政策的意见》《关于进一步促进农民增收13条政策措施》等政策，推进《宁夏乡村旅游发展三年行动方案（2020—2022年）》的落实，编制《宁夏乡村旅游发展新三年行动方

作者简介　马珍，宁夏社会科学院文化研究所助理研究员。
① 干永福、刘锋：《乡村旅游概论》，中国旅游出版社，2017年，第8页。

案（2023—2025年)》①，印发《关于推进乡村旅游高质量发展的实施意见》，这些政策和措施力促乡村振兴和乡村旅游发展，加之互联网、云平台和数字化等技术的支持，使宁夏乡村旅游极具发展潜力。

（一）举办各类乡村旅游活动，内容丰富，形式多样，通过活动实现引流

2022年在防疫工作的大背景下，宁夏举办了首届"妈妈的家常菜"暨"百村千碗·乡村美食"品味活动，推出《宁夏乡村美食指南》和宁夏乡村美食手绘地图。五市开展了乡村旅游节暨文化旅游消费季活动和中国农民丰收节活动，其内容丰富，形式多样。先后开展了文艺会演、厨艺比拼、农事趣味运动会、农产品产销对接会、休闲垂钓大赛、非遗技艺展示等活动，通过活动实现引流的目的。银川市组织了"春漫凤城""夏游银川"等系列活动，形成乡村近郊游、周末微度假、短途亲子游等消费热点。开展了"美好银川抖起来"线上推广活动，加速文旅市场回暖。石嘴山市平罗县举行的"发掘传承黄河文化·助推文旅融合发展"系列活动，以微视频拍摄展示平罗地名、美食、生态、非遗特色，还开展了"黄河画卷"的诗、书、画、影采风活动。吴忠市举办了"网络达人晒吴忠"创意短视频和网络摄影大赛活动，不仅对吴忠市早茶文化和乡村田园风光进行了宣传，而且对吴忠市农耕文化和乡村旅游进行深层次的调研和考察。固原市原州区开展了以"石窟艺术·文化旅游"为主题的须弥山石窟艺术文化旅游节活动，包括绘画写生摄影互动、丝路大讲堂等文化活动。8月，在泾源县举办的乡村音乐节也带来不同的文化体验。中卫市依托自身旅游资源，开展了鸣钟村开街仪式、乡村音乐会、乡村星空露营等主题活动。中宁县结合时节、乡村特色等元素，举办"枸杞采摘节""花卉观赏节"等活动，形成特色亮点。

（二）乡村旅游产品开发注重品牌建设，打造乡村休闲旅游精品路线

乡村旅游产品是乡村旅游最典型、最具特色的表述，产品开发对乡村旅游十分重要。乡村旅游产品包括农产品、旅游商品、创意产品、非遗作

---

① 张辉：《优化发展布局　宁夏乡村旅游聚焦"三个重点"》，《宁夏日报》2022年3月3日。

品和精品旅游线路等多方面内容，具体的开发情况如下。银川市灵州湖城金秋乡愁休闲游入选"乡村四时好风光"全国乡村旅游精品线路。贺兰县依托"稻渔空间"产业基础，打造了一批都市近郊型休闲农业和乡村旅游精品，提升乡村游玩体验质量。石嘴山市将散落的乡村旅游景点串成线路，打造出沿贺兰山、沿109国道、沿黄河3条不同风光的乡村休闲旅游与美丽乡村精品旅游线路，并印制成旅游攻略手册。吴忠市同心县推动"红色同心·魅力旱塬"品牌建设，先后有尕妹子"红色同心"系列文创产品和以"冰雪+文化"为主题的黄谷川冰雪旅游等项目的开发。"文旅青铜峡"微信视频号和抖音号上线，传播最新乡村旅游动态。固原市彭阳县将辣椒、红梅杏、手工醋、小秋杂粮等农副产品等与旅游产业深入融合，打造"彭阳伴手礼"，提高农产品附加值。中卫市推出66号公路古村落的乡村古道体验线路以及南长滩、北长滩黄河古村落的再打造，构筑乡村旅游发展新格局。各市发布的乡村精品旅游线路，涵盖多个景区景点，展现乡村自然舒适的风光，实现乡村旅游全域发展。

（三）美丽休闲乡村和民宿农家乐建设规范化发展，乡村旅游品质不断提升

宁夏固原李士村、吴忠蒋滩村、中卫黄羊村、吴忠新华桥村、银川胡家堡村5个乡村入选2022年中国美丽休闲乡村，其中吴忠新华桥村同时被评为农家乐特色村。宁夏还有6个村镇入选第四批全国乡村旅游重点村、3个村入选第二批全国乡村旅游重点镇（乡）名单。目前宁夏全国乡村旅游重点村镇已达到46个，包括40个村、6个乡镇。这些村镇富集文化和旅游资源、市场规范有序、配套服务完善、乡风淳朴，成为其他乡村学习的榜样。通过入选国家级、自治区级美丽乡村和乡村旅游重点村镇，有利于宁夏乡村旅游形成一定的规模和特色，也有助于提升乡村旅游质量。

银川市在宁夏创新举办农业嘉年华，创建中国美丽休闲乡村5个，国家星级农庄（园区）19个，培育休闲农业经营主体167个。[①]石嘴山市重

---

①银川市农业农村局：《银川市构建"三多协同"发展格局 助力乡村产业蓬勃发展》，银川市人民政府网站，2022年6月23日。

点打造龙泉村、常青村等乡村旅游示范村,抓好休闲农业"评星定级",推进休闲农庄改造升级。正常经营的休闲农业企业67家(农家乐35家,休闲农庄32家)。①2022年上半年吴忠市星级乡村旅游示范点接待游客50.6万人次,营业收入达到2284万元。②利通区目前已经形成了南有牛家坊、北有新华桥、中有石佛寺和白寺滩的乡村旅游打卡点。中卫市形成了休闲农业和乡村旅游单体200余个,重点打造沙坡头村、鸣钟村、何滩村等多个乡村旅游示范村,中宁县杞菊红生态农庄张萍被评选为国家文化和乡村旅游能人。

总体来说,宁夏乡村旅游通过深入实施六大工程③,逐步完善乡村旅游交通体系,探索乡村美食品牌,推动乡村旅游形成点线面一体化发展格局,使宁夏乡村旅游成为假日消费新亮点。

二、宁夏乡村旅游发展中存在的问题

宁夏乡村旅游资源丰富,70%以上的自然风光、民俗风情、文化遗产集中在乡村。宁夏乡村旅游已成为旅游产业蓬勃发展的生力军。隆德老巷子、西吉龙王坝、大武口龙泉村、利通区牛家坊等乡村旅游发展已比较成熟,也有自身特色。但在乡村旅游整体发展中还是存在创新发展动力不足、市场引流能力弱等问题,具体表现在以下三个方面。

(一)乡村旅游创新发展动力不足

乡村旅游开发前期缺乏市场调研和对消费者行为的把握,导致乡村旅游经营者基本属于"土法上马",旅游产品同质化、低质化较为严重而创新动力不足。④这不仅是全国乡村旅游存在的普遍问题,也是宁夏乡村旅游中

---

①石嘴山市农业农村局:《石嘴山市"旅游+农业"铺开乡村旅游新画卷》,宁夏农业农村厅网站,2022年8月19日。

②吴忠市文旅体广电局:《吴忠市大力发展乡村旅游 助推乡村振兴战略实施》,吴忠市人民政府网站,2022年8月1日。

③即乡村旅游基础设施提升工程、"百村千画·乡村美化"工程、"百村千碗·乡村美食"工程、乡村民宿提档升级工程、特色农产品"后备箱"工程、服务质量提升工程六大工程。

④罗莹、姚增福:《乡村旅游高质量发展的现实困境及路径》,《农业与技术》2022年第13期。

不可避免地存在的问题。以各地举办的乡村旅游活动为例，其活动内容趋同，缺乏创新的形式，造成乡村旅游质量不高的状况。

（二）乡村旅游开发缺少深层次研究，产品做精做细意识不强

乡村旅游产品多以特色美食、民俗体验和遗址参观为主，而忽视乡村背后的风土人情、文化内涵和趣味性故事的开发。多注重产品的经济价值，忽视产品的人文价值。在实际的民宿度假和民俗风情体验等特色项目的开发中也较为粗放，产品做精做细的意识不突出。

（三）乡村旅游基础设施建设和从业人员服务水平还有待提升

当下的经济发展趋势对于乡村旅游的综合服务设施和卫生安全提出了更高的要求。宁夏乡村基础设施建设整体还有很大的改善空间。农家乐、民宿、公共厕所的卫生状况以及无线网络建设等问题，都直接影响游客的体验感。乡村旅游从业人员服务理念滞后、服务意识不足、缺乏相关政策指导和旅游相关知识，严重影响乡村旅游的发展。宁夏乡村旅游还面临淡旺季的问题。有些乡村设有农耕博物馆、村史馆等，存在只有活动时才开放的现象。

三、宁夏乡村旅游发展展望

党的二十大报告提出中国式现代化，中国式现代化也包括农业农村现代化，习近平总书记尤为重视农业农村发展，乡村旅游作为乡村特色产业的一部分，也必将会迎来高质量发展的新阶段。在宁夏乡村旅游发展中要克服存在的问题，突出自身优势，找准发展定位。充分发挥各主体优势，注重多方合作。各主体主要指政府、社会组织和乡村旅游从业人员等。只有多方合作发展，才能实现有序发展和高质量发展目标。

首先，政府要发挥在乡村旅游发展规划、完善发展环境和从业人员培训等方面的积极作用，以前瞻性的视野和建立长效性机制，对乡村旅游发展给予积极引导和支持，应做好以下工作。第一，分层分级制定乡村旅游发展规划。按其范围和政府管理层次可分为省级乡村旅游发展规划、地市级乡村旅游发展规划、县级乡村旅游发展规划和乡镇级乡村旅游发展规划等。各级乡村旅游发展规划均依据上一级乡村旅游发展规划，并结合实际情况进行编制。①推进乡村振兴"一村一年一事"行动，激发乡村旅游发展活力，形成特色鲜明的发展规划。第二，提升乡村旅游硬件和软件建设，做好乡村旅游课题研究，完善乡村旅游统计体系，完善制定各类配套政策。第三，针对乡村旅游人才老龄化、低学历等现状，在人才队伍建设上要下大功夫。不仅要摸清家底，还要通过乡村旅游人才培养工程和建立农村实用人才信息库，真正激活人才引擎赋能乡村振兴。

其次，社会组织要促进文化和乡村旅游产业融合，健全乡村旅游发展产业体系。第一，在乡村旅游开发中，游客的定位很重要。在宁夏整体乡村旅游发展中，能先吸引周边的人过来就是最好的，周边游客的重游概率会高一些，长久的发展还是要靠周边游客。第二，依托乡村历史文化，打造各具特色的乡村旅游项目和产品。②注重乡村旅游体验性和互动性的开发。如灵武市崇兴镇中北村，利用村里近百年的桑树，举办桑葚文化大集，吸引游客体验乡村文化。再如以宁夏红色文化资源为主线，连线成面，做好深层次的开发和研究，打造各市县红色文化旅游精品线路，带动乡村其他产业的发展，不断丰富乡村旅游新业态，传播红色文化的育人价值。

最后，乡村旅游从业人员要树立精品意识，提升服务理念，加强自身学习。乡村旅游从业者要克服短期效益，在乡村旅游项目的开发上，坚持以人为本的发展理念，在精致化、精细化、精品化上下功夫。提升服务意识。定期参加培训、参加技能比赛活动、对其他乡村进行考察交流等，着实推进乡村旅游从业人员的再教育。

---

① 曹莉丽：《新时代下乡村旅游产业融合发展研究》（电子书），西北农林科技大学出版社，2019年。

② 林虎、周露：《乡村振兴战略下云南乡村旅游发展路径优化研究》，《农村经济与科技》2022年第15期。

2022年文旅融合背景下的宁夏非遗保护传承发展报告

李 勇

党的十八大以来,以习近平同志为核心的党中央高度重视非物质文化遗产保护工作,从坚定文化自信、实现中华民族伟大复兴中国梦的全局和战略高度,作出一系列重大决策部署,非物质文化遗产保护事业出现前所未有的良好局面,铺展开新时代传承弘扬中华优秀传统文化的生动画卷。习近平总书记对非遗保护传承的重要指示精神,为非遗保护工作指明了方向,提供了根本遵循。宁夏非遗保护工作者坚持分类保护,创造性转化、创新性发展,推动非遗保护传承取得显著成效、进入系统性保护新阶段,提供了非遗保护传承实践的"宁夏方案"。

一、宁夏地区丰富鲜活的非遗资源

作为全国唯一黄河流域全覆盖省区,宁夏境内有非物质文化遗产资源近5000项,涵盖我国非遗的十大门类。目前宁夏已建立非遗项目及传承人四级名录体系,包括国家级、自治区级、市级、县级非遗项目和代表性传承人名录,构成了宁夏非遗资源的宝库。花儿列入联合国教科文组织人类非遗代表性项目名录。国家级非遗代表性项目28项,有宁夏刺绣、二毛皮制作技艺、杨氏泥塑等传统美术和传统技艺,涉及老百姓生产生活的方方

作者简介 李勇,宁夏文化馆非遗部主任,馆员。

面面。自治区级非遗项目名录共有 224 项，如传统医药类的神阙药管灸、传统技艺类的枸杞栽培技艺、羊皮筏子制作技艺等，各市共有市级项目 404 项，22 个县（市、区）共有县级非遗项目 533 项，国家公布首批国家传统工艺振兴目录，宁夏剪纸、固原砖雕、贺兰砚制作技艺、二毛皮制作技艺成功入选。杨氏泥塑入选国家级非物质文化遗产生产性保护示范基地，宁夏职业技术学院、宁夏艺术职业学院入选全国职业院校民族文化传承与创新示范专业点，国家级非遗传承人群培训基地 2 个，自治区非遗保护传承基地 95 个。银川漫葡小镇非遗街入选 2022 年"全国非遗与旅游融合发展优选项目名录"。

二、宁夏非遗保护实践成果和工作成效

（一）完善政策法规，筑牢非遗保护传承"四梁八柱"

2022 年，《宁夏回族自治区非物质文化遗产保护条例》最新一版颁布实施，这是时隔 15 年宁夏地区对此条例的再次补充修改，并且相继制定了如《宁夏黄河流域非物质文化遗产保护规划》《传统工艺振兴计划实施方案》等一系列有的放矢的政策规定。有针对性地促进了宁夏地区非物质文化遗产的传承保护和弘扬利用。为支持宁夏非物质文化遗产的传承和保护，自治区财政厅于 2019 年 1 月修订了《宁夏非物质文化遗产保护专项资金管理办法》（宁财规发〔2019〕5 号），重点细化了专项资金支持范围，明确了各市、县（区）申报资金的审批程序，强化了监督管理和绩效评价。2022 年 8 月，自治区文化和旅游厅结合宁夏非遗保护和乡村振兴工作已完成《宁夏回族自治区非遗工坊管理办法》初稿，以加强非遗传统手工艺保护和传承，持续推动当地人群学习传统技艺，提升技能艺能，促进人民群众就业增收，巩固拓展脱贫攻坚成果，助力乡村振兴为目标。

（二）夯实基础工作，建立健全非遗四级名录体系

设有专职或者兼职人员从事非遗保护工作，2022 年以来随着第二次系统的非遗资源普查数据公布，从之前近 3000 项非遗资源增长至 5000 项左右，非遗资源得到进一步确认立档，国家级、自治区级、市级、县级四级名录体系不断健全规范，数量质量不断提高。2022 年下半年开始，文旅部

非遗司开展第六批国家级非遗代表性传承人推荐工作。由于传承人离世等原因，宁夏地区目前 28 个国家级项目中依然有 18 个国家级项目无国家级传承人。此次推荐国家级代表性传承人，按照文旅部非遗司文件要求，通过各市、县责任保护单位推荐，经过专家对推荐传承人开展的传承活动场次、带徒授艺情况打分，最终确认推荐 10 名传承人参与国家级传承人评审活动。

表 1　宁夏回族自治区推荐参加第六批国家级非物质文化遗产代表性传承人名单

序号	项目名称	类型	传承人姓名	自治区级认定时间	自治区级认定批次	量化得分
1	贺兰砚制作技艺	传统技艺	郝延强	2017 年 4 月	第四批	93
2	宁夏刺绣	传统技艺	李夏音	2017 年 4 月	第四批	90
3	宁夏山花儿	传统音乐	张建军	2010 年 5 月	第二批	86
4	固原民间传统建筑营造技艺	传统技艺	马振仁	2020 年 1 月	第五批	85
5	陈氏医技十法	传统医药	陈堃	2017 年 4 月	第四批	82
6	宁夏手抓羊肉制作技艺	传统技艺	马国强	2020 年 1 月	第五批	78
7	中卫建筑彩绘	传统美术	陈进德	2017 年 4 月	第四批	77
8	中宁蒿子面	传统技艺	于振玲	2017 年 4 月	第四批	76
9	抬阁	民俗	张国勤	2013 年 6 月	第三批	67
10	黄羊钱鞭	传统舞蹈	刘秉国	2013 年 6 月	第四批	58

2022 年 1 月 17 日，随着 129 名第六批自治区级非遗代表性传承人公布，宁夏自开展非遗保护工作以来总共公布了 377 名自治区级非遗传承人。非遗传承人作为非物质文化遗产的持有者，担负着传递思想知识和精湛技艺的使命，也是确保非物质文化遗产生命力的核心要素。此次公布的自治区级代表性传承人数量是开展非遗保护工作以来公布传承人数量之最，体现出 2022 年非遗保护工作再上新台阶。

（三）创新保护方式，持续提高非遗保护传承水平

2022 年，宁夏非遗保护工作围绕保护传承实践、保护传承能力、保护传承环境，创新实施多种行之有效的非遗保护方式。对花儿国家级传承人王德琴、二毛皮制作技艺国家级传承人丁耀成、民间器乐国家级传承人安宇歌、固原砖雕国家级传承人卜文俊、二毛皮制作技艺国家级传承人丁和平 5 人开展记录性保护。

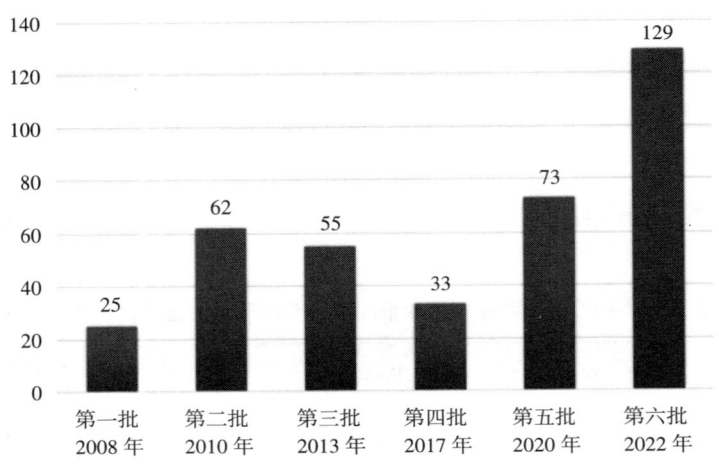

图 1　自治区级第一批至第六批传承人公布时间及数量

3月1日至5日,"2022年宁夏黄河流域剪纸传承人培训班"在石嘴山市正式开班,来自宁夏全区各市、县(区)的120位非遗传承人、剪纸艺术爱好者、非遗专干参加了此次培训。培训以剪纸技艺为载体,鼓励剪纸艺术家和爱好者在社会主义核心价值观的指引下,挖掘黄河流域非遗的精神内涵和时代价值,讲好黄河流域非遗故事,创新传统技艺,助力乡村振兴,描绘美丽中华。3月15日至18日,"2022年宁夏花儿传承人及爱好者培训班"在固原市举办,来自全区的花儿传承人及爱好者共80名学员参加了本次培训。"理论+实践""课堂+展演""实地教学+座谈交流",提升了全区花儿传承人及爱好者的理论水平和演唱技能,增强了传承和保护非遗的意识,展示了宁夏花儿欣欣向荣的景象。

6月11日,"2022年文化和自然遗产日"宁夏主会场活动在宁夏固原市博物馆广场隆重启幕,活动以"连接现代生活,绽放迷人光彩和文物保护,时代共进,人民共享"为主题,采取线上线下相结合的方式开展。活动邀请宁夏5个地级市22个县(市、区)、120项非遗代表性项目、全区150多名非遗传承人参与,广大市民在目睹非遗传承人各展其能的同时,参与其中,驻足倾听、动手体验,领略传统文化的独特魅力。

6月15日,"2022年宁夏黄河流域非遗保护传承人群培训班"在石嘴山市开班,共有自治区级非遗传承人、各市县(区)非遗专干、非遗项目责任保护单位负责人、非遗传承基地负责人等136人参加。培训方式为开展集中授课、现场教学、分组讨论和展示交流。邀请自治区非遗专家专题授课，进一步提升非遗从业者的思维、眼界和综合技能。同时，还邀请宁夏各大旅行社、宁夏文创企业、宁夏各大旅游景区的负责人参与讨论对话，为推动非遗创造性转化创新性发展、探索非遗产品创意设计与市场接轨路径共谋良策。

7月9日，"2022年宁夏黄河流域非遗作品创意大赛"在银川市兴庆区鼓楼步行街正式启动。本次活动充分挖掘黄河流域非遗的精神内涵和时代价值，讲好宁夏黄河流域非遗故事，打造宁夏黄河流域非遗品牌，促进非遗创造性转化、创新性发展。本次活动由政府搭台，百姓唱戏，步行街现场设置近150个展位，为非遗传承人搭建展示宁夏非遗历史之美、文化之美与传承之美的平台，更能让市民面对面、零距离感受精湛的非遗技艺。同时，开展非遗主题文化惠民演出、惠民展销，以更多元、更直观、更接地气的方式诠释非遗作品的历史内涵，推动非遗资源融入现代生活，展现中华优秀传统文化的瑰丽多姿与厚重隽永，真正做到人民的非遗人民共享。

（四）加大推介展示，持续构建非遗现代传播格局

2022年宁夏"文化进万家——视频直播家乡年"活动通过网络视频宣传展示形式举办，春官词、社火、秧歌、游九曲等非遗民俗和各类非遗美食等短视频主题突出、特色鲜明，体现了宁夏丰富独特的非遗年俗文化内涵，烘托出热烈祥和的新年氛围。平台综合播放量超过12万次，其中短视频《盐池过大年》在抖音平台播放量超过6万次，让全国人民领略到别具一格的宁夏年味，广受网友好评，取得了良好的传播推广效果。为进一步向全国观众展现宁夏非遗"年文化"的独特魅力，农历腊月二十三（小年）至农历大年三十（除夕），在前期集中推送8部优质短视频的基础上，又精选推出12部优秀短视频，既展示了宁夏非遗人的精湛技艺和良好精神风貌，又凸显了新时代非遗传承与创新。这些视频陆续通过抖音、快手、微博、B站、酷狗等全国展播专区在网络平台上线传播，同时也在宁夏网络媒体开设专题通道进行滚动展播和大众投票评选。

"2022年宁夏黄河流域非遗讲解大赛全区总决赛"于7月14日在兴庆区天山海世界景区举办。大赛自4月启动以来历时3个月，共有6个赛区近1000人走上舞台，最终有60人脱颖而出入围决赛。决赛分传承组、企业组、院校组3个组别。来自宁夏演艺集团京剧院的6岁小选手吴昱浠，分享了自己对京剧艺术和非遗传承的独特理解，并现场演绎了国粹经典片段，收获了现场评委及观众的阵阵掌声。此次参赛选手年龄跨度大，最小选手吴昱浠刚满6岁，年龄最大选手66岁，年龄跨度达60岁，在60名决赛选手中有55名选手为首次参赛，占决赛选手总数的91.6%。凸显出近年来社会各界关注、参与非遗工作的兴致日渐高涨。此次大赛的成功举办，推出了一大批会说、能讲、善推宁夏非遗的金牌讲解员，掀起了一次爱非遗、讲非遗、传播非遗的宣传热潮。

"2022年宁夏黄河流域非遗大赛成果展示推广活动"于8月20日在兴庆区敬德夜市拉开序幕，宁夏百家精品非遗展位集中为市民与游客展销特色美食、手工文创等一系列非遗产品，宁夏非遗更深入地融入百姓生活之中，方便市民和游客走近非遗、体验非遗。本次展示推广活动持续时间久，展示项目多，配套活动丰富，如此规模的非遗展销在宁夏尚属首次。推动宁夏非遗与夜经济深度融合，用非遗激活城市夜间活力，成为夜间经济的亮点和品牌，让大众"解锁"更多非遗新生活。活动邀请了传承人代表在抖音、快手等热门短视频平台开展线上非遗产品直播带货，介绍非遗作品，展示非遗技艺，讲述非遗故事，与粉丝互动，推荐非遗好物，深度触达线上消费者群体，同步提振夜间线上文化消费，有效提升了相关非遗项目的知名度和影响力。探索非遗连接现代生活路径。发挥非遗特别是传统工艺资源优势，带动城乡就业、群众增收。坚持以文塑旅、以旅彰文，在有效保护前提下，利用非遗资源发展城市夜经济、乡村旅游等业态，推出一批非遗特色鲜明的主题旅游线路街区，推动非遗与旅游融合发展、与现代生活充分联结，展现亮丽风采、焕发勃勃生机。

三、宁夏非遗保护工作问题与对策

2022年，宁夏非物质文化遗产保护传承工作取得了一定成绩，但仍然面临诸多挑战。随着城镇化加快，生态移民、整村搬迁、农居改造等项目的实施，很多源于农耕文明的项目生存、传承环境发生了巨大的变化。"保护为主"是我们开展非遗工作的首要原则，但仅仅保护还不够，还需要我们按照新时代的特色和要求，进行挖掘、阐释和利用，用时代精神激活传统文化生命力，使之转化为推动社会发展与文明进步的现实动力。

（一）健全工作机制是做好非遗保护传承工作的基础

自治区、市、县（区）都已成立非遗保护中心，非遗中心挂靠至文化馆，虽有专人做非遗工作但流动性强，所学专业知识与非遗保护工作要求具有一定差距，致使非遗保护水平上台阶难度大。全国各省区50%以上拥有独立省级非遗保护中心，宁夏地区应探索成立自治区文旅厅下属独立的自治区级非遗中心，招考专业对口人员，充实非遗保护队伍。

（二）"文旅融合"助力景区，打造以非遗资源为特色的文化景区

坚持文旅融合、非遗先行的理念，着力推动非遗进景区，以非遗传统技艺为核心内容，大力发展"个性定制+参与体验+文化旅游"的非遗资源文化旅游新业态、新模式，充分彰显非遗魅力，打造非遗旅游街区、景区。

（三）因地制宜，根据各非遗项目特点和实际情况，科学制定和实施保护措施

非遗项目一共分为十大类，传承模式多为师徒世代相继、口传心授。如传统技艺类项目存在着工艺难度大、制作周期长、生产成本高、市场回报见效慢等弱点。又比如民间文学类项目又很少有年轻一代愿意主动传承，也始终缺乏系统的培养，类似情况一方面应通过创办工作室、传习室以"师带徒"的传统模式进行传承；另一方面通过非遗进社区、进校园的方式进行技艺培训，以特色课程品牌建设，起到非遗传承传播作用。

总之，宁夏地区的非物质文化遗产是活态传承至今并具有鲜明的时代烙印，蕴含着特有的价值理念和思维方式。依黄河而生的宁夏人正不断汲取着黄河的养分，让古老的非遗以新的姿态传递新声，让中华民族的古老记忆以新的韵味唱出新的时代的赞歌。

2022年宁夏红色旅游发展报告

任 婕

"红色旅游"作为2021年度十大旅行关键词[①]之一，吸引着越来越多的人参与其中。2022年，"旅游"一词出现在党的二十大报告全文中，在"推进文化自信自强，铸就社会主义文化新辉煌"中明确强调要"坚持以文塑旅、以旅彰文，推进文化和旅游深度融合发展"。这是"旅游"第一次被写入党的全国代表大会报告，对旅游业来说无疑是振奋人心的。结合实际来看，2022年我国红色旅游热度持续高涨，尤其是各地围绕"喜迎二十大"主题纷纷推出系列活动，打卡红色地标、探访红色旧址、缅怀革命先烈等红色旅游主题活动备受欢迎。[②]那么，宁夏红色旅游在既有基础上，是否有新的亮点？红色旅游发展是否有新的发展方向？对标新风向新趋势，宁夏发展红色旅游的短板何在？可以努力的方向在哪里？或可从2022年宁夏红色旅游发展中去找寻。

作者简介 任婕，宁夏社会科学院文化研究所助理研究员。

基金项目 宁夏回族自治区哲学社会科学基金项目（长征国家文化公园宁夏段建设发展中的红色基因传承研究，项目编号：21NXCSH03）阶段性成果。

① 旅行年度关键词是飞猪旅行基于用户搜索热词及消费趋势所得。

② 《国庆假期全国国内旅游出游4.22亿人次，国内旅游收入2872.1亿元》，文化和旅游部网站，2022年10月10日，https://whhlytnxgovcn/xxfb/wlyw/202210/t20221012_3804690html

一、盘点2022年宁夏红色旅游亮点

红色旅游的蓬勃发展是在国家重视、社会关注、地方支持和人民青睐的基础上共同发力、不断发展完善而来的（见图1）。随着红色旅游发展实践的日益丰富，2022年宁夏红色旅游发展增速明显，在加强爱国主义和革命传统教育、促进民族团结、助力乡村振兴、推进文化自信自强等方面的积极作用持续凸显，也以健康发展的态势回应着社会的关心。

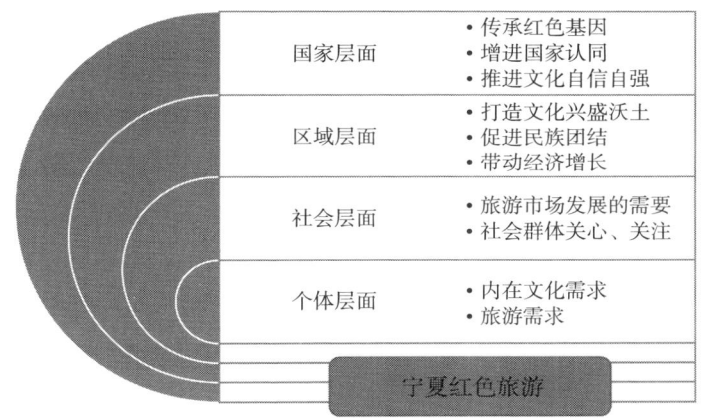

图1 推动宁夏红色旅游发展的基本逻辑

（一）依托红色资源推出喜迎二十大系列活动

"红色主题"是宁夏"六张文旅品牌①"之一。依托红色文化和红色文化资源举办喜迎二十大系列活动是2022年宁夏红色旅游的热点和亮点。在党的二十大召开前，自治区党委宣传部联合自治区党委党史研究室开展"中国共产党人的精神谱系在宁夏的生动体现"理论征文活动，高度重视理论创新和思想引领的重要性。结合实际活动来看，宁夏各地积极举办了形式多样的"喜迎二十大 奋进新征程"红色文旅活动。如央视大型纪录片《长征之歌》在宁夏多地的采集拍摄，长征国家文化公园宁夏段建设成绩登上《喜迎二十大 长征国家文化公园》报道，都为红色旅游资源做了宣传

---

① 即"黄河文化""星星故乡""酒庄休闲""红色主题""动感体验""长城遗址"六张文旅品牌。

介绍。银川市西夏区组织了"历史故事我来讲 争做红领巾讲解员"活动,开展红色文化教育。吴忠市推出"金秋赞盛世"红色旅游专题线路。盐池县以"喜迎二十大,永远跟党走"为主题,举办了包括红色乡土温党史活动在内的第三届杏花节,带动红色旅游和乡村旅游发展。①同心县开展了"喜迎二十大 重走红军路"红色旅游线路徒步登山活动。中卫市推出中卫红色线上之旅,以云旅游的方式推广传播社会主义先进文化。固原市先后举办了以"喜迎二十大 传承端午情"为主题的红色经典朗诵诗会,以"喜迎二十大 奋进新征程 建设美丽新固原"为主题的第六届六盘山登山节等节会活动。一曲《西吉好东西》以"几代红军粉,情深水和鱼,藏着一段动人传奇"唱出了中国西部少数民族聚居县、红色革命地以发展旅游业和推广优质农产品赋能乡村振兴的故事。此外,宁夏演艺集团话剧院创排的儿童剧《少年英雄》、石嘴山市文化馆原创的红色历史舞台剧《信仰的力量》②等"圈粉"年轻一代。

(二)长征国家文化公园建设有序推进

当下我国红色旅游的发展,离不开对"长征国家文化公园"的讨论。《2022年宁夏文化和旅游工作要点》明确将"加快推进长征国家文化公园建设"列入计划。在实际工作中,完成了《长征国家文化公园(宁夏段)建设保护规划》编制,优选多个项目进入"十四五"中央预算内投资储备项目库,且被明确列为下一步工作重点之一。③包括固原市长征国家文化公园六盘山红军长征旅游区红色旅游提升等7个长征国家文化公园项目被纳入国家"十四五"文化保护传承利用工程项目储备库,助力文化遗产保护利用,形成一批中华文化重要标志,打造文化兴盛沃土,全面推进新时代文化强区建设。④进一步推动陕甘宁革命文物保护利用片区建设,编制《陕

---

① 王涛:《宁夏盐池第三届杏花节举办》,《中国旅游报》2022年4月21日。
② 该剧于2021年创排,2022年入选自治区舞台艺术精品创作扶持工程第一批扶持项目。
③ 《助力先行区建设 激活文旅发展新动能——宁夏文化和旅游五年工作综述》,《宁夏日报》2022年6月9日。
④ 于晶、瞿爱韫:《坚定文化自信 打造文化兴盛沃土》,宁夏回族自治区文化和旅游厅网站,2022年8月5日,https://whhlytnxgov.cn/xxfb/wlyw/202208/t20220805_3660834html。

甘宁革命文物保护利用片区工作规划》，举办专题工作会议，实施了一批革命文物保护利用项目，公布了第二批《全区革命文物名录》。①

（三）重视"红色旅游+基层党建+乡村振兴"发展模式

2022年，红色美丽村庄建设试点工作仍然是宁夏"基层党建"和"乡村振兴"的示范性工程。盐池县麻黄山乡李塬畔村、同心县王团镇北村、永宁县宋澄村、彭阳县长城村、西吉县明台村等，以及2022年入选的中宁县沙滩村等，都在政策的支持下，积极完善乡村基础设施，探索适合自身的以产业振兴助推乡村振兴的路径。

继续推进"红色旅游+乡村振兴"模式。发挥好红色旅游和乡村旅游富民功能，助力乡村振兴②，这在中央广播电视总台2022年推出的《走进老区看新貌》节目聚焦宁夏部分有最直观的体现。此外，2022年宁夏还推出了"闽宁红色之旅"等，打造了乔家渠、小岔沟长征宿营地和博物馆等红色旅游景点③，积极探索红色旅游赋能乡村振兴之路。

（四）关注供需关系，回应社会关切

受疫情影响大型线下联动项目受限④，宁夏与西北其他省区坚持共建共享区域旅游协作机制，先后在《神奇大西北导游示意图》《中国西北游手绘地图之"塞上江南神奇宁夏"》中分别推介"西北红色探秘之旅""宁夏红色主题之旅"等专题旅游线路。

及时推出4条适合中短期游学体验的主题线路。在2021年推出的22条红色旅游精品线路基础上，2022年宁夏文旅又及时推出了重温长征精神四日游、重温红色记忆三日游、红旗漫卷六盘山四日游、中国力量研学三日游等4条适合中短期游学体验的主题线路，这也是应对跨省旅游熔断的

---

① 《激发文旅产业新动能》，《宁夏日报》2022年3月31日。
② 《关于自治区政协十一届五次会议第306号提案协办意见的函》，宁夏回族自治区文化和旅游厅网站，2022年7月5日，https://whhlytnxgov.cn/zwgk/fdzdgknr/rdjyzxtabl/202209/t20220923_3791414.html。
③ 何耐江：《彭阳红色旅游开出"最美的花"》，《宁夏日报》2022年4月6日。
④ 《西北联合再推〈中国西北游手绘地图〉》，西北旅游网，2022年10月11日，https://mp.weixin.qq.com/s/oYErcgOS1vvX4LB0xOUA3A。

举措之一。4 条主题线路涉及银川市、固原市、吴忠市、灵武市、青铜峡市、永宁县、盐池县、同心县、西吉县、隆德县、泾源县、彭阳县等多地，线路点涵盖景区景点、文博场馆、美丽乡村等，时间跨度从中国共产党早期在宁夏的活动到当代，涵盖爱国情怀、民族气节、长征精神、"社会主义是干出来的"实干精神等红色基因。从相关数据来看，固原市红色旅游景区旅游人数持续攀升，仅古尔邦节期间，固原市红色旅游景区共接待游客 6.15 万人次，营业收入 205.69 万元。①2022 年宁夏新成立的以"红色旅游"为经营范围进行的企业有宁夏红色回忆文旅演艺有限公司、彭阳县红色文化传承有限公司、宁夏红色西瓦亭旅游发展有限公司②，侧面可见即便是在旅游市场艰难的大环境下，红色旅游服务需求依旧旺盛。此外，为满足市场需求，宁夏博物馆、固原博物馆等文博场馆主动参与到文创产品的研发设计中，立足馆藏革命文物资源，革新宁夏红色文化创意产品。

  宁夏回族自治区文化和旅游厅积极回应社会关注热点，明确表示要"拓宽革命文物传播新渠道"③，"完善包括红军长征纪念馆在内的文化旅游节点，构筑宁夏南部文化旅游新的增长极"④，"将对盐池县堡头村游击大队遗址进行抢救性保护修缮，并纳入宁夏盐池县长征国家文化公园红色遗址提升改造项目，加强保护利用"⑤，将继续"以建设黄河、长城、长征国家文化公园为契机，整合具有突出意义、重要影响、重大主题的文物和

---

① 《宁夏四条红色旅游线路，带你重温激情岁月、感受时代变迁》，"宁夏文化和旅游"公众号，2022 年 7 月 21 日，https://mp.weixin.qq.com/s/i9PeUaPdArGKtc4sFQhzzQ.

② 数据来源企查查 https://www.qcc.com.

③ 《关于自治区政协十一届五次会议第 224 号提案答复的函》，宁夏回族自治区文化和旅游厅网站，2022 年 8 月 12 日，https://whhlytnx.gov.cn/zwgk/fdzdgknr/rdjyzxtabl/202210/t20221009_3803426.html.

④ 《关于自治区政协十一届五次会议第 111 号提案答复的函》，宁夏回族自治区文化和旅游厅网站，2022 年 8 月 31 日，https://whhlytnx.gov.cn/zwgk/fdzdgknr/rdjyzxtabl/202209/t20220923_3791585.html.

⑤ 《关于自治区政协十一届五次会议第 418 号提案答复的函》，宁夏回族自治区文化和旅游厅网站，2022 年 7 月 22 日，https://whhlytnx.gov.cn/zwgk/fdzdgknr/rdjyzxtabl/202210/t20221009_3803415.html.

文化资源"①②，红色旅游已经融入宁夏文旅高质量发展的赛道中。随着《宁夏回族自治区文化和旅游标准化工作管理办法》的出台，宁夏红色旅游服务标准化工作也将提上日程，这将对宁夏红色旅游设施及服务品质的提升起到重要作用。

（五）学界为红色旅游发展提供智力支持

红色旅游集政治、文化、社会、生态、经济影响于一体的特质已经引起越来越多学者的关注和支持。因此，红色旅游无论是行业热点、发展趋势，还是智力支持，都离不开对当下学界研究的探讨。红色旅游研究的成果从时间层面讲是对社会和行业关注的回应，在一定程度上反映出现实问题研究的热点。2022年，我国红色旅游研究的高频词主要集中于红色文化、红色资源、文旅融合、乡村旅游、传承红色基因等主题（见图2）。此外，红色旅游的发展与长征国家文化公园、红色研学、文化自信、国家认同之间均具有明确关联性。

就2022年宁夏红色旅游的相关研究来看，学者们提出了"社区参与不足、智慧服务能力不足"③"关于宁夏的红色旅游研究还比较薄弱"④等问题和"以革命传统教育学习带动红色文化旅游发展"⑤"宁夏红色旅游文创产品要求新求变"⑥等建议。做好文化和旅游社会科学项目研究可以为文旅业高质量发展提供智力支持。在2022年立项的国家社会科学基金项目中，

---

① 《自治区人民政府办公厅关于印发宁夏回族自治区文化和旅游发展"十四五"规划的通知》，宁夏回族自治区人民政府网站，2021年10月9日，https://www.nx.gov.cn/zwgk/qzfwj/202110/t20211009_3076385.html。

② 《关于自治区十二届人大五次会议第052号建议答复的函》，宁夏回族自治区文化和旅游厅网站，2022年7月28日，https://whhlytnx.gov.cn/zwgk/fdzdgknr/rdjyzxtabl/202209/t20220923_3791109.html。

③ 解旭东、赵子瑞、李慧燕、孙昌博：《智慧旅游视角下红色旅游高质量发展的路径研究——以宁夏回族自治区固原市西吉县为例》，《西部旅游》2022年第4期。

④ 冯晶晶：《宁夏旅游研究三十年综述》，《民族艺林》2022年第1期。

⑤ 李旭楠：《宁夏红色文化旅游发展的对策研究》，《产业创新研究》2022年第14期。

⑥ 杜天蓉：《宁夏红色旅游文创产品的设计开发研究》，《新美域》2022年第6期。

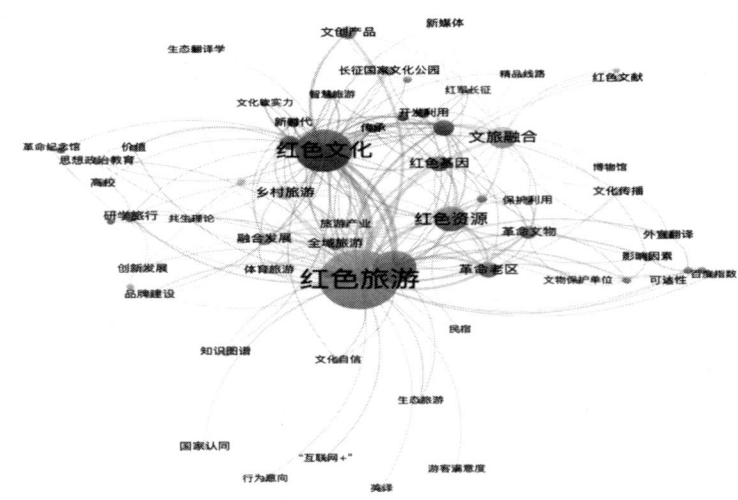

图 2　2022 年红色旅游研究关键词共现图谱①

宁夏社会科学院马文锋的《陕甘宁边区党报红色血脉赓续研究——从〈三边报〉到〈宁夏日报〉》，2022 年度自治区哲学社会科学（艺术学）立项的北方民族大学马欢的《秦腔的创新发展研究——以秦腔现代戏〈〈王贵与李香香〉为例》、北方民族大学崔清浩的《传承红色基因的乡村墙画助推乡风文明建设研究》、宁夏大学曾发茂的《宁夏红色文化创意产品设计研究》；2022 年上半年结项完成的自治区哲学社会科学规划项目研究成果中，中共宁夏区委党校马永钊的《宁夏红色资源的保护与传承研究》、宁夏大学姜克银的《红色文化资源融入宁夏英语教育话语的理论探索与实践》、宁夏理工学院许静珂的《红色文化融入新时代青少年爱国主义教育的实现路径研究》；第四批宁夏新型智库课题结项成果中宁夏大学张琴的《新媒体时代下宁夏红色文化网上展示馆建设研究》等项目给予宁夏红色旅游发展以启发、借鉴和智力支持。

---

①本文以"红色旅游"为主题在中国知网数据库进行数据检索，检索时间区间为 2022 年 1 月 1 日至 11 月 15 日（截稿日），共得到 1485 篇国内文献，通过筛选，借助 VOSviewer 对文献进行关键词共现分析。

二、2022年宁夏红色旅游发展的短板在哪里？

交通条件对红色旅游景区的建立与发展具有推动作用。①虽是老生常谈的问题，但2022年交通条件依然是宁夏红色旅游发展的最大瓶颈，尤其是银川市开往固原市、固原市往返固原各县的交通条件。银川市到固原市的汽车交通时长远远超出了游客出行的理想时间距离。出行时间和成本效率最大化是影响旅游者视觉感知的主要因素构成。②因此，我们将发展的突破口聚焦到铁路交通的提速上。但目前实际情况是，固原市各县没有覆盖铁路交通，银川站开往固原站的火车合计3车次。值得一提的是，这3车次中，适合旅游出行时间（以白天出发且当日白天到达来计）的车次仅有7511列1车次，该列车从银川站到固原站行程历时8小时37分，铁路12306APP信息显示经停22站，实际上笔者在调研途中计数为36站，低下的效率严重影响到非自驾游客出行意愿。

长征国家文化公园概念的普及严重不足。尽管实际工作部门做了很多工作，但笔者在宁夏主要红色旅游地调研访谈过程中发现，不同年龄段的随机被访对象中，知道或听说过"长征国家文化公园"者寥寥。

线下体验感对标线上冲击感有不小差距。对旅游地的评价包括目的地形象和个人感知的多个组成部分。2022年涉及宁夏红色旅游的宣传片，马蜂窝、飞猪、携程等OTA上发布的旅游攻略、游记，抖音、淘宝、小红书等各大平台旅游直播/视频，为宁夏红色旅游地塑造了良好的目的地形象。但在实际游后评价中，部分游客落差感较大，影响到其对宁夏红色旅游的总体满意度、重游意愿和推荐意愿。

三、宁夏红色旅游发展可以努力的方向有哪些？

重点升级旅游交通和细节服务，使线下体验感对标线上冲击感。当前，

---

① 焦珊珊、李明、田逢军、吴儒练、杨轻轻：《中国红色旅游经典景区网络关注度分布格局及驱动机制》，《经济地理》2022年第1期。

② 李渊、郭晶、陈一平：《基于多源数据的旅游者视觉行为模式与感知评估方法》，《地球信息科学学报》2022年第10期。

无论我们以宁夏哪个地级市作为宁夏旅游的出发点、中转站，都亟需为固原市及各县的旅游资源插上铁路的翅膀，不仅是通车，还要有出发和到达时间段合适的车次。要让游客来到实地获得的体验感能够对标得上在宣传片、推介视频、旅游攻略里看到的冲击感，宁夏红色旅游地还须在细节处下功夫做好服务。

要把传承红色基因作为重大使命和文化治理的路径，进一步深化红色旅游费用改革，扩大普及面。本文在《传承红色基因与宁夏文旅融合发展研究》一文基础上另补充两点。一是对"何为长征国家文化公园"的介绍、宣传和普及，这是满足人民文化需求、增强人民精神力量必不可少的时代需要。二是针对个别红色旅游景区的手机智能导游讲解服务收费问题，让广大人民方便快捷、免费地听到讲解、受到教育是我们可以努力且能实现的举措。

和其他旅游一样，红色旅游也面临着升级的选择。以固原博物馆策划推出的"重走长征路　重温革命史"红色主题研学游项目为例，该项目成功入选"2021全国文化遗产旅游百强案例"，在这个基础上，我们需要思考还能怎样升级。升级方向的选择很重要，在笔者看来，红色旅游的发展要在文化自强上下功夫，这仍然离不开"挖掘"和"激活"两个关键词，不囿于换装游览形式的困境，未来还需要进一步塑造宁夏红色文化IP，结合市场主力的年轻化趋势，沉浸式红色旅游是可以探索的路径，且有较大延展空间。

2022年宁夏节假日旅游发展报告

鲁忠慧

在新冠肺炎疫情发生以来，宁夏旅游发展状况相较疫情发生之前，市场活力持续疲软，旅游经济整体情形延续着低迷的状态，市场主体普遍处境艰难。在这样的情形下，2022年宁夏文旅发展围绕稳经济、促消费，通过分阶段，特别在节假日开展"畅游宁夏·文旅惠民"扩大文化旅游消费等活动，奋力推动着旅游市场的复苏，在宁夏动态调整旅游行业疫情防控措施的推动下，假日旅游市场活力和旅游效益虽与疫情前的旅游市场相比有所下滑，但与常态化的旅游比较，相对处于较为稳定的发展态势。

一、2022年宁夏节假日旅游发展状况

2022年，从年初的春节到国庆节假日期间（除中秋节之外），宁夏A级旅游景区累计接待游客446.86万人次，实现旅游收入约1.1亿元。春节期间，宁夏A级旅游景区累计接待游客59.96万人次，实现营业收入1591.94万元，分别比2021年增长9%和1.98%，分别比2019年增长2.06%和下降10.86%。清明节期间，宁夏A级旅游景区累计接待游客49.38万人次，实现营业收入1103.54万元，与2021年同期相比分别增长21.12%h和下降16.28%，分别恢复至2019年的77.65%和61.25%。"五一"、开

作者简介　鲁忠慧，宁夏社会科学院文化研究所研究员。

斋节期间，宁夏 A 级旅游景区累计接待游客 137.87 万人次，实现营业收入 2970.37 万元。端午节期间，宁夏 A 级旅游景区累计接待游客 56.79 万人次，实现营业收入 1385.39 万元，与 2021 年同期相比分别下降 15.82%和 38.20%。古尔邦节期间，宁夏 A 级旅游景区累计接待游客 130.66 万人次，实现营业收入 3652.33 万元，与 2021 年同期相比分别增长 31.59%和 4.69%。国庆节期间，宁夏 A 级旅游景区累计接待游客 12.20 万人次，实现旅游收入 238.77 万元。

二、2022 年宁夏节假日旅游市场特点

（一）从统计数据看，2022 年节假日旅游经济呈现出整体下滑的态势

与 2021 年相比，由于 2022 年游客人数的大幅减少，旅游收入随之下降。2021 年、2022 年，宁夏 A 级旅游景区累计接待游客分别为 755.91 万人次和 446.86 万人次，2022 年游客量减少了近 310 万人次，2021 年、2022 年（中秋节旅游数据未公布）节假日分别实现旅游收入为 2.8 亿多元和 1.09 亿多元，2022 年旅游收入减少了 1.7 亿多元。

（二）因疫情影响，节假日旅游市场波动较大

2022 年 9 月末，因宁夏疫情加重，直接影响到国庆假日旅游市场经济效益的大幅下滑。2021 年、2022 年国庆节期间，宁夏 A 级旅游景区累计接待游客分别为 192.93 万人次和 12.20 万人次，2021 年、2022 年实现营业收入分别为 8753.95 万元和 238.77 万元，与上年相比，2022 年国庆假日旅游市场的差异性显而易见。

（三）本地游、近郊游成为节假日的消费主流和主基调

由于疫情的不确定性、散发性和管控因素的影响，节假日期间，旅游空间进一步收缩，短距离、少切换的本地游和近程游就成为大部分人旅游的首选，特别是城市的游客群体向周边郊区、乡村流动成为主流趋势。人们出行的主题以城郊公园、城市公园的户外休闲、城市近郊、乡村旅游为主，以乡村赏花、休闲放松为核心的特色农庄、民宿、美术馆、博物馆、图书馆成为游客休闲的新热点。跨省选择宁夏这样中远程旅游目的地的游客明显减少，宁夏人假日游宁夏成为主体，大多为家庭短途游，宁夏游客

和内生消费便成为宁夏假日旅游市场的重要支撑。清明假期，贺兰县的牡丹花、六盘山的山花、南长滩的梨花、彭阳的杏花等踏春赏花成为游客的主选。清明节期间，宁夏农家乐累计接待游客 6.65 万人次，实现旅游收入 425.31 万元，分别比 2021 年增长 34.56% 和 43.16%，分别恢复至 2019 年的 65.45% 和 75.12%。同时，清明节期间，宁夏各级博物馆、图书馆、文化馆、美术馆等在线上和线下开展了丰富的活动，接待人次达 2.05 万。"五一"假期，宁夏（银川）贺兰山东麓旅游度假村累计接待游客 20.38 万人次，实现旅游综合收入 1752.68 万元。其中，贺兰山天籁艺术村接待游客 4.5 万人次，葡萄酒庄接待游客 1.2 万人次，贺兰山运动公园接待游客 2.6 万人次。宁夏图书馆每日接待读者约 1800 人次。大武口龙泉村单日接待游客 3.1 万人次。滚钟口景区单日客流量在 2000 人次左右。端午节期间，冶家村篝火晚会当日吸引游客 6000 多人次，累计创收近 8 万元。大武口硒有田园首日吸引游客 2 万余人，实现旅游收入 53 万元左右。银川市 56 家星级乡村旅游示范点累计接待游客 9.82 万人次，同比上升 41%，实现营业收入 639.34 万元，同比上升 64.66%。古尔邦节期间，中卫星星酒店、黄河宿集入住率均超 90%，石嘴山市星级宾馆饭店平均入住率超 60%，假期第一天入住率近 90%。

（四）节假日期间，开展的各类活动激发了旅游市场的活力

节假日期间，宁夏各级政府搭建各类促消费平台，丰富节日消费市场，宁夏各景区结合景区实际，推出了多样化、个性化的假日旅游活动，使游客的假日出行有了多样化、个性化选择的同时，还积极参与自治区政府开展的文旅消费券活动，促进了节假日的文旅消费，在一定程度上促进了宁夏旅游市场的复苏。

一是推出"畅游宁夏·文旅惠民"旅游消费活动，调动文旅新消费。为活跃旅游消费市场，有效拉动全区文旅市场恢复性增长，宁夏通过"线上发放、线下核销"的方式发放四大类六档次"畅游宁夏·文旅惠民"文旅消费券。消费券涵盖全区 A 级旅游景区、旅游文创企业、酒店及旅行社线路产品、文化演艺等各领域，全力促进宁夏文化和旅游市场消费。截至 8 月初，宁夏累计发放消费券 20.88 万张，承兑 8.29 万张，直接带动消费 2248

万元，间接带动文化和旅游消费7000万元。端午节假期，投放了第1期500万元文旅消费券。活动发放了文化演艺消费券、旅游消费券、旅行社线路产品消费券3类消费券，使得大多数景区单日游客量持续攀升。"惠享'五一'·畅游宁夏"活动，安排了500万元资金，对区内A级旅游景区进行补贴，全区免门票的79家A级旅游景区，占开放运营景区的82.3%。石嘴山市推出旅游一卡通惠民政策，吴忠市推出2022年"乐购吴忠·惠享生活"消费促进月活动，启动"春暖花开·游吴忠·千万门票送乡邻"文旅惠民季，线上发放各类满减券、消费券10万张。光耀美食街开展线上端午购物节，10万元小程序美食券全城派发。中卫市投放"促进消费 改善民生"政府消费券5000万元，消费券分为爱心券、普惠券，可用于酒店、景区景点等场景消费。沙坡头旅游景区推出68元打卡星星酒店活动，大漠星河度假区推出住宿优惠活动等。针对宁夏籍游客，中卫市推出沙坡头旅游景区、寺口风景旅游区和腾格里金沙岛旅游度假区年卡活动。各景区也纷纷开展优惠活动，如宁夏六盘山旅游集团在端午节期间推出百元畅玩六盘山活动，董府景区端午节当天开展购买门票送粽糕活动，黄河大峡谷旅游区开展端午节假日期间购买门船套票的游客参与抽奖送礼活动等。

二是各景区举办各具特色的旅游活动吸引游客，促进景区旅游活力复苏。

清明节期间，如沙坡头的穿越季活动，沙漠星星酒店的沙漠木屋以及黄河小院住宿优惠活动，沙湖的打卡天空之伞活动，黄河楼的汉服打卡以及夜游黄河楼活动，水洞沟"疯狂原始人""鹿岛公园"等沉浸式体验活动。鸣翠湖举行了"踏青游湖观鸟""植绿护绿""户外烧烤"等主题系列活动。宁夏博物馆举行了清明节知识讲座、动物拓片活动。宁夏图书馆举行了清明节主题线上展览。

"五一"期间，在贺兰山漫葡小镇为游客推送了《贺兰山盛典》大型实景，以及《贺兰山圣火》沉浸式互动体验光影秀和首部互动科技人偶融合儿童剧《攀登、利奥和天狼》等文化演艺、文创开发等新型文旅产品。贺兰山天籁艺术村内，开展了艺术写生、手绘面具、蓝晒体验等文艺活动。宁夏图书馆线上推出展览、答题、图书推荐等活动，线上读者可享受丰富的数字资源服务。宁夏博物馆通过线上+线下共同发力,线上《朔色长天——宁夏通史陈列》《历史红流——陕甘宁边区盐池县革命文物特展》VR实景展示及《奏响大唐盛世悲歌的胡旋舞》等短视频,线下开展二十四节气知识讲座等一系列文化活动。银川当代美术馆推出了"AMUUER(阿么)带你玩转'五一'"活动等。银川艺术剧院以"青春心向党·建功新时代"为主题开展了线上庆"五四"青年节文艺节目展播。玉泉国际酒庄围绕"葡萄酒+旅游",创新举办"匠心坚守 藤韵玉泉"田园生活节,将红酒品鉴、草地音乐会、农夫集市流行元素等有机融合,丰富节日出游需求。石嘴山市举办了第十一届沙湖国际观鸟节、星海湖开业大酬宾、奇石山"乐无极限·真情相约"文化交流节等主题活动10多项。吴忠市举办了第五届牡丹文化节暨首届曲艺大赛,盐池县推出了长城关夜游活动等。中卫各景区开展了网络达人游中卫、闯关赢豪礼等活动。沙坡头推出"黄河婚礼""使至塞上"等精彩文艺节目。

端午节期间,全区各文化场馆、市县(区)文旅部门、旅游景区推出了一系列"民俗+端午"主题的多彩民俗活动。宁夏图书馆开展了"箫鼓喧呼斗画船——端午节龙舟竞渡文化展",银川剧院开展了"儿童嘉年华"活动。银川市开展了文化旅游消费季·第三届乡村文化旅游节,各县(区)分别举办了采摘节、垂钓节、读书会、文艺展演、特色产品展及非遗展示、酒庄游、自驾游等活动。石嘴山市推出了"粽情端午 相约银河"2022年惠农黄河文化节、第二届"硒游记"奇趣文旅体验活动、沙湖端午游园会、"香约大地天香"第二届玫瑰文化旅游节等融合民俗体验元素的系列文旅活动。吴忠市开展了2022年"我们的节日"端午节暨"文化和自然遗产日"(非遗购物节)系列活动。中卫市举办了自治区第十六届运动会龙舟测试赛暨中卫文体系列活动,中宁县举办了丰安屯首届文化旅游节,沙坡头景区开展了"国韵颂端午,感恩母亲节"活动。固原市各县区分别举办"喜迎二十大 传承端午情"红色经典朗诵诗会、端午主题篝火晚会、旱地赛龙舟、竹竿舞等。

古尔邦节期间,全区文化和旅游类活动丰富多彩。自治区文旅厅启动了"非遗进万家·文旅展风采"——2022年宁夏黄河流域非遗作品创意大赛暨系列活动，宁夏博物馆开展了十二生肖木版画拓印、暑期"红领巾讲解员"党史展厅培训活动，银川当代美术馆开展了沿黄流域生态保护儿童当代课程艺术展。宁夏各市县（区）也推出了各式各样的活动。银川市推出"爱上银川黄河金岸"2022第六届中国·银川黄河文化旅游节系列活动，石嘴山市举行了大武口区第三届"工业之声"音乐节暨盱眙龙虾美食节，青铜峡市开展了2022"塞上耀明珠·秀美青铜峡"乡村文化旅游节，固原市开展了第十季网络达人浪固原活动，中卫市开展了2022中国宁夏（沙坡头）·第十二届丝绸之路大漠黄河国际文化旅游节活动。

国庆节期间，区内开放的旅游景点开展了国庆祈福趣味活动，以及在贺兰山下为祖国送生日祝福短视频线上活动等。创新线上文旅产品供给模式，通过推出精品优秀文艺剧目线上展演、抗疫美术作品线上展览、创作抗疫歌曲等，全力满足就地过节及居家隔离群众的精神文化生活需要。

三、宁夏节假日旅游市场发展预判

节假日旅游一直以来就是宁夏假日经济的主角，由于游客在节假日的出游时间内，集中购物和消费，带动着宁夏交通、餐饮、酒店、零售业、银行业等相关产业效益的集中性增长，带动了宁夏经济的发展，其带来的旅游消费收入占宁夏全年旅游收入的比重不可小觑，对宁夏全年旅游业的贡献率也不低。无论是否受到疫情影响，宁夏的节假日旅游还将延续上述的发展特点。

党的二十大报告提出，要提高人民生活品质，不断实现人民对美好生活的向往。现在，节假日旅游作为人们休闲娱乐的重要生活方式，还将继续是人们提高生活品质、追求美好生活的重要选择。为了顺应节假日旅游呈现出的品质化、休闲化、个性化、多样化、多元化等特点，扩大品质化的旅游产品和品质旅游服务供给，完成追求高质量、品质化的节假日旅游发展目标，不断满足游客消费升级的需求，"十四五"期间，宁夏计划每年统筹7.6亿元支持文旅产业高质量发展，谋划投资约35亿元用于文旅110个重点项目建设，计划每年统筹资金3.6亿元，支持长城、长征、黄河国家文化公园重点项目建设，实施"六大"工程，积极推动文旅产业融入乡村振兴战略，打造"乡村微度假"品牌等，建设高质量的国家全域旅游示范区，持续为游客提供与文化、体育、康养、工业、科技等融合发展的高品质旅游产品。相信未来像"星星酒店"这样高品质的旅游产品会越来越多，从而使宁夏假日旅游的品质越来越丰盈。

元宇宙驱动宁夏文旅数字化场景新业态研究报告

周丽雯

党的二十大召开后，2022年11月1日，工业和信息化部、教育部、文化和旅游部联合多部门印发《虚拟现实与行业应用融合发展行动计划（2022—2026年）》，提出到2026年，三维化、虚实融合沉浸影音关键技术重点突破，新一代适人化虚拟现实终端产品不断丰富，产业生态进一步完善，虚拟现实在经济社会重要行业领域实现规模化应用。其中，重点任务之一是加速多行业多场景应用落地，在工业生产、文化旅游、融合媒体、教育培训、体育健康、商贸创意、智慧城市等虚拟现实重点应用领域实现突破。

在贯彻落实文化和旅游部、国家发展改革委、教育部、工业和信息化部等联合印发的《关于深化"互联网+旅游"推动旅游业高质量发展的意见》精神基础上，2022年7月，宁夏回族自治区文化和旅游厅、发展和改革委员会等部门印发《关于深化"互联网+旅游"推动旅游业高质量发展的实施意见》（以下简称《实施意见》），明确提出为全区旅游业高质量发展开辟智慧通道，并进一步修改形成了《宁夏回族自治区智慧旅游景区建设指南》。该指南提出到2025年"互联网+旅游"融合要更加深化，推动数字信息技术与旅游经济融合高质量发展。

作者简介 周丽雯，宁夏职业技术学院工艺美术师。

表1 全区数字经济发展主要预期指标

类别	指标	单位	"十三五"期间	"十四五"期间
总体规模	1. 数字经济增加值	亿元	10.58	2400
	2. 数字经济核心产业增加值占GDP经费比重	%	2.7	8
产业数字化	3. 规上企业数字化研发设计工具普及率	%	55.6	70
	4. 规上企业关键工序数控比率	%	50.9	70
	5. 数字农业示范县	个	0	5
	6. 网络零售总额	亿元	209.4	500
数字产业化	7. 全区电子信息制造业完成工业总产值	亿元	210	500
	8. 软件和信息技术服务业收入	亿元	29.3	200
	9. 信息通信累计收入	亿元	314	320
	10. 电子信息产业国家级高新技术企业数	家	40	100
新型基础设施	11. 5G基站数	万个	0.33	3
	12. 互联网省际出口带宽	Tbps	4.4	15
	13. 千兆宽带用户	万户	—	50
	14. 数据中心标准机架数	万架	3	72
	15. 移动物联网终端数	万个	1000	2000
数据资源	16. 公共数据归集率	%	—	90
	17. 公共数据开放率	%	—	20
	18. 公共数据共享率	%	—	90

《实施意见》释放出推动宁夏数字文旅发展的信号，依托虚拟现实、增强现实等新媒介技术，为旅游业转型升级赋能。虚拟现实是新一代信息技术的前沿方向，也是数字经济的重要领域。目前产业发展战略窗口期已然形成，将深刻改变人类的生产生活方式。随着政策支持的明确，虚拟现实行业增长拐点清晰，未来，宁夏的数字旅游发展方向将会根据《实施意见》在商业地产、文旅街区、展览场馆等行业场景进行智能化升级，助力"虚拟现实+行业应用场景"落地。

一、宁夏文旅产业数字化现状

为保障宁夏文旅数字化场景的高质量发展，重点打造宁夏文化和旅游数据中心，搭建国家新型互联网交换中心（中卫），促进数字信息产业生产、服务、管理模式的变革与创新。发挥数字信息技术对旅游业升级转型的推动作用，培育新的消费空间、消费模式，适应互联网时代下的大众旅游消费新特征。在尝试以数字技术对接传统文旅产业管理、服务方式、旅游消费的过程中，形成了以"政策导向+云基地建设+文旅 IP 打造+数字文化生态系统"多维度融合的宁夏文旅数字化场景新业态。

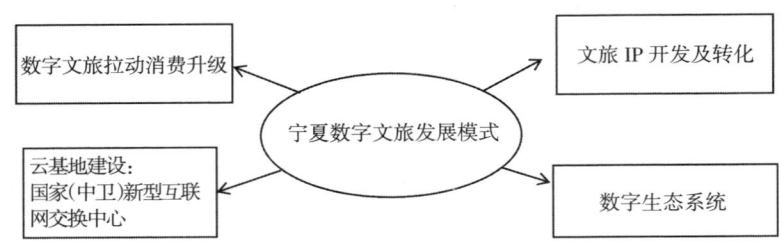

图 1　元宇宙方向下宁夏数字文旅发展模式

（一）宁夏建成国家级新型互联网交换中心

国家新型互联网交换中心在中卫落地，预打造"西部云基地"。中卫是继杭州、深圳后第三个落地试点的国家新型互联网交换中心。2022 年 4 月 23 日，宁夏回族自治区党委书记梁言顺在中卫调研国家新型互联网交换中心建设情况，指出新型互联网交换中心的建成为宁夏未来数字经济发展提供了强有力的平台保障。目前，已建成包括亚马逊、美利云等超大型数据中心 6 个，在建中国电信、人民数据等数据中心 4 个，服务器装机能力达到 50 万台。向宁夏引进包括美团、奇虎 360 等 160 多家互联网企业。并有国家电子政务云、亚马逊公有云上线运营。同时百度、阿里等 15 家企业 CDN 节点也投入运营。互联网交换中心在中卫落地，使宁夏云计算和大数据产业集聚效应愈发明显，打造新的"一带一路"信息枢纽中心，为数字文旅带来重大发展机遇，为未来元宇宙体系的建设提供了强大的技术支持和平台保障。

（二）宁夏数字文旅助力消费升级

宁夏"十四五"发展规划中明确提出关于数字经济发展要依托"互联网+"模式下的数字经济特色联动。促进宁夏数字化旅游消费，建设全国一体化算力网络国家枢纽节点，推动石嘴山、吴忠、固原开展智能制造、智慧农业、数字生态等场景应用，带动多区联合发展。打造特色场景创新联动的数字经济生态，形成可复制、可推广的创新模式。使宁夏范围内的旅游景区通过数字化手段、电商运营加持、新营销模式助力文旅产业实现消费升级。2022年投放使用的宁夏智慧文旅公共服务平台已对文化、景区、交通、气象等部门信息进行有效整合，引导旅游资源优化配置，为文旅全产业链条提供数字化解决方案。融合人工智能、虚拟现实等技术，丰富网络线上旅游产品展示和供给，实现游客足不出户"云游宁夏"。

（三）文旅IP打造宁夏数字文旅焕新貌

打造宁夏本土IP在文化传播和产业品牌升级方面具有重要意义。讲好宁夏文化旅游故事，构建多层次、全产业链的数字文化旅游品牌体系。强化文化对旅游的内容支撑、价值创造，挖掘地域文化内涵，输出一批能够展现宁夏文化特色的原创形象。

1. "星星的故乡"数字文旅IP

2022年是宁夏推进"星星故乡"数字文旅项目的第一年，从"塞上江南·神奇宁夏"到"星星的故乡"。宁夏围绕"大西北"文旅标签，以宿星星故乡、览沙漠奇观的视角，聚焦文旅IP，推进星空游主题IP与文旅产业融合发展。构建"1+1+N"模式的数字文旅运营阵地，即打造1个宁夏旅游官方旗舰店，推出1个宁夏目的地小程序，上线多个宁夏旅游主题产品体系。通过完善线上产品功能、优化目的地程序设计、提升全流程服务水平，打造业态融合示范的新典范。

2. "宁小漠"动漫IP云导游

除"星星故乡"数字文旅项目外，2022年自治区文化和旅游厅还打造了一款原创动漫IP形象"宁小漠"。"宁小漠"文旅主题IP是覆盖全产业链的文化和旅游品牌形象，融入宁夏地域特色。运用动画和实景拍摄相结合的手法，采用动捕设备捕捉角色动态加绿幕合成技术，使动漫IP形象出现在宁夏旅游场景中。通过可爱的卡通形象"云导游"带领游客游览景点，赋予地区文化拟人化调性，展现宁夏文化"沟通和表现"新形式。"宁小漠"IP形象在线上发挥了它的传播优势，单个视频浏览量约为2000万次，以虚拟现实直播旅游的形式，深入宁夏特色景区，带领用户走进虚拟世界构建的多维旅游空间，为用户打造"宁夏旅游内容"新载体。

(四)"文、旅、博"共建宁夏数字文化生态系统

1. 虚拟博物馆线上展览

数字技术作为文物保护的重要技术手段，使文物、古籍、书画等通过数字化的手段在互联网平台展出，是一种活化的动态保护与利用。固原博物馆推出线上主题数字虚拟博物馆供游客浏览，在网络端数字展厅展出"千年固原，丝路华章"主题展览，跨时空、跨区域传播宁夏文化。

2. 文旅景区推出数字藏品

宁夏文旅景区尝试开发"数字藏品"。2022年2月，中旅投资旗下沙坡头旅游度假区首推数字藏品"来自星星的漠漠"，将地域特色和景区风光打造成数字藏品，突破时空限制，创新线下实体产品与线上虚拟场景交互的消费体验，使景区文化与数字藏品相互赋能，实现文化主题公园产品焕新升级。2022年9月举办的"沿黄九省（区）文旅高峰论坛暨首届沿黄传统工艺创新发展峰会"中，探索数字技术赋能沿黄九省（区）文旅产业和传统工艺的创造性转化与创新性发展，打造了首款沿黄主题数字藏品——沿黄手造长卷1号。以手绘长卷的形式，将流传于沿黄九省（区）内蕴含丰厚历史文化的传统工艺项目、文旅产业地标及文化地域风貌收录于画面当中，以数字藏品为载体，讲述"黄河故事"，展现宁夏地区所代表的黄河文化的时代价值。

二、宁夏数字文旅创新发展的新困境

新一轮数字经济方兴未艾，对宁夏来说，逐步探索的数字文旅模式正在重构文化和旅游场景。在元宇宙宏观背景下的数字文旅发展路径不仅包含各种新媒介技术的融合发展，并且打破了地理空间的壁垒将数字文旅推向新的舞台。意味着经营者、管理者、产品研发者、行业监管部门用新思维、新手段顺应数字化时代的发展，解决宁夏数字文旅面临的转型和发展困境。

(一)宁夏文旅数字化转型方向

随着人们的出行方式、消费方式发生改变，"云旅游"、"云展览"、直播带货等形式成为热点消费场景。结合"互联网+"模式对本土文化、本

土元素的渗透，以旅行者的旅游需求和文化需求为中心，深度融合数字技术与文旅产业，以体验为先，对旅游场景创新、产品运营、消费者、服务等维度提出新要求。加速新业态和新模式创新，布局元宇宙新赛道，拓展云旅游、网络直播、数字藏品等线上产品服务，推动运营与科技场景创新应用，实现业务线上线下一体化。

（二）宁夏文旅数字化面临挑战

宁夏在数字文旅方面的应用场景广泛，但依然存在着许多制约因素限制着数字文旅发展，主要表现在以下方面。一是宁夏数字经济规模总体偏小，数字经济增加值占地区生产总值比重的26%，低于全国38.6%的整体水平。其中文旅产业在数字经济占比较低，科技转化能力弱，技术瓶颈难以突破。二是数字文旅人才匮乏，行业人才缺口大，数字经济下文旅产业的加速发展需要匹配大量专业人才，人才短缺导致数字技术与文旅融合发展的内生力受限，行业对具备一定综合能力的复合型人才需求量大，特别是"数字+文旅"新兴领域的运营人员炙手可热。三是目前宁夏对数字文旅的研发和应用尚处于探索阶段，在技术、产品、市场、营销和管理等方面仍面临创新不足，也是文旅产业数字化创新发展需要面临的新挑战。

三、宁夏文旅数字化对策与建议

统筹谋划宁夏数字经济发展格局，在元宇宙发展背景下对"人、场、物"进行重构，形成"虚拟现实+文化旅游+商贸创意+智慧城市"的架构，助力数字文旅发展。

（一）虚拟现实 + 文化旅游

推动宁夏文化展馆、旅游场所、特色街区开发虚拟现实数字化体验产品，让优秀文化和旅游资源借助虚拟现实技术"活起来"。开展行前预览、虚实融合导航、导游导览、艺术品展陈、文物古迹复原等虚拟现实创新应用，鼓励一二级博物馆、文化馆等具有条件的旅游活动场所设置沉浸式体验设施设备。

（二）虚拟现实 + 商贸创意

在智慧家装、虚拟看房、大型会展、时尚创意、视频会议、远程办公、智慧商圈、外卖零售等领域，落地推广虚拟现实技术支撑的典型案例，发展线上线下同步互动、有机融合的商贸活动体验新模式，打造商贸新业务场景。

（三）虚拟现实＋智慧城市

尝试虚拟现实在宁夏城市治理中的融合应用，形成城市可视化管理解决方案。推进基于用户地理位置服务（LBS）和高精度视觉定位服务（VPS）的生活助手应用，支持厘米级空间计算、多场景大规模用户实时交互。提升数字空间运营服务能力，探索室内外实景三维商业化建设模式，面向交通出行、餐饮购物、文娱休闲等场景，打造虚实融合、高效便捷的个性化智慧生活信息服务。

多维度打造以宁夏为核心辐射周边的西部地区数字经济发展新高地，建设辐射黄河流域的数字经济高质量发展示范带。平衡数字化发展战略与可持续发展观相结合，做到五个维度五种创新：科技赋能，技术创新；体验先行，产品创新；聚焦需求，市场创新；合作共赢，营销创新；共建共享，管理创新。对接"技术—产品—市场—营销—管理"五位一体的数字文旅创新机制。实现双循环、高无接触支付、人工智能、区块链等数字技术为文旅行业提供技术支持。借鉴创新理论和国内外数字文旅发展经验，坚持科技赋能技术创新、体验先行产品创新，聚焦数字文旅创新发展的新思路。正是宁夏旅游行业在互联网时代下对于跨文化传播与信息交互的深度蓄力，为未来构建元宇宙格局下的"跨文化旅行"抢占先机。

文旅融合背景下宁夏夜间旅游发展研究

汪克会　陈文静　罗海霞

夜间旅游是夜间经济的重要组成部分。当前，学术界较为认可的夜间经济的概念是：一般指从晚上6时至次日早上6时，在城市中以文化旅游、餐饮休闲、购物健身等为主的消费活动总称。[①]按照这一概念，可以将夜间旅游界定为：晚上6时至次日早上6时，由城市居民和外来游客在城市范围内进行的以休闲体验为主要目的各种消费活动的总称。由此可见，夜间旅游活动的发生地从空间来看，主要集中在城市。

文旅融合发展是适应新时代新诉求的新探索，对进一步推进国内文化事业、文化产业和旅游产业的发展具有重要意义。而随着旅游业的快速发展和夜间消费的转型升级，文旅融合为夜间旅游发展提供了新思路，开辟了新空间，搭建了新平台。发展夜间旅游促进了文化和旅游的融合发展，推进了旅游供给侧结构性改革，推动当地旅游产业转型升级，也必然带来旅游产业的高质量发展。[②]

作者简介　汪克会，宁夏大学前沿交叉学院文化旅游研究中心副教授；陈文静，宁夏大学前沿交叉学院旅游管理专业2021级硕士研究生；罗海霞，固原市职业技术学校讲师。

[①] 樊志宏、刘婧：《"夜间经济"：发生、演进与治理》，《群众》2019年第20期。
[②] 戴斌、杨宏浩：《夜间旅游引领文化旅游新潮流》，《中国房地产》2019年第14期。

一、宁夏夜间旅游发展现状

(一) 宁夏主要夜间旅游项目和体验类型

近几年,在自治区商务厅和财政厅等相关部门的大力推动下,宁夏连续举办了三届"宁夏夜绽生活节",极大地促进了宁夏夜间旅游的发展,并在全区范围内依托不同的夜间旅游项目形成了较为多样的夜间旅游体验类型(见表1)。

表1 宁夏主要夜间旅游项目和体验类型

序号	夜间旅游项目	所属地市	体验类型	是否为国家级夜间文旅消费集聚区
1	怀远观光夜市	银川市	美食体验游	是(第二批)
2	建发大阅城	银川市	特色街区体验游	是(第二批)
3	漫葡小镇	银川市	文化艺术场所/场馆体验游	是(首批)
4	览山公园	银川市	广场/城市公园体验游	否
5	新华百货CCmall鼓楼步行街	银川市	特色街区体验游	否
6	平罗阳光特色商业示范街	石嘴山市	美食体验游	否
7	蘭山小镇	石嘴山市	特色街区体验游	否
8	青铜峡黄河楼旅游区	吴忠市	灯光节庆/民俗文化体验游	否
9	光耀美食街	吴忠市	美食体验游	否
10	青铜古镇	吴忠市	特色街区体验游	否
11	青铜峡龙海特色商业街	吴忠市	美食体验游	否
12	盐州古城	吴忠市	灯光照明/民俗文化体验游	是(第二批)
13	新华百货固原店	固原市	特色街区体验游	否
14	九龙国际文化旅游街区夜市	固原市	美食体验游	否
15	中卫美食街	中卫市	美食体验游	否
16	大漠味集向阳街	中卫市	美食体验游	否
17	星星酒店—观星谷	中卫市	观星体验游	否

(二) 宁夏夜间旅游发展现状分析

为全面客观地研判宁夏夜间旅游发展现状，课题组成员于2022年7月初至9月初，在夜间客流量较大的时间段，对宁夏5个地级市的主要夜间旅游项目进行了实地调研。同时，设计了"宁夏夜间旅游消费调查问卷"，于8月26日至9月26日通过"问卷星"专业问卷调查网站进行了线上调研。去除无效问卷后，获得有效问卷505份，问卷具体结果如下。

1. 游客人口特征分析

在505个被调查对象中，从性别分布来看，女性群体较多，占61.58%；从年龄分布来看，18—45岁的中青年群体较多，共403位，占79.80%；从受教育程度上看，大专/本科及以上群体较多，即受过高等教育者共376位，占74.46%；从职业分布来看，政府机关/事业单位职员、企业职员、学生人数较多，共334位，占66.14%，其他各职业类型和所占人数之间呈相对分散的关系。从月收入（或月消费水平）看，2000—8000元占比过半，达到63.96%；从居住地来看，多为本地居民，其中银川市游客居多（见表2）。

表2 游客人口特征（N=505）

项目		人数	比例(%)
性别	男	194	38.42
	女	311	61.58
年龄	18岁以下	52	10.30
	18—30岁	264	52.28
	31—45岁	139	27.52
	46—60岁	49	9.70
	60岁以上	1	0.20
受教育程度	初中或以下	40	7.92
	高中/中专/技校等	89	17.62
	大专/本科	303	60.00
	硕士及以上	73	14.46
职业	政府机关/事业单位职员	101	20.00
	企业职员	117	23.17
	学生	116	22.97
	文教科技人员	27	5.35

续表

项目		人数	比例(%)
职业	自由职业	51	10.10
	离退休人员	8	1.58
	工人	14	2.77
	农民	13	2.57
	军人	1	0.20
	其他	57	11.29
月收入(或月消费水平)	2000元及以下	125	24.75
	2001—4000元	190	37.62
	4001—8000元	133	26.34
	8001—12000元	33	6.53
	12000元以上	24	4.75
来源地	银川市	218	43.17
	石嘴山市	33	6.53
	吴忠市	96	19.01
	固原市	54	10.69
	中卫市	49	9.70
	外省来宁	55	10.89

2. 夜间旅游常去地

最受游客欢迎和喜爱的夜间旅游项目由高至低依次为：怀远观光夜市（银川市）（A，430次）、建发大阅城（B，银川市）（297次）、览山公园（银川市）（E，280次）、新华百货CCmall鼓楼步行街（银川市）（D，267次）、中卫美食街（中卫市）（P，165次）、青铜峡黄河楼旅游区（吴忠市）（I，120次）、漫葡小镇（银川市）（C，116次）、大漠味集向阳街（中卫市）（O，88次）、光耀美食街（吴忠市）（H，70次）、青铜古镇（吴忠市）（K，69次）、新华百货固原店（固原市）（M，66次）、青铜峡龙海特色商业街（吴忠市）（L，65次）、星星酒店—观星谷（中卫市）（Q，51次）、平罗阳光特色商业示范街（石嘴山市）（F，48次）、九龙国际文化旅游街区夜市（固原市）（N，41次）、盐州古城（吴忠市）（J，38次）、蘭山小镇（石嘴山市）（G，31次）、其他（R，7次）（见图1）。

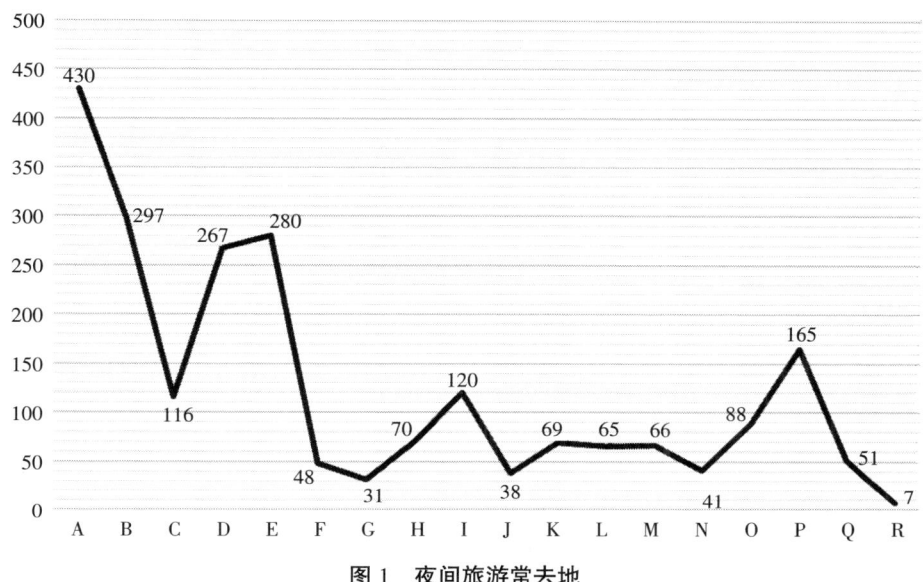

图 1 夜间旅游常去地

3. 夜间消费行为特征

（1）出游方式。游客出游选择骑行和自驾方式的较多，以自发性为主，同时更喜欢选择与朋友、家人一起进行夜游消费活动，选择独自一人出游的相对较少。（2）夜间旅游返回时间。83.77%的被调查者选择在23时之前结束夜间旅游或消费。（3）出游目的。游客参与夜间旅游或消费的主要目的为放松身心、体验美食、休闲娱乐和观光游览。（4）出游花费。当地居民夜间消费水平中低档的比较多，300元以下的占到了78.02%。具体情况见表3。

表3 夜间消费行为特征（N=505）

项目		人数	比例(%)
出游方式	电动车/自行车	301	59.60
	出租车/网约车	249	49.31
	公交车	173	34.26
	自驾	252	49.90
	步行	232	45.94
	其他	8	1.58
出游同行	独自一人	125	24.75
	家人	336	66.53

续表

项目		人数	比例(%)
出游同行	伴侣	212	41.98
	朋友	373	73.86
	同事/同学	227	44.95
	其他	7	1.39
出游返回时间	21 时以前	118	23.37
	21—22 时	199	39.41
	22—23 时	106	20.99
	23—24 时	58	11.49
	24 时以后	24	4.75
出游目的	放松身心	384	76.04
	观光游览	261	51.68
	增长见识	119	23.56
	休闲娱乐	326	64.55
	运动健身	108	21.39
	逃避压力	115	22.77
	打发时间	147	29.11
	体验美食	352	69.70
	逛街购物	206	40.79
	拍照打卡	110	21.78
	陪伴家人/朋友	228	45.15
	其他	8	1.58
出游消费	100 元以内	119	23.56
	100—300 元	275	54.46
	301—500 元	79	15.64
	501—800 元	21	4.16
	800 元以上	11	2.18

4. 高频词及情感倾向分析

(1) 高频词分析。对调查对象通过夜间旅游所联想到的词语进行统计，共获得 710 个词语、1504 个字。运用 ROST Content Mining 6 软件（以下简称"ROST CM6 软件"）对研究文本中的分词及词频进行分析，过滤与研究目的关联较小的高频特征词，将词频大于等于 3 的词划分为高频词（见表 4），最终选出总频次大于等于 3 的词汇共 54 个，并根据词频进行可视化分析生成高频词云图（见图2）。通过统计发现，在高频词中，"热闹"一词排名最靠前，在研究文本中共出现过46次。"美食""单一""人多""灯光"等词汇次之，均排在前十。另外，"怀远市场""夜市"等地点名词出现的频率也较高，说明游客对宁夏夜间旅游的印象主要来自美食体验。

表4 宁夏夜间旅游高频词及词频

高频词	词频	高频词	词频	高频词	词频	高频词	词频	高频词	词频
热闹	46	夜间	10	星星	6	需要提升	4	交通	3
美食	27	怀远市场	10	还可以	6	特别好玩	4	景色	3
单一	17	丰富	10	故乡	6	美不胜收	4	氛围	3
人多	14	旅游	9	重要	5	有待改进	4	文化	3
满意	14	拥挤	9	塞上江南	5	活动好	3	丰富多彩	3
不错	14	非常好	9	美好	5	完美	3	印象	3
灯光	14	小吃	8	美食为主	4	城市	3		
一般	13	比较好	7	休闲	4	吃吃喝喝	3		
没有特色	13	美丽	7	繁华	4	放松	3		
好吃	11	不够热闹	7	体验不错	4	喜欢	3		
夜市	11	烟火	7	美味	4	单调	3		
挺有特色	11	宁夏	7	烧烤	4	地方特色	3		

图2 宁夏夜间旅游词云

（2）情感倾向分析。游客在游览过程中产生的情绪、心理感受通常可以分为积极情绪、中性情绪和消极情绪。利用ROST CM6软件对研究文本中带有感情色彩的内容进行情感倾向分析（见表5）后可以发现，调查对象的积极情绪较多，占79.5%，消极情绪占比不到10%，可见游客对宁夏夜间旅游总体的认可度较高。

表 5　游客情感倾向分析（N=161）

情感类型	情感分段	填写词汇数量	分段占比(%)	填写总数	总占比(%)
积极情绪	一般(0~<10)	32	19.88	128	79.50
	中度(10~<20)	45	27.95		
	高度(≥20)	51	31.68		
中性情绪	/	18	11.18	18	11.18
消极情绪	一般(-10~<0)	13	8.07	15	9.32
	中度(-20~<-10)	2	1.24		
	高度(<-20)	0	0.00		

二、宁夏夜间旅游发展存在的问题

（一）夜间旅游项目同质化现象较为突出

纵观宁夏主要的夜间旅游项目，虽然在各个领域都有所涉及，但知名度较高的项目的类型还较为单一，有近 1/3 的夜间旅游项目是从传统的"夜市"扩大规模发展而成，以售卖各类美食为主，并且各个夜间旅游项目经营的美食种类大同小异，同质化问题较为严重。

（二）夜间旅游体验缺乏深度和多样性

整体而言，目前宁夏夜间旅游项目的开发层次还不高，大多停留在功能较为单一的夜间餐饮和购物消费场所的层面，核心旅游吸引力不足，无法满足本地居民和外来游客的深层次体验需求。千篇一律的"美食街"忽略了地方文化特色的彰显和夜间旅游场景的营造，单调的旅游体验致使消费者的停留时间较短，最终导致夜间旅游消费水平较低。

（三）各夜间旅游项目之间联动性不足

现阶段，宁夏各个夜间旅游项目之间缺乏有效的联动，各自按照自己的经营目标发展，缺乏必要的协作，甚至存在互相模仿现象，夜间旅游形象模糊，辨识度不高。从全区范围来看，至今没有自治区层面的夜间旅游专项发展规划，夜间旅游仍处于分散发展阶段，联动发展效应未能凸显。

（四）夜间旅游相关基础设施有待完善

公共交通方面，宁夏目前公交线路最晚的班次是在 24 时左右结束运营，其他大部分线路一般 22 时停止运营，夜间出行不够便利。夜间灯光照明方面，除景区类夜间旅游项目之外，"夜市"类灯光照明缺乏统一设计与管理，显得较为杂乱，整体视觉效果不甚理想，不利于夜间旅游形象的塑造。

三、文旅融合背景下宁夏夜间旅游发展的建议

（一）加强顶层设计，做好统筹规划聚力融合

首先，宁夏各地要根据自己的城市文化定位及旅游业发展水平，充分考虑区位条件、交通能力、商业配套、人口结构和消费水平等因素，做到差异化和理性发展夜间旅游。其次，应尽快制定《宁夏夜间文化和旅游融合发展规划》，并与各地的文化产业发展规划或非物质文化遗产保护规划等相关规划进行融合。最后，结合国家级夜间文旅消费集聚区和区级旅游休闲街区相关标准，开展宁夏夜间旅游发展示范城市试点建设工作，并从中总结出一套在管理体制、经营模式、协调机制等方面可推广的经验和做法，引导宁夏夜间旅游高质量发展。

（二）丰富项目内容，打造夜间旅游特色品牌

一是充分利用宁夏特色饮食文化优势，培育夜间餐饮文化品牌。尤其是要结合各类非遗美食，通过在一些夜市定期举办非遗美食节等活动，打造非遗美食品牌。二是抓住当前自媒体兴起的机遇，培育夜间消费网红品牌。通过"用户体验+视频分享"的线上线下融合形式，将一些特色餐饮店、街区、文化艺术场馆等，打造成为本地居民和外地游客夜间消费必去的"网红打卡地"。三是按照"能融尽融"的思路，培育夜间演艺品牌。鼓励和支持发展各类艺术团体，组织开展影视、展览、音乐、戏曲等文化特色鲜明的夜间展演活动，扶持优秀项目品牌化发展，进一步提升宁夏夜间文旅融合发展的深度和广度。

（三）立足资源配置，构建多核夜游空间格局

首先，宁夏要着力盘活一些有潜力的商业综合体，围绕夜间文旅消费的功能性需求，合理配置资源，加强空间范围整合，形成多元均衡的格局。避免热点区域长期超负荷运营，也有利于未来夜间文旅消费业态的跨界发展。其次，各夜间旅游项目的运营管理方应借助大数据平台，充分了解本

地居民和外来游客的夜间消费情况与规律，以其活动轨迹和消费特点来进行功能分区和市场定位，通过创新形成自己的核心竞争力。最后，要重视发展乡村夜间旅游。宁夏可以将城郊的文旅特色小镇、乡村精品民宿等打造成夜游打卡点，实现夜游空间的城乡呼应，有效延长夜游时间，切实推进城乡融合发展。

（四）完善配套设施，规范夜间旅游秩序管理

首先，要加大对热门夜间旅游项目周边地区基础设施的投资建设力度，尤其是要解决高峰期停车难、往返难等交通方面的问题。其次，通过精细化管理，规范夜间旅游秩序，特别是要完善夜间旅游安全预警救援系统，强化夜间旅游秩序维护和应急管理。再次，要进一步加强食品安全等方面的监管，对一些夜间旅游项目导致的噪声扰民、环境污染等问题，也要制定管理方案。最后，要加强城市夜间亮化工程建设，积极引入3D立体照明和全息投影技术，打造宁夏"标志性光影场景"，以集美观、功能、情感和文化于一体的独特夜间景观，赋予人们情感共鸣，提升文化认同。①

---

① 赵迎芳：《文旅融合背景下我国夜间经济高质量发展探析》，《山东社会科学》2022年第2期。

城市市民文化篇
CHENGSHI SHIMIN WENHUA PIAN

在首府城市的定位与站位上书写文化篇章

唐荣尧

公元前112年，北地郡上河典农都尉冯参受朝廷所派，在今银川市兴庆区东郊掌政镇洼路村督修"北典农城"。这一年，被定格为银川的建城元年，"北典农城"成为银川的"乳名"。后来，这座古城先后有了汉代的"吕城"、十六国时期的"饮汗城"、北周时期的"怀远郡"、唐代的"怀远县"、北宋时期的"兴州"和"兴庆府"等不同历史时期的称谓。

"银川"一词出现在宁夏平原，是在明末清初的一些官吏、文人咏唱宁夏平原的诗句中，如"俯凭驼铃临河套，遥带银川挹贺兰"；"城郭渺如舫，银川亦寥廓"；"或是天吴聊小试，暂移鳅穴到银川"；等等。这些诗词中的"银川"，多是用来形容水光潋滟、水映晴光的平原风光，并没有明确的地名意义，更非指今天的银川城。

"银川"作为一座城市的地理位置，出现较早的权威资料是清朝雍正年间的《惠农渠碑记》，其中所记"黄河发源于昆仑，历积石，经银川，由石嘴山而北"。其中的"银川"，逐渐有了指代地域的地名含义，泛指银川平原引黄河灌区。清乾隆年间，宁夏知府赵本植在府城（今银川城区）创立"银川书院"，从中可看出"银川"已初具地名意义。

作者简介 唐荣尧，银川文学院院长，国家二级作家。

1944年，宁夏省城（今银川城区址）改为建制市，正式定名为"银川"。自此"银川"作为地名一直沿用至今。

一、城市风格定位与历史文化资源

（一）首府城市的历史渊源与影响力

1958年，宁夏回族自治区成立，银川被确定为首府，这源于其历史文化为经、地理位置为纬构成的城市坐标。2134年的建城历史及不同时期的名字更换和历史角色变换，让银川积淀了丰富的历史遗存和文化资源，它地处农牧文化交融、交流、交往的前沿地带，是河套平原上最大的政治、军事、经济与文化中心，它的城市史里流淌着深厚的历史文化。

1958年的首府城市定位，植根于银川悠久而灿烂的特色文化资源，也赋予它在全区城市文化建设中应有的示范和引领职能。承载历史文化资源或凸显地域文化特色的遗迹、建筑，是银川城市文化的重要载体。60多年的首府城市定位与发展，让银川在建筑特色、饮食传统和市政风貌等方面，逐渐形成了新的城市文化特色，成为宁夏地区的脉搏、窗口、形象和象征。

进入21世纪后，银川市的城市文化定位有过调整，比如宁蒙陕甘毗邻地区中心城市、沿黄城市群核心城市、国家向西开放的窗口城市、西北地区重要的中心城市，宁夏第十三次党代会则赋予银川"创新发展引领市"的使命任务。这些定位始终离不开首府城市的核心支撑。围绕城市定位而延伸出的文化建设，也总是围绕首府城市而展开，在银川举办的中阿博览会、中国花博会、WCA世界电竞大赛、TMF（全球）智慧城市峰会等，都是基于银川首府城市的承负能力与影响力。

（二）"山水格局"造就的文化发展两翼

西靠贺兰山、东临黄河的地理格局，让银川市民一直有着"靠山面水"的地理依托和"亲山敬水"的城市生活传统，贺兰山和黄河成了银川打造城市休闲文化的两翼。

第一是以贺兰山为休闲运动目的地的文化活动、项目不断催生。这几年，银川市陆续打造的贺兰山生态文化旅游廊道、漫葡小镇特色旅游街区、贺兰山国家森林公园科普研学基地、贺兰山东麓葡萄酒度假休闲目的地等文旅项目，举办贺兰山东麓葡萄、枸杞采摘为主的康养游、亲子体验游等文旅活动，构成了银川城市"山文化"中的重要部分。

第二是以黄河为载体的运动休闲文化逐步影响市民文化生活。以横城度假区、黄河外滩、黄河军事文化博览园等景点为载体，召开黄河流域公共文化和旅游产品采购会，举办黄河大合唱、黄河金岸诗歌朗诵会、黄河文化旅游节等文化活动，引导市民将运动休闲的目光投向黄河、亲近母亲河。

（三）"文化润市"的新定位引导文化新动向

银川的城市史可以说是一部移民史。历史上不同时期的移民到来，不断丰富这座城市的包容气质，形成了丰富的边塞文化、河套文化、丝路文化、移民文化等多元文化样态，也让银川能够尽可能地在文化发展上和全国保持同步，不断增强文化发展活力。

2022年，银川市政府工作报告中提到"实施文化润市铸魂行动，着力在丰富群众文化生活上谱新曲"，更加突出了文化在城市发展中的作用。以文化之供给，为城市发展积攒发展的力量。

二、"山河城+"让城市文化具备更多可能性

早在2009年制定的城市总体规划中，就提出打造银川市"运动休闲之都"的定位。借助贺兰山、黄河和银川城滋育的文化特色，发挥首府城市的政治优势与区位优势，成功地举办了与运动休闲城市定位相匹配的国际风筝赛、国际马术赛、全国钓鱼大赛等一系列大型赛事，一定程度上促进了市民参与钓鱼、赛跑、攀岩、爬山等休闲文化活动的积极性，也助推银川市荣膺"国民休闲特别贡献城市奖""中国十大特色休闲城市"等称号。

（一）休闲城市的定位，将增加城市的休闲气质与生活品位

银川市政府在"十四五"规划中也明确提出了"一山一河一城"的城市休闲文化发展思路，这里的"城"应该是银川城。银川市应科学地整合贺兰山、黄河与银川三个文化大资源，利用"山""河""城"的旅游景点、文化遗产和公共文化服务设施，着力写好"山河城+"的文章，吸引市民不断参与、创造、完善"亲山敬水爱城"的休闲文化模式，充分利用银

川国家级历史文化名城资源，深入挖掘城市文化符号，营造城市人文和城市品牌。

（二）"山"文化的营造，提供新型文化企业与形态的衍生机遇

和以前靠"卖门票"式的逛影城、看岩画不同，银川市这两年打造的以贺兰山为素材的《情系贺兰》《岩石上的太阳》等艺术精品，成为市民和游客享受到的艺术大餐，引领市民的文化关注点向贺兰山转移。2022年夏天，宁夏第一部沉浸式大型文旅舞台剧《贺兰山盛典》，讲述了银川人对贺兰山的守护、敬仰与热爱，展现了贺兰山生态恢复与葡萄酒事业的发展，是培育发展本土新型文化企业、文化业态和文化消费模式的一次有益尝试。体现了宁夏《"十四五"文化发展规划》中提出的"培育发展新型文化企业、文化业态、文化消费模式，不断满足人民群众多元化、高品质文化需求"。2022年，贺兰山下的"大象艺术公社"举办"贺兰山女性艺术节""贺兰山东麓葡萄酒年代珍藏酒标艺术展""首届贺兰山儿童艺术节""贺兰山首届向阳花海艺术节""贺兰山小版画展"等艺术活动，让银川市民通过文艺创作、观看艺术展览等方式来"致敬贺兰山"，极大地丰富了"贺兰山文化+旅游+艺术"的文化体验与传播路径，贺兰山东麓葡萄酒文化对银川市民的文化生活影响力正在逐步提高。2022年，银川市文学艺术界联合会与宁夏卫视合作在"贺兰山书房"举办了以"生态文学"为主题的大型文学对话直播，参与人数接近30万。银川市作家协会、灵武市作家协会联合开展的"2022年生态保护文学采风活动"也让纯文学活动出现在市民文化视野中。同时，贺兰山下2022年陆续建成的百瑞源枸杞庄园、妙音山居、海棠民宿等，让文化类企业和贺兰山生态文化开始"对话"。

（三）"水"文化的延伸，让银川人的文化足迹更多地印在黄河边

以黄河为背景举办的黄河金岸诗歌节及已经举办了6届的黄河文化旅游节等文旅活动，正成为建设黄河文化彰显区的有力抓手。建在黄河岸边的银川当代美术馆响应银川市提出的"聚焦建设黄河流域生态保护和高质量发展先行区"文化目标，2022年先后策划、展出"微观宏图——朱宪民摄影展""沿黄流域生态保护儿童当代课程艺术展"和"时空构型——历史文化要素的当代再现"，缔造了银川市民在疫情防控期间的"美术馆时光"。

(四)"城"文化中的浸润，让银川的城市魂魄更具诗意

2022年，银川市提出的"文化润市铸魂行动"，给文化进入市民生活提供了更多的机遇，全民阅读中的"书香银川"活动是城市文化生活中的亮点。在连续四届的全市"阅读之星"评选基础上，今年开展了第五届评选活动，已经成为银川市文化生活中的品牌性活动。

2022年的城市阅读生活中，"建发现代城·钟书阁"给银川带来商业与文化合作的新尝试。建发现代城作为银川存量商业改造样本、城市文化生活的引领者，和钟书阁品牌强强联手，在银川打造全新的文化书店。书店兼具城市的文化功能、地标功能、客厅功能、传播功能，同时集合阅读、创意、艺术、咖啡等体验，引领银川新型阅读体验与创意文化生活，给银川市打造出一个新的文化地标！和以往的书店开张不同，"建发现代城·钟书阁"引发微信朋友圈、微博、抖音、小红书对银川阅读的关注。

习近平总书记在党的二十大报告中指出："健全现代公共文化服务体系，实施重大文化产业项目带动战略。"公共文化服务标准化建设，是银川市健全现代公共文化服务体系的一个标志，其中的亮点就是"城市书房"建设，每个县区都有数量不等的"城市书房"，成为城市文化生活的一个亮点，让文化软实力变为经济社会发展的硬实力，在"书香银川"的打造中起到了极其重要的作用。戏曲、书法、文学、美术等专业协会，也逐步成为银川市"文化润市"活动的主体。

三、让文化提升城市生活中的软实力

这几年银川的经济发展取得了理想的成绩，但城市生活中的文化软实力并不理想。由于长期缺乏权威、精准的历史文化定位，银川的城市文化发展目标模糊、市民生活中的文化比重不大，没有起到提升市井生活中文化品位的作用，文化面孔在全国的辨识度也不高，产生的城市软实力就显得有些薄弱。

(一) 首府城市的定位，需要匹应的城市文化生活

在擦亮首府城市金字招牌的基础上，银川既要从深厚的历史文化资源中整理出城市文化的独特性，让这种独特性在未来发展中成为名片，又要找准历史文化与现代力量的平衡点，引领并创新市民的城市文化生活种类。首府城市的定位，就要求市民文化生活的影响力要与经济发展同步，和全国的省会（首府）城市看齐，要在这些年取得的文化成就基础上，举办一些更上档次的、更适合银川发展需要的、在国内更具有影响力的文化活动，引发全社会关注甚至达到吸引文化人才的目的。避免以前曾一味追求经济效益而将银川人为打造为中国电竞中心这样的城市定位，事实也证明这样的定位失败了。面对新时代的发展，不妨借鉴长沙的"世界媒体之都"这样的城市定位，让银川走好休闲城市文化风格的发展路径，通过一些品牌性活动来拉升城市的文化影响力和市民生活品位。

（二）"山河城+"的城市文化定位倡导更多民营资本与外来资本介入

"山河城+"，不仅是指城市发展要单纯依靠地理概念上的旅游景点与公共服务措施，也应有一种对山河资源与时间上的"慢"理解，让本地人的城市生活节奏，以及外地来银的人能够体会到休闲文化指引下的山河之旅和文化润城的"慢"过程。这就要求银川在"大气山河，浪漫生活"的地理格局下，挖掘"一山、一河、一城"的独特文旅资源。

旅游文化是城市文化的重要组成部分，从银川市这几年的发展来看，和政府的主导地位相比，民间资本介入城市文化的表现乏力，市民生活中的文化比重不大，在扶持城市文化产品上政策层面缺乏灵活性。例如《沙坡头盛典》和《西宁盛典》在上演期间，两地政府都发文，工会可以购票组织职工观演，而以"致敬贺兰山"为主题的《贺兰山盛典》上演初期，就享受不到这样的政策扶持。再如银川市的民营剧场——"遥剧场"，其关注养老话题以及乡村振兴背景下农村老年人的精神需求的戏剧作品《奶奶的诗》，今年8月受邀进京参加由中国国家话剧院主办的"第七届中国原创话剧邀请展"。这是银川话剧的一次骄人成绩，但其背后的心酸却令人唏嘘：由于银川文化市场呈现出曲线化的波动，原创和引进比例失调，公办院团赠票增加、筛选引进剧目的主题单一等原因，"遥剧场"在本地因生存困难导致作品输出减少。黄河流经中国九个省区，每个省区都应找寻、梳理境内黄河文化的独特性，独特性才是银川书写属于自己的"黄河文章"

的底色与底气，在这一点上，中卫市利用境内沙漠和黄河打造的民宿与星星酒店的成功做法也值得银川学习。

（三）拓宽常规化概念外的城市文化空间与符号

除了书店、美术馆、博物馆这些常规的文化建筑外，一个充满现代文化气息的城市，一定要努力营造既和本土历史文化契合，又能适合新时代的文化空间，使之成为引导市民文化生活的新文化地标。从目前银川的发展来看，民营资本进入文化领域发展的空间还很逼仄，导致新文化空间的营造力量薄弱，缺乏一些接地气的、市民发自内心喜欢的品牌文化空间，文化生活的形态也呈现出单一状态，文化作为影响城市生活的一种手段还有更多的体现空间。

老工业城市石嘴山的绿色发展之路

薛青峰

石嘴山市成立于1960年,是"三线建设"时期设立的移民城市。东临黄河,西依贺兰山,因山河交汇处"山石突出如嘴"而得名。现辖大武口区、惠农区和平罗县。石炭井是国家"一五"计划全国十大煤炭基地之一。从老百姓的角度看,石嘴山市是指石炭井和石嘴山两个老工业矿区。

近十年来,市政府在贺兰山脚下建设了一万亩的城市森林公园,将东面的防洪洼地治理成星海湖湿地。依山傍水,走出了一条绿色发展之路。森林与湖泊成为这座老工业城市生态文明建设的品牌。

一、老工业城市的文化特色

(一)小城因"太西乌金"而在全国享有声誉

石嘴山市是西北内陆一个地级小城市。

贺兰山据守祖国的北大门,是一条历史的山脉和文化的山脉,是军魂之山,移民之山。从地理位置而言这里是个死角,锁住了南北交通的咽喉。当年的"三线建设",考虑备战需要,赋予石嘴山市以特殊性。

贺兰山腹地的煤炭储藏量丰富,曾是这座城市的经济靠山。在中国,大同和抚顺均称"煤都",而以煤炭资源叫响全国,并被称为"煤城"的唯

作者简介　薛青峰,宁夏理工学院副教授。

有石嘴山这座小城。

贺兰山脚下躺着一条南北方向的运煤专线，连接着包兰铁路。60年来，这趟火车早出晚归，把"太西煤"运往祖国需要的地方。"太西煤"是侏罗纪地质时期的无烟煤，像黑金子一样闪闪发光，属自然能源之稀有珍品，自清朝便已开采。因"三低六高"（低灰、低硫、低磷、高发热量、高块煤率、高比电阻、高化学活性、高精煤回收、高机械强度）的特点而享有"世界煤王"之美誉。因产区地处太原以西，故称为"太西乌金"。

煤炭是不可再生资源。十年来，已停止了大规模的开采，关闭了大峰露天等煤矿，只留下了汝箕沟一个采区。随着煤炭开采量的缩减，大武口洗煤厂已经改建为煤炭工业遗址公园，太西洗煤厂的入洗量也仅供特殊需要。

十年来，城市的草坪逐渐多起来，割草这个职业就在"煤城"落户了。草坪修整得是否完美关乎城市的品质。经过时间的磨洗，昔日的戈壁滩变成今天的"绿色之城"。

的确，石嘴山实在太小了，小得只有一条步行街、一所高中、一所大学、一家甲级医院。过去，骑着自行车一个小时就可以东西南北转完小城。建设新区以后，政务大厅的便民服务机制建立起来了，石炭井矿务局的家属全部从山里搬迁到南沙窝，隆德、海原吊庄移民汇集一站。2016年，城际公交车开通，投放的是清一色的新能源公交车。有了公交车，城市的气象顿然"大"起来。坐一个小时的公交车（3路）从西面的森林公园到东面的宁夏理工学院，再坐一个小时的公交车（1路）从南面的南沙窝到北面的农指，就把石嘴山市府所在地大武口游览完了。

这样看，石嘴山真小。就是这样一个小城，却曾是宁夏工业的摇篮。

（二）天南地北的石嘴山人

石嘴山虽小，胸怀却是宽广的，没有文化偏见，这里行走着全国各地的人，曾被称为西北的"小上海"。天南地北，相互通婚，皆为石嘴山人。经过60年的磨洗，移民城市的色彩没有褪。石嘴山人有"散"的情怀，有"走"的灵性。白山黑水、大江南北、长城内外、巴山川渝、中原大地、湘水楚地都有石嘴山人的脚步声。移民总会寻根。这里的"散"与"走"，并非散漫，而是一种"寻根情结"。工人以厂矿为格局分散而居，厂矿与厂矿之间的距离比较远，比如白芨沟矿、大峰矿、乌兰矿都在深山里。石嘴山人不像农耕社会乡村宗族同姓氏那么抱团，他们虽然也认老乡，但欲望不是那么强烈。白天在工厂里做工，各人都熟悉一门技能，回家吃喝玩乐，比较闲散。工厂里有严格的劳动纪律约束。年轻人从走进工厂的第一天起，深知必须兢兢业业学好技术才能保证饭碗不丢。长久的岗位职责教会了石嘴山人用契约精神来处理人际关系。

森林公园的工农大渠旁有一片枣树，是陕北大枣。60年前的一天，一个退役老兵从陕北带回来十几株枣树苗，种在这光秃秃的盐碱地上。后人就叫这个园子"老兵枣园"。这应该是这块土地上种下的第一批枣树。石嘴山地区常年干旱，植树造林的水源依靠工农大渠扬水站把黄河水一级一级提升引到山脚下，改造成滴灌，渗滴在树木的根系。

在大武口洗煤厂工业遗址公园里，立着一块巨型煤炭——"太西乌金"（大峰露天煤矿赠，1984年9月）；在宁夏理工学院东门，也立着一块巨型煤炭，告诉来自全国各地的莘莘学子，这是一座因山而立、因煤而建的工业移民城市。

"三线建设"时期，许多科学技术、工程建筑、冶金制造、科研教育、医疗卫生人员以及大量的产业工人整建制从东北老工业基地和发达的一线城市移民石嘴山。比如，北京有色金属研究总院钽、铌、铍部分试验室，代号为"905"厂，成为世人心目中神秘的军工厂。比如，大武口曾经有一家医院，老百姓亲切地称之为"天津医院"，就是整建制搬迁来的天津市第四医院。研究院、医院、学校、厂矿等的落地，使石嘴山成为知识分子集中的城市，在人口质量、知识结构、文化素养等方面都起点较高。

在居民点长大的孩子，哪个地方的人多，生活习惯就跟着哪个地方的人走。跟着东北人讲义气，跟着四川人吃火锅，跟着上海人学精明。全国各地的知识移民身上弥漫出来的现代化气息散发在城市的每个角落，造就了这座工业城市文化的多元性。

"五里不同风，十里不同俗"。这句老话在移民城市失去了原有的约束力。在石嘴山，跟着感觉走，随乡入俗。比如，红白喜事，各地的风俗不同，一些烦琐不合时宜的习俗慢慢被舍弃，各地移民慢慢包容并改造了一些风俗，求同存异，以和谐、简洁、方便为主，约定俗成，"石嘴山化"了。再比如，工业城市对于搬迁谢土、祭祖仪式等民间风俗已陌生化、弱化、淡化。对传统文化的恭敬，对祖先的崇拜，只能回故乡去寻找。

民以食为天。能吃到一起，就能生活在一起。各地移民的融合，首先体现在饮食上。举几个例子，在市府所在地大武口游艺西街有一家"君临面馆"，老板娘的父母都是上海来的支宁青年，而她做一手地道的宁夏风味的蘑菇面。永康花园小区门口有一家名为"小城大厨"的烤鸭店，成为亲朋好友聚餐的好去处。游艺西街有一家名为"熟地一巧厨"的快餐店，是湖北人开的。凉皮是西北人的特色小吃，现在，是移民的最爱。从而"大武口凉皮"走出国门，亮相达沃斯年会，给小城带来声誉。有意思的是，在小吃街的巷道里突然冒出一个书画店，藏着一家古玩店。开店人守着店铺，守的是一种心境。

其实，石嘴山市是与"三线建设"时期许多移民城市一起崛起的，比如，新疆的石河子是军垦之城、四川的攀枝花是钢铁之城、西昌是卫星之城。

（三）老工业城市的新姿"山水园林"

目前，高速铁路穿越东面的星海湖，象征着绿色园林生态城市建设进入快车道。经过十多年的努力，住房和城乡建设部把"国家园林城市"和"国家森林城市"的名片给予了石嘴山。重塑石嘴山，就像当年开发矿山一样敞开胸襟，召唤着数据时代的"新移民"。

就业是最大的民生问题。"物联网+"派生出五彩纷呈的青年创业孵化园地。过去人们渴望的电、钳、焊、车、铆等技术工种，现在都转向服务型工作，做一名园林工、汽车修理工，或者送外卖，或者做一个城市建筑师。市政府倡导自主创业，给予相应的创业补贴贷款。一个姑娘在超市的门口设立一个修指甲的柜台，赚的钱足够自己一个人生活了。

现在的人文生态公园"奇石山"，就是昔日的工业垃圾煤矸石山，是"煤城"治理污染问题最难啃的骨头，也是"山水园林"建设的一面绿色旗帜。

这座城市小而精，生活节奏慢，人口少，出行方便，四季分明。近十年，随着生态环境的变化，周边城市的老年人看好这里的居住环境，纷纷回来购房，来这里养老。于是，坊间就有了养老城市的说法。

全社会进入老龄化，建设养老城市也是亮点。有一流的现代化服务、文化公益设施、医疗保障，不是没有这种可能。

二、留住"煤城记忆"，创新文化发展空间

十年来，市政府将原大武口洗煤厂改造为工业遗址公园。石炭井转化为影视拍摄基地，《万里归途》《山海情》《焦裕禄》等影视片的拍摄，使这个因煤炭资源枯竭而沉寂的百里矿区成为网红打卡之地。宁夏煤炭地质展览馆、石嘴山博物馆、科技馆、渡口遗址、黄河生态石嘴山段的保护以及贺兰军魂纪念馆等红色文化场馆，收藏着"煤城记忆"，已经是这座老工业城市的一种文化符号和精神遗产。

留住记忆，有了会说话的文化场馆。重要的是留住人，文化软实力机制需要跟进。

新时代走进石嘴山的"新移民"，将赋予这座小城什么新特点呢？这就要看城市现代化建设中创新文化的发展空间有多大。

（一）"第二故乡"建设的寻根计划

这是人才储备的空间的不断扩大。笔者想到许多下乡插队的知青在城市创造了财富，又回到当年插队的乡村，为乡村建设出力出资出技术。这是一种"第二故乡"情怀。在石嘴山市，许多移民后代离开了这里。如果市政府出台一项"第二故乡"建设的寻根计划，有好的投资项目吸引，有好的文化机制，"移民二代""移民三代"会回到自己的出生地搞建设的。

是什么力量让一个人、一群人、一代人与城市发展有了关联？是血缘之根系、是故乡的召唤、是青春在哪里奉献、是理想在哪里实现、是婚姻在哪里建立以及多元文化的引力。第一代移民是在国家的号召下来西部搞建设的。时代不同了，人的生存空间在不断变化。多年来，石嘴山一直存在"孔雀东南飞"的人才流失现象。人才要走，寻找的是契机；人才引进，更需要契机。以有磁力的文化机制和优惠政策为导向，是吸引移民后代不

离开，吸引硕士、博士来这里实现自己梦想的动力。经济和精神两个轮子都不能少。人是讲感情的。文化认同感就是融入感。

（二）城市发展不能折断公益组织这个翅膀

科学技术人才和青年能否融入这所城市，除过生态环境以外，城市公益组织等人文环境也是重要因素。目前，大城市人满为患，在爆炸性地扩张。许多有识之士看准生态环境好，工作不太紧张，适宜居住且又有研究机构的小城市。这给"煤城"带来发展机遇。学有专长的技术人才看好小城市，主要看的是小城市的公益组织健全。公益组织的存在虽然需要经济杠杆的推动力，但精神文明的高扬又远远大于物质。公益组织往往能激活艺术家、企业家、商人和知识分子的创造力。政府与民间的结合，为城市现代化发展探索出一个公共空间。因为，绿色经济特别指出社会组织资本的保障，即政策、法律、商业团队、民间组织等因素。

城市发展有不尽完善、不尽如人意之处，甚至存在许多问题。比如大武口饭店的改造工程，大武口饭店是一座已经有近20年历史的烂尾楼，矗立在城市的中心地带，这是一种软性的"污染"。城市文化建设是一个"慢效益"。增添文化软实力的发展资金和宣传力度，让石嘴山市的文化品牌亮相全国。已经出台的鼓励文化发展繁荣的政策及举措要有可持续性，有赓续的可能。后任否定前任的官场文化现象是制约城市文化发展的瓶颈。

三、绿色经济是"健康石嘴山"的支持性环境

过去的石嘴山是消耗资源的黑色工业，属于旧经济结构，低效、污染、不可持续。十年的转型，石嘴山向新的效率、和谐、持续发展的绿色经济结构目标迈进。

城市的山水情需要精神内核做支撑。石嘴山在创建"绿色产业化"转型示范市中出现了几个全国第一，如率先探索"以林换能"的新模式；实现公共资源交易平台工业地下水用水权交易；集体经营性建设用地网上挂牌在石嘴山市落地；"千万级"集体经营性建设用地入市竞拍成功；排污权交易落下定音锤。

绿色经济是一种生活方式。过去，石嘴山的煤老板多；现在，煤老板

转型办养老院。逛早市是一件悠闲的事儿。早市上多数都是周边的农民进城卖自家种的蔬菜，南沙窝的早市最有吸引力，工薪族在周日必定要进早市逛逛。

在夜市的餐桌上相聚的都是中青年人，喝啤酒，说见闻，一盘毛豆花生，几串烤羊肉串，几个羊蹄子，几个好友聊着天，放松一天的劳累。

十年来，石嘴山在探索绿色经济的发展之路，极大地修复了过去黑色工业对生态环境的破坏。在从银川方向进入市区的环湖路南面入口处树立着一块长方形的落地标语牌，上书"深入推进健康石嘴山建设　为提升健康素养创造支持性环境"。标语应该是城市未来发展的设想。"健康石嘴山"的"支持性环境"指向科技生态环境、投资环境、人文环境以及政治生态环境等。绿色经济是知识经济、数据经济、高科技经济。社会的未来属于青年。城市建设要让掌握信息科学技术的青年才俊来接管。在互联网时代，建设现代化城市的文化芯片，在于信息的自由连接。互联网、大数据、人工智能、生物工程已经深刻地影响日常生活。城市环境优美，人民生活安逸休闲，只有走在绿色经济的发展之路上，"健康石嘴山"的设想才有实现的可能。

吴忠城市文化发展中的文明密码

冯 立

习近平总书记指出，中华文化源远流长，积淀着中华民族最深层次的精神追求，代表着中华民族独特的精神标识，为中华民族生生不息、发展壮大提供了丰厚滋养。每一种文明都延续着一个国家和民族的精神血脉，既需要薪火相传、代代守护，更需要与时俱进、勇于创新。吴忠自秦始皇三十三年（公元前214年）始设富平县（富平三迁后，现落户陕西富平），距今2200多年。明洪武十二年（1379年），以屯长吴忠命名"吴忠堡"。地级吴忠市成立于1998年，现辖"两区一市两县"（利通区、红寺堡区、青铜峡市、盐池县、同心县）。

2000多年来，吴忠历史底蕴深厚，地域文化特色鲜明。无可替代的历史和文化，已成为吴忠人最自豪、最有效的名片。吴忠人民自强不息、不懈奋斗，千年文化精神的延绵，塑造了城市的品质，是植根于吴忠人血脉深处的文化基因和文明密码。特别是党的十八大以来，在以习近平同志为核心的党中央坚强领导下，吴忠市完整准确全面贯彻新发展理念，统筹推进经济、政治、文化、社会和生态文明建设，全面加强党的建设，城市的文化底蕴、文明底色越来越丰润鲜亮。

作者简介 冯立，吴忠市委宣传部文明创建科科长。

一、黄河明珠，美丽吴忠

吴忠宛如一颗"塞上明珠"镶嵌在宁夏平原，是全国双拥模范城、全国绿化模范城市、全国民族团结进步创建活动示范市、全国社会治安综合治理优秀市、国家卫生城市、国家公共文化服务体系示范区、国家生态文明建设示范市。

吴忠之美，美在历史悠久。早在1万年前，这里就有人类生息的足迹。秦设富平，汉置灵州，明筑吴忠堡，清设宁灵厅，历经2200余年。移民戍边，五胡内迁，唐太宗灵州会盟，弘化公主和亲，推动了游牧民族与农耕民族的迁徙融合，形成了美丽吴忠的包容胸怀。天下黄河富宁夏，黄河最恋是吴忠。"世界灌溉工程遗产"引黄灌溉古渠，见证了吴忠"自流灌溉"润泽万顷田畴、富足2000余年的黄河文明史，成就了"塞上江南""鱼米之乡""天下粮仓"的美名。唐代韦蟾留有名诗"贺兰山下果园成，塞北江南旧有名"。明代朱栴留下了"把笔登楼漫回顾，夕阳流水总关情""万顷腴田凭灌溉，千家禾黍足耕锄""三春雪水桃花泛，二月和风柳眼舒"等名句。

吴忠之美，美在资源丰富。吴忠发现矿产资源有30多种，初步探明石油储量3500万吨，远景储量2.5亿吨；天然气储量8000亿立方米；煤炭储量75亿吨；石膏储量28亿吨，远景储量127亿吨，是宁夏重要的能源基地。吴忠是全国商品粮基地、奶牛养殖基地、酿酒葡萄产业基地和中国滩羊之乡、甘草之乡、亚麻籽油之乡，也是伊利、新希望等乳业企业"五大黄金奶源地"之一。吴忠种植酿酒葡萄23.4万亩，产量占宁夏酿酒葡萄种植产量的50%以上，100余款葡萄酒先后获得各类国际葡萄酒大赛金奖65个。

吴忠之美，美在风景独特。吴忠南山壮丽北川秀美，集广袤草原与江南水乡于一体，是一个风光旖旎的全域旅游观光宝地，有A级以上旅游景区17个。伴着黄河坛阵阵钟声，黄河自金沙湾入十里大峡谷，经大禹文化园、一百零八塔至灵州遗址古城湾，形成了独具特色的黄河历史文化与生态人文景观。这里长城横列，墩台棋布，有"中国长城博物馆"之美誉。

巍巍盐州城、悠悠兴武营、雄伟长城关，阐释了中华民族的"长城文化"。多年来，吴忠深入实施蓝天、碧水、净土"三大行动"，大力发展绿色经济、环保产业、清洁生产。绿化覆盖率提升到43%，空气优良天数在86%以上，河湖水系连通，水中有城、城中有景。

二、吴忠有"忠"，一见"忠"情

吴忠是宁夏引黄灌区的菁华之地，自古享有"塞上江南，鱼米之乡"的美誉。深厚的历史底蕴、丰富的红色文化、独特的人文景观和自然风光让人流连忘返、一见"忠"情。

这里是红色革命政权诞生地。1936年6月，西征红军右路军十五军团解放盐池，盐池成为宁夏第一个县级红色政权诞生地，也是陕甘宁边区的经济中心、西北门户和后勤保障基地。1936年10月，中国工农红军一、二、四方面军会聚同心，建立我们党第一个民族区域自治政权——豫海县回民自治政府，朱德、周恩来、彭德怀、邓小平等200多位共和国缔造者在这片热土上留下了光辉足迹，埃德加·斯诺在这里完成了经典著作《西行漫记》（又名《红星照耀中国》）。涝河桥战役、金灵之战，为全面解放宁夏奠定了基础。时任中共宁夏工委书记崔景岳在宁朔（现青铜峡市）秘密设立省工委机关，领导全省革命斗争，今天的青铜峡市汉坝小学仍保留着崔景岳当年的革命历史印记。

这里是中华优秀文化传承地。646年，唐太宗李世民在这里与西部少数民族首领结盟。秦汉兴渠、灵州会盟、富平三迁等厚重历史成为吴忠各族群众包容共存、和谐共生的文化基因。多年来，吴忠以铸牢中华民族共同体意识为主线，常态化开展"社区邻里节"等活动，深入推进国旗国歌、社会主义核心价值观、党报党刊、法律法规和中华优秀传统文化"五进"宗教场所活动，荣获首批"全国民族团结进步创建活动示范市"，所辖5个县（市、区）均被命名为全国民族团结进步创建活动示范县（市、区），各族儿女像石榴籽一样紧紧抱在一起。

这里是西部特色旅游目的地。吴忠古代是丝绸之路重要通道，今天是新丝绸之路经济带重要节点城市。这里风光独特，景色秀美。哈巴湖、罗山国家级自然保护区和黄河大峡谷、库区鸟岛、108 塔、董府等景点独具特色，是中国优秀生态旅游城市、中国十佳绿色城市、国家园林城市。优质粮食、草畜产业、酿酒葡萄规模居宁夏五市第一，是伊利集团"五大黄金奶源地"之一。

三、志愿之城，文明吴忠

吴忠市认真履行"育新人"的使命任务，大力培育和弘扬社会主义核心价值观，坚持塑形塑魂，建设群众共建共享的道德之城、好人之城、志愿之城、文明之城。

德润吴忠，立德树人。吴忠市委、市政府把加强新时代公民道德建设作为基础性、长期性工程来抓。深入推进社会主义核心价值观"六进"活动，颁布施行《吴忠市文明行为促进条例》，将社会主义核心价值观的要求转化为具体的行为规则。坚持典型引路，沉淀"道德富矿"，涌现出"群众身边的活雷锋"王兰花等全国道德模范及提名奖 17 人、中国好人 43 人，县级以上道德模范和身边好人 1560 人，让群众从身边模范身上看到主流、感到温暖、受到感染、得到启迪。如今的吴忠已成为一座名副其实的"好人之城"。

志愿吴忠，用情暖人。2020 年 6 月 8 日，习近平总书记来到吴忠市利通区金花园社区考察时，对志愿服务工作予以高度评价，指出"你们的经验很好，真正体现了行胜于言。社会主义是干出来的，各族群众要一起努力，志愿者要充分发挥作用"。吴忠以新时代文明实践中心为广阔舞台，持续深化"志愿之城"建设。在吴忠，注册志愿者占常住人口的 22.6%，每 5 个人中就有 1 名志愿者，志愿服务活跃率常态保持在 62%以上，培育"兰花芬芳""春蕾天使"等志愿服务品牌 38 个。参加志愿服务越来越成为吴忠人的一种生活方式，每一个人都在用不同凡人善举托起守望相助的城市温情。

文明吴忠，精神塑人。吴忠以群众性精神文明创建活动为载体，推动市民文明素质不断提升。全市有县级以上文明单位 527 个、文明村镇 372 个、文明校园 156 个、文明家庭 901 户。这些文明群体引领着城市的文明风尚。吴忠广泛开展"做文明有礼吴忠人",大力倡导文明健康绿色环保生活方式,通过教育引导、舆论宣传、文化熏陶、实践养成、制度保障等,使社会主义核心价值观内化为精神追求、外化为自觉行动。开展"十万家庭学礼仪"活动,在全社会掀起修礼学仪的热潮,"说文明话、做文明人"成为每个市民自觉践行的准则。创新举办"吴忠文明大讲堂",让先进事迹不断传递,让文明道德深入人心。

诚信吴忠,以信立人。吴忠市充分发挥社会信用体系的基础支撑作用、诚信缺失突出问题专项整治的强大震慑作用、宣传教育的成风化俗作用,建设社会信用体系示范市。广泛开展"诚信建设万里行""诚信兴商月"等主题宣传,开展"诚信吴忠"主题实践活动,掀起"诚信吴忠、你我共铸"热潮,"一处失信、处处受限"的良好态势初步形成。盐池县创新开展的互助资金、评级授信等多种金融扶贫小额信贷模式,创造了"零失信"的纪录。诚信让老百姓过上了好日子,诚信的"金字招牌"已成为城市文明的新底色。

四、游在宁夏,吃在吴忠

吴忠饮食文化独具特色,是一座名副其实的美食城、中国美食之乡,"游在宁夏,吃在吴忠"有口皆碑。盐池滩羊成为 G20 峰会、金砖国家峰会、上合组织峰会等国际会议的国宴食材,品牌价值 68 亿元。

"吃在吴忠",吃在食材好。吴忠得黄河灌溉之便利,土地肥沃,有 1100 平方公里富硒土地,土壤偏碱性,非常有利于农作物吸收利用,是"中国塞上硒都"。贺兰山东麓的葡萄酒,利通区的有机果蔬,红寺堡区的黄花菜,青铜峡市的富硒大米,盐池县的滩羊肉、黄花菜、小杂粮和同心县的有机枸杞、圆枣和小杂粮等品质优良。目前滩羊肉、富硒米、亚麻籽油等产品已建立追溯系统。

"吃在吴忠",吃在技法好。吴忠的风味饮食多使用煮、炖、烧、烩等技法,尤以面食别具风味,馓子、油香、锅盔、麻花、干粮馍等面点香甜酥脆。特色小吃美名远扬,独具特色的手抓羊肉、白水鸡、炒糊饽(炒饼)是有名的三大传统风味小吃,41 道菜品被评为"中国名菜",烩小吃、羊杂碎、羊羔肉等12道菜品被评为"中华名小吃",还有牛舌酥、盘丝饼等17道"中国名点"。有农产品产地认证31个、中国地理标志保护产品22个。手抓羊肉是吴忠特色饮食的头号品牌,料材选自中国滩羊之乡盐池,肉不膻不腻,味道鲜美,肉的脂肪分布均匀,胆固醇含量低,是羊肉中的上品,具有极强的营养保健作用,有口皆碑。手抓、羊杂碎先后亮相《舌尖上的中国2》。

"吃在吴忠",吃在风味好。利通区的手抓羊肉、羊肉臊子面、粉汤水饺、十大碗、烩小吃、烧卖、焖肚子、肉黏饭,尤其是"早茶文化"独树一帜;红寺堡区的大河羊肉、永新牛排、手抓肉、爆炒羊羔肉让人流连忘返;青铜峡的黄河鱼宴、驴肉宴、鸡蛋泡子、清炖土鸡、排骨烩菜叫人垂涎欲滴;盐池的大块羊肉、鸡肉摊馍、搅团、荞面饸饹、蒸糕、山芋拨拉子、羊肝子凉皮、黄米黏饭让人赞不绝口;同心的二米饭、炒糊饽、汤碗子、碗蒸羊羔肉、羊肉包子、干粮馍等备受游客喜爱。

"吃在吴忠",吃在业态好。吴忠现注册餐饮服务经营企业6000余家,特色餐饮占75%左右。以火锅、烧烤、饮品等为主的餐饮业态占餐饮企业总量的11.2%。音乐火锅、休闲餐吧、品牌西餐等新餐饮业态陆续进驻,尤其是以利通区为主的早茶文化发展迅猛,香丁丁、德福等大型拉面馆计有300多家。形成了以传统正餐为主,各种新餐饮业态发展迅速、兼收并蓄的良好势头。

"吃在吴忠",吃在环境好。吴忠围绕打造文化创意、沿黄旅游、特色餐饮、现代商贸、区域服务业等十个集聚区,形成了沿黄两岸以"两区三街四广场"为代表,盐同红三县区各自饮食文化特色为支撑的全市特色街区品牌。培育评选了一批名街、名店、名厨、名菜、名品、名点,先后举办了四届中国小吃文化节、四届中国(宁夏)美食文化节,承办了第七届全国烹饪技能竞赛专区比赛。

固原城市文化的历史与现实

王永晟

在中国的地理版图中，向西北走进宁夏，再向宁夏的最南端行进便是固原。固原作为北方游牧文化和中原文化的结合地带，在长达2000多年的历史长河中，都被古代封建统治者高度重视，曾有七朝在固原设州建郡。战国时期秦惠文王设置乌氏县、朝那县，秦始皇设置北地郡，汉武帝设置安定郡，北魏设高平镇，北周改原州，明置固原卫，明成化年间设三边（陕西、甘肃、宁夏）总制府，明弘治年间设固原镇为九边重镇之一，清代升为直隶州。

固原古城距今已有1300多年的历史，有内城和外城之分，其构造为"回"字形，外城一律用青砖所包，故称"砖包城"，成为古代北方规模宏大、屈指可数的砖城之一。在20世纪70年代被拆除。现在内城墙保存较完整的仅有西湖公园内长约500米的部分。外城墙现保存较完整的有"和平门"和"靖朔门"1000多米的一段城墙。这里曾经百官云集、农商发达，历代文人墨客留下讴歌固原的诗词歌赋，沉积为丰富的历史遗存和厚重的文化富矿。

作者简介 王永晟，固原市原州区文化馆副馆长。

一、固原文化源远流长

(一) 固原古文化绵延不绝

距今3.2万年至2.7万年的旧石器时代固原就有人类活动。公元前2500年至公元前2200年的新石器时代，固原就是马家窑文化、齐家文化的一个重要分支。至于汉唐以来的诗词歌赋，对固原的记述更是闻名遐迩。《汉书·武帝纪》"通回中道，遂北出萧关"，唐代诗人卢照邻《上之回》"回中道路险，萧关烽堠多"，王维《使至塞上》"萧关逢候骑，都护在燕然"等等，都是对固原重要地理位置的描述。至于军事战略意义，固原作为历代屯兵用武之要地，古人更是不惜笔墨，所谓"襟带西凉，咽喉灵武"，"据八郡之肩背，绾三镇之要膂"即是，固原因此有"高平第一城"之称。

(二) 固原近现代文化革故鼎新

1935年，毛主席率领红军转战宁夏，留下了《清平乐·六盘山》壮丽词章；1936年，红一、二方面军在将台堡胜利会师；1949年7月，中国人民解放军在固原打响了解放宁夏的第一仗——任山河战斗；1953年10月，将西吉、海原、固原三县从平凉专区划出成立西海固回族自治区（地级）；1955年，改为固原回族自治州，仍属甘肃省管辖；1958年，成立宁夏回族自治区时，将固原回族自治州连同平凉专区的隆德、泾源二县划归宁夏成立固原专区；1979年，设固原地区行政公署；2001年7月7日，固原撤地设市，固原县改为原州区；2004年2月，海原县划归中卫市；2008年3月，原州区黑城、七营两个整建制镇及甘城乡北部8个行政村、炭山乡北部4个行政村划归中卫市海原县管辖。

现在的固原市位于宁夏回族自治区南部六盘山区，东与甘肃庆阳市、平凉市为邻，南与平凉市相连，西与白银市分界，北与宁夏中卫市、吴忠市接壤，总面积1.05万平方公里，市区面积52.33平方公里，地处西安、兰州、银川三个省会（首府）城市构成的三角地带中心，成为现当代文化交汇的集散地。

二、固原城市文化的主要特点

(一) 形成以地方历史文化为核心的较为传统的城市文化

历史上曾有帝王将相、贤臣鸿儒、名医巨贾、文化名人集聚固原,计有秦朝著名的大牧主兼商人乌氏倮,东汉名医皇甫谧,东汉文学家梁竦,汉末魏初书法家梁鹄,前凉政权的奠基人张轨,北周柱国大将军李贤,北周和隋朝政权的开国功臣田弘等。涉及固原的诗词歌赋有数百首之多,如《诗经》中《六月》《出车》,乐府中《汉饶歌》,王昌龄《塞下曲》,杜甫《近闻》,杨一清《题固原鼓楼》,谭嗣同《六盘山转饷谣》等。

无论从政、经商、授业,还是文化交流而留下的文献,既传承了中华优秀传统文化,又潜移默化着一个地方的文化气象。固原人观念里的"学而优则仕""万般皆下品,唯有读书高""耕读传家""勤俭持家""寒门出贵子"等是社会普遍认同,甚至是家庭家风家教里的核心内容。

近年来,当地通过保护历史文物、整理历史故事、用活历史名人等方式,拍摄了《萧关内外》《六盘山》等反映固原历史文化的纪录片,编辑出版《固原历史文化名人》《固原名片》《丝路固原》《红色固原》等书籍,受到各界广泛关注,这是中华优秀传统文化在固原的集中反映,也是现代固原宝贵的文化资源,展示着这座城市的精气神以及千年古城的历史厚度。

(二) 形成以多民族长期交往交流交融的"大家庭"文化

春秋战国时期,固原是义渠、乌氏等少数民族的聚居地;秦汉时期有匈奴、羌族、戎族;唐宋及之后各朝代又有突厥、吐蕃、鲜卑、党项、蒙古族、满族、回族、汉族等众多民族在此生活。每个民族的风俗习惯不同,但历经长期民族交往交流交融,各民族尊重差异、包容多样、增进一体,形成了珍视团结、维护团结的良好社会氛围,中华民族共同体意识成为当地各民族最为鲜明的特色。

进入新时代的固原,打造了"六盘儿女一家亲"民族团结品牌,固原市被国家民委命名为"全国民族团结进步创建示范市"。

(三)形成以农耕文化为主的独具特色、内容丰富的地域文化

主要体现在方言、生活、习俗、农耕等诸多方面。固原话是中原官话秦陇片方言的代表。从语言学角度看,它在语音、词汇、语法上既与陕西的关中话不同,又与甘肃的陇中话相区别。独具特色,自成系统。不但反映了固原地区的风土人情、生活习俗、经济状况,也反映出了它古老厚重的历史文化。以反映地方习俗的大量非物质文化遗产为例,马社火、砖雕、踏脚舞、刺绣、剪纸、泥塑等技艺在当地非常流行,传承人有自己的工作室,孩子从小就通过民间艺人口传身授,学习、表演、交流、提升成为常态,激活了民间传统文化基因。

近年来,当地编写村志村史,建设村史馆,整理出版《固原民俗》等"非遗"系列丛书,保护和发扬了民间文化,使之成为一道独特的文化风景线。

(四)形成以"不到长城非好汉"的革命精神为核心的红色文化

固原革命文物旧址达130多个,列入宁夏回族自治区革命遗址23个,被命名为爱国主义教育基地的有24个,这对于一个小城市来说难能可贵,因此当地以革命老区为荣。得益于这块土地上丰富的红色文化资源,厚植了当地人民爱党爱国情怀,"传承红色基因、赓续革命精神"成为思想自觉,助长了淳朴的民风,形成了不怕牺牲、敢于斗争、吃苦耐劳、乐于奉献的好传统。

三、固原发展现代城市文化的实践

(一)城市建设与文化意识的差距

自2001年固原撤地设市开始,固原从行政区划的意义上以城市的名义走向发展的快车道,之后历经多年脱贫攻坚战,终于撕掉"苦瘠甲天下"的标签实现了全域脱贫。这对于一座城市的发展而言,无疑带来了难得的机遇,城市建设也随之加快,城市面貌更是发生了翻天覆地的变化。古雁岭见证了这座小城的变化,由人群拥挤的路街到秩序井然的天桥,由低矮凋敝的门店到富丽堂皇的繁华商场,从尘土飞扬的街巷到花草遍地的公园,从砂石裸露的旱河到碧波荡漾的清流,一切更具城市的模样。走进固原,

就能感受到这里的安逸自然、古朴厚重、真诚善意和热情好客。然而和一座现代化的城市比较起来，就会看到各个方面还有很大差距。尤其在人文环境方面，城市的规则意识、发展意识、服务意识等仍然不强不浓，工作生活中常会遇到病人就医、孩子入学、工作招聘，甚至考驾照等都重视人情关系，这一方面源于地方小城市的地域意识，但归根结底这是一个城市现代文化缺失的体现。

（二）传统农耕文化与现代意识的差距

作为六盘山集中连片贫困地区的国家级贫困县，20世纪50—60年代的一辈人多数居于乡村，城市居民的主体是国家体制内公职人员，好多人都处于半工半农状态，城市文化以乡村农耕文化为主。20世纪70年代至90年代末，耕读文化兴盛，农村生产生活条件改善，农业效益提高，农民收入增加，农村教育水平提升，更多农民家庭通过教育使下一代走向城市，城市居民主体扩大，更多的人接受高等教育，为城市文化注入活力，带来新鲜血液，城市文化意识逐步显现。

以百年书院发展而成的固原一中为代表的基础教育蓬勃发展，以固原师范、固原卫校、固原财校、固原农校、固原师专为代表的职业文化和高校文化确立，带动城市文化观念进一步更新，以此为基础也发展形成较为活跃的校园文化和以文学艺术为特色的现代城市文化。西海固文学成为响亮品牌，花儿艺术成为时尚，崇书尚画成为常态，各类文化艺术交流活动成为城市文化景观，传统文化亟待进一步深化拓展延伸，焕发新的时代生机，为城市文化发展探索一条更为广阔的道路。

（三）文化的包容性、多元性在地域间的差距

进入21世纪，城市娱乐文化观念骤强。随着城镇化进程加快，城市拆迁扩张，农业集约化发展，农民收入增加，农民就业多元化，更多的农民进入城市，城市人口增加，城市基础设施改善，居民生活条件趋于现代化，比如城市网吧、影院、KTV、游乐场、健身房、美容院等城市消费模式涌现，娱乐休闲文化逐渐兴起，市民注重休闲，农家乐火爆，城市演艺团体和职业音乐人涌现，时尚演艺活动频繁，城市大妈多了起来，广场舞风靡全城，固原城市文化逐渐融入现代元素。但城市文化观念的形成并未跟上城市发展的步伐，城市文化观念的主流依然处于农耕文化的认识阶段，还存在着传统保守、因循守旧、安于现状、自我满足等思想解放不够的问题，尤其与南方发达地区之间的差距很大，这几年在闽宁协作中福建来固原挂职干部、固原到福建挂职学习的干部都深有体会。体现在城市发展中效率意识、创新意识、竞争意识欠缺，这也影响着一个地方的商务环境、人才引进、创新发展以及现代城市文化的形成。

以当地生源的高校毕业生就业为例，越是学历高、能力强的人才，外流到其他发达城市的概率越大，即使回来的也很难有合适的工作岗位。主要原因是当地就业渠道窄、环境差，城市发展与外省城市差距大。其次，观念上不认同，外流人才普遍更喜欢外地大城市公平竞争的就业环境，不喜欢熟人社会，担忧关系人情影响就业升职，从而造成人才流失。

四、固原发展现代城市文化的路径

（一）坚持以文铸魂，从历史文化中汲取中华传统文化精髓，增强城市文化建设的自信心

要把历史文化中自强不息、百折不挠、家国情怀等发扬光大，融入城市精神的凝练中，并以时代精神增强传统文化的生命力。通过解放思想、更新观念，破除小家意识、宗族观念、官本位思想等狭隘偏见，树立居安思危的奋进意识、敢为天下先的创新精神、海纳百川的包容精神和孜孜不倦的学习精神。

（二）坚持以文化人，对以农耕文化为主的地域文化进行创造性转化与创新性发展，进一步丰富城市文化内涵

城市文化是一座城市独具特质的精神品格，真正的城市文化应该是多元的，既具地域特色又具现代元素，地域特色是本土的，现代元素需要学习借鉴，创新吸收。培育和塑造城市文化，要把城市文化、城市精神、学习精神和协作精神的构建作为现代城市发展的重要内容全面推进，着力培育市民的爱国意识、法治意识、民主意识、环保意识等现代精神，使城市形态、文化形态、市民心态内外和谐，使经济实力、城市活力、文化魅力刚柔相济。

(三）坚持以文育人，深入挖掘利用红色文化，进一步擦亮革命老区的现代城市文化品牌

加强对本土革命文化、重大事件、杰出人物、遗迹旧址的挖掘利用，注重用党的奋斗历程和伟大成就鼓舞斗志、明确方向，用党的光荣传统和优良作风坚定信念、凝聚力量。通过宣传教育、典型带动、学习转化等方式成风化俗，形成良好的社会氛围，打造文化品牌，展示地方形象，优化城市环境。

（四）坚持以文兴城，推进城市建设和人文环境协调发展

在加快城市硬件基础设施建设的同时，要提升现代城市文化建设水平，通过创建文明城市，坚持精神文明建设和物质文明建设同步推进，提高市民的科学文化素质和思想道德素质，提高整个城市的文明程度，塑造文明开放的新形象。要用"水滴石穿"的毅力、"寓教于乐"的方式、"润物无声"的艺术，使城市文化融入城市生活，融入每个市民思想观念、道德情怀、行为规范。通过长期培育形成新的现代城市文化，为当地经济社会高质量发展提供更为持久的文化软实力。

从细节处品味中卫市民文化的魅力

彦 妮

一、没有历史,就没有城市的灵魂

中卫市历史悠久,有着深厚的文化底蕴。自古以来,中卫得先天地理优势,借助180多公里黄河水之便,水源充足、物产丰富、商贸繁荣,有"水旱码头""丝路古城"之美誉。既成就中卫市"沙漠水城"称号,也造就了当地灿烂的黄河文化。五大干渠阻隔腾格里沙漠,孕育出卫宁平原郁郁葱葱的绿洲,传承了千年农耕文明的精髓。

明洪武九年,朝廷从中原及江南调发军民移居宁夏,故给中卫当地带来江南水乡的风俗和文化,使此地居民渐有"江左之风"。

明永乐元年,中卫实行军事管制和军屯经济制度,故中卫市至今尚有柔远堡、镇罗堡等地名。加上秦、汉、明三代古长城、胜金关烽燧等遗迹,中卫市便成名副其实的古代边塞军事重镇。

明《嘉靖宁夏新志》记载:"中卫人性勇悍,以耕猎为事,孳畜为生。"这种古已有之的耕读遗风,奠定了中卫市农耕文化的基础。

1929年,甘肃大旱,靖远、民勤等地人口涌入中卫定居。20世纪三四十年代,日寇入侵加之中原干旱,致使河南、陕西、内蒙古等地大量人口

作者简介 彦妮,自由撰稿人,中国作家协会会员,宁夏作家协会理事。

亦流散入卫。这些异乡人口的加入，便潜移默化地将各地的风俗和文化融进中卫。

1953年，中卫县将下河沿一带私营小煤矿组建为煤炭社，1956年又正式改建为中卫县下河沿国营煤矿。下河沿煤矿的兴盛，又将五湖四海矿工的文化因子带到了中卫。

1958年，因包兰铁路通车、工厂迁建、政治运动等，又有北京、上海、陕西等地产业工人、政策性移民及右派迁入，使中卫文化变得更加多元。

1966年，中卫县迁来沈阳市的部分车间设备和六百余人，在原机修厂、造纸厂的基础上改建为大河机床厂。该厂工人绝大多数是东北人，所以大河机床厂的工人基本说东北普通话，很少有说中卫话的。加上他们穿戴都比较时髦，便一度引领了中卫县当时当地年轻人的时尚风向。

1982年，随着扬黄灌区的建成和开发，南山台子建立了第一个移民村。这些宁夏南部山区搬迁过来的新移民，也给中卫增添了一些之前没有的文化因子，比如花儿、剪纸、刺绣等民间文化。

1983年，国务院正式批准中卫县为宁夏第一个对外开放县，外国游客纷至沓来，使中卫更具开放性和包容性。

2004年，中卫撤县设市，管辖中宁、海原两县。这两个县城的加入，更使中卫"尚诗书，攻词翰""重耕牧，娴礼仪"等传统文化与外来文化进一步交融，形成中卫独具特色、多元兼容的城市文化。

2018年，中卫市获评"全国文明城市提名城市"。"创城"的一系列举措，使中卫城市变得更加洁净、更加文明。

2019年，银川至中卫高铁开通运营。宁夏第一条高铁的开通，既改变了中卫交通闭塞的现状，也给中卫当地带来更多游客和外来文化的影响。

千百年来，中卫人秉承本地优秀文化，不断吸纳外来的、新生的文化精髓，并在生活中不断筛选、提炼和融合，赋予中卫市民文化积极向上的内容，逐渐形成黄河农耕文化、军垦文化、移民文化、游牧文化等独特而又多元的城市文化。加之有了国家AAAAA级旅游景区沙坡头，及寺口子旅游区等古迹名胜，更让中外游客对这片塞外风光之地充满了向往和迷恋。

中卫当地人也因此变得更有底气，甚至显出怡然自得、自满自足的神情。

尽管比起西安、兰州等大城市来，中卫农耕生活的气息还比较浓厚，交通也不是四通八达，但是，随着城市化、现代化的快速发展，人们普遍的生活方式、日常的生活状态、精神价值趋向、文化观念、人生格局等，都已发生了翻天覆地的变化。

二、从日常细微处读懂一座城

很多人对西北的印象都是荒凉而辽阔的，说起来便是"大漠孤烟直，长河落日圆"，殊不知中卫集中了宁夏、内蒙古、甘肃三地的地貌和人文思想，创出"塞上江南"的独有风情。这里厚重的历史感和特殊的自然环境，成就了中卫市怡然的生活方式。走在黄河边的古村落，见夕阳的余晖洒在斑驳的泥墙上，人的脚步会不由自主慢下来；看着干净整洁的街道上车辆匀速缓行，而行人则四平八稳地在树荫下漫步时，人们就会忘却大城市"车龙不见首"的堵车闹心情景；听着时不时传到耳边的中卫话，人就会心生感慨：这是何其闲适和从容的一座小城！

（一）一把野草，体现中卫市民的细致和用心

中卫自古被称作"米粮仓"。走进中卫市，街上随处可见饭馆和餐厅。而最有特色的面食，当属细软筋道的蒿子面。看着比比皆是的"蒿子面"招牌，外来游客自然会迷惑，蒿子？那不就是司空见惯的野草吗？但是，就是这样的野草，中卫人硬是用其做出了让许多食客吃过就难以忘怀的美食，而且代代相传！老子说："天下大事，必作于细。"由此即可看出中卫人的细致和用心：没有农耕时代的勤劳与坚韧，没有过惯苦日子的经验与教训，谁能将一把野草，想方设法做成养活人的吃食？

除了蒿子面，中卫还有许多美食都很有特色，尽可满足南北食客挑剔的味蕾需求：碾转子、素杂烩、米黄子、煎猪脏、旋粉凉菜等，都可称得上是"中卫一绝"。至于其他大众化的炒菜、羊羔肉、手抓、鱼类、特色炒拉条、酸菜炒肚丝等，都会令食客的口腹之欲得到最大程度的满足，使其舌尖享受不一样的新体验。

（二）一杯佳酿，品出中卫市民的干练和豪爽

中卫市民自古好酒，酿酒历史源远流长，是宁夏唯一有历史记载的酒乡。"好酒的不进茶馆"，有酒自然产生酒文化，餐桌上更是无酒不热闹。每每宾客来卫，东家少不得设宴摆酒；朋友相聚，做东的会拿出多年窖藏美酒招待；家人团圆，更是离不开好酒助兴。那种端起酒杯一饮而尽的豪爽，足以体现中卫市民的耿直与善良，还有餐桌上推杯换盏的礼仪讲究，都能看出中卫市民的谦让和含蓄。然而，无论酒水优劣，那种尊卑有致、亲疏有度、男女有别、长幼有序的亲情，都会在酒精的催化与升温中，变得更加和谐与浓烈。猜拳行令也因人而异，往往张弛有度、见好就收，可谓"酒令传美意，杯酒暖心窝"。

酒足饭饱之后，食客一般都会拿着塑料袋或餐盒打包，直说不打包就浪费了，也不在乎有人会说什么。这种用餐观念的流行，也影响了越来越多的人开始适度点菜，要么光盘、要么打包。"历览前贤国与家，成由勤俭破由奢。"如此简朴节约的生活方式，也能看出中卫市民不慕虚荣、踏实本分的美好品德。

（三）一个工匠，透出中卫市民的细腻和匠心

漫步中卫市街头，除了满目青翠的美景，不时还被精雕细刻的古建筑所吸引。其独特的艺术魅力、丰富的人文内涵和深邃的历史底蕴，处处让人感到震撼。那些飞檐翘角的建筑、栩栩如生的木雕、神韵皆具的设计，无不叫人感叹民间传统手工艺的匠心独运！

然而，这些作品都是散落在中卫市的民间工匠所创作。他们大多才华横溢，自学成才，信仰"慢工出细活"的工匠精神，凭借精湛的手艺，创造出一件件具有鲜活生命力的手工艺品。他们大多拥有极强的自尊心，有着超乎寻常甚至可以说近于神经质的艺术追求。

中卫市主要工匠代表人物有俞凤佳、董福宁、王学义、陈进德等。他们都在中卫一带的寺院及传统建筑中，留下过大量栩栩如生、活灵活现的作品。

诸如王学义，他是满族人，有着满族人的倔强和勤奋。几十年来，就凭一支画笔，他不仅创作了中卫文庙、中卫文昌阁、中卫新墩花园等地的

复原图，再现了已经消失的中卫历史文化遗产，而且纤毫毕现地创作出 11 米长卷《中卫农耕图》。只有内心安宁、心态平和的人，才会专注去做一件事情。一个古稀老人，每日除了查阅大量的相关史料和图片，还要设法打听和采访一些上了年纪的城里人，然后根据这些人的叙说，再把原物一笔一画描绘出来。这种做学问、搞艺术的淡定和耐力，何尝不是中卫市民骨子里的狠劲和精益求精的细腻匠心？

（四）一句方言，显露中卫市民的热情和自信

中卫话比较特别，在宁夏乃至全国都独树一帜。家里来亲戚或客人，手还没握到一起，中卫人就先开句玩笑："来就来么，还包包担担的。"这种自然亲切、毫不掩饰的开场白，立刻会使来人少了许多拘束，缩短彼此之间的距离。一句玩笑话，就能体会出中卫人的热情和自信，知道熟人不会见怪，所以说话就比较随意、大胆，不客套、不躲闪。

除了重要或正式场合，中卫人一般很少讲普通话，他们似乎是觉得自己的话音好听，说着顺口，所以喜欢说中卫话。

几个人坐在一起，中卫人只要开口，就会被识别出来。可能由于历史原因，中卫方言词汇系统中较多地保留了元、明、清时代的古白话词语；兼收并蓄了各地方言词汇，有明显的融合性。另外，中卫话重叠词较多，且灵活多样，显得亲切和富有特色。语音系统涉及声母、韵母、声调等，都与普通话有一定程度的差异，所以，中卫人只要一开口，话音就显得与众不同。

刨根究底，中卫话与所处的这片土地有着不可分割的紧密联系。此地水丰粮足，既无旱灾侵袭，又无水涝担忧，自给自足的经济决定了当地不需和外面发生过多的依赖关系。因此，人们的自信心无形中会增加，会生出意识上的优越感和自豪感，思想观念里便自然多出一些保守性和排外性，且话音定型以后很少受其他地方语言的影响，于是，中卫话便缺乏能够更进一步发展变化的机会，久而久之，就形成了中卫方言文化的特点。

（五）一条公路，展现中卫市民的眼光和智慧

美国有条"66 号公路"闻名于世，成为无数人向往的公路旅行胜地。而在中卫，也有一条"66 号公路"，它以远离尘嚣的沉寂和荒凉，征服和

吸引了很多国内公路爱好者来这里自驾旅行。事实上，这条公路除了一眼望不到边的"U"形路面，再就是一路相随的黄河，还有路两边看不到一丝绿色的裸露山体、丘陵和戈壁。然而，就是如此荒凉到极致的三十公里路，却被人形容成"苍茫的山体""油画般的山脊""金色的沙漠""有一种粗犷带来的荒凉之美"等。

如今，这条公路已在合适地点设置有停车场，还在高处增加了观景台，站在观景台上就能看到公路远处的沙漠和蜿蜒的黄河全景。为何一条人迹罕至的乡村公路，竟会在短时间内被打造成"网红打卡地"？一往深里探究，便不得不使人对中卫市民的眼光和智慧产生敬意：他们总会在一般人忽视的地方动心思、总会在别人不留意的方面做文章。

其实，这也能从侧面反映出中卫市车少人少的交通状况。无论大街小巷，中卫市的出行看起来都很有序，很少有扎堆堵车的景象。一则是因为城市人口不怎么密集，城镇居住的人口不及乡村人口的一半；二则因为中卫市的私家车还不普遍，人们出行往往习惯坐出租车，或用自行车和电动车，加之有免费的公交车可以乘坐（2022年8月开始收费），所以交通就不怎么拥堵。尤其到了上下班高峰期，只见学校等单位门口自行车或电动车蜂拥而出，而私家车或出租车却畅行无阻。

另外，中卫城市不大，各景点距离市区中心也不太远，坐出租车也花不了多少钱。加之卫民黄河大桥的开通，更是缓解了公路黄河桥的通行压力，缩短了从市区到达机场和高铁站的行程。所以，此地的共享单车也几乎派不上用场。

三、中卫市文化现代化发展的对策与建议

尽管中卫市有很多值得发扬的优点，但难免也有短板和不尽如人意之处。只有取长补短、择善而从，才能在改革开放的洪流中，存留这座城市最可贵的长处和精髓，摒弃陈规陋习和安逸保守的传统思想。为此，笔者梳理出几条完善中卫市现代化文化发展的对策和建议，总结如下：

第一，由于中卫市有两千多年自流灌溉历史，旱涝无虞，所以山南海北的外地人一到中卫就想定居。中卫市民也以此为豪，大都比较怀恋乡土，

不愿出门。中卫很少有人去银川买房或定居的，都觉得此地山清水秀，不愁吃喝，生活安逸，还是旅游胜地，加之车少、楼低，到处都是绿地，所以容易自得其乐，自满自足，甚至产生自负心理。这种优越感和自豪感在人际关系上往往会产生一定排外性，而对一座城市来说，其开放度和包容度就会因此受影响，久而久之，极易形成"闭关自守"的弊端。

第二，中卫话尽管动听、富于表现力，易于引起对方听话的兴味，但中卫话中的不少字音和方言也往往给人带来误会，影响更大范围的交际和推广。比如：中卫人将"麦"读作"miɑ"，将"白"读作"biɑ"，这就使初来乍到者听得一头雾水、莫名其妙。因此，中卫话需积极向普通话靠拢，抛弃原有的自我欣赏和恋旧观点，吸收标准口音的优点，使外来人不再因为当地难懂的方言而产生排斥或抵触心理。

第三，中卫市民的传统观念和认知意识跟大城市相比还比较守旧，有些早该摈弃的封建习俗，在此地还有土壤。尤其从一些红白喜事中，就可看出中卫当地还保留和沿袭着千百年来流传下来的陈规陋习，其烦琐的流程、不必要的讲究等繁文缛节，或多或少会影响一座城市的进步和文明程度。

文学艺术篇
WENXUE YISHU PIAN

2022年宁夏小说创作发展报告

周清叶

2022年，以习近平总书记关于文艺工作的重要讲话精神为指导，宁夏作协的作者们积极投身于小说创作，作品刊发于宁夏区内外数十种刊物。遵循现实主义为主的创作方法，创作题材日益广泛，在短篇、中篇和长篇领域均有不同收获。老中青作家风格日显，不少作家具有两套笔墨。新锐作家崭露头角，恰如宁夏文学之林的新绿，值得期待。以此，宁夏的小说创作在探索中前进，持续追求从"高原"迈向"高峰"的目标。

一、宁夏小说发表情况统计

宁夏区内刊物是宁夏小说发表的主要阵地，其中《朔方》于3期、9期、12期专辟"青铜峡、灵武作家作品专辑""宁夏大学生作品专辑"和"宁夏文学高研班作品专号"，全年发34篇中短篇小说；《六盘山》3期为"宁夏小说专号"，全年共发35篇短篇小说；《黄河文学》1—9期共发10篇中短篇小说。

从区域看，固原市作家创作数量较多，有18位作者共发表29篇短篇小说；李方在《百花园》等刊物发表小小说9篇，作品被《小小说选刊》等刊物多次转载；共发表5篇中篇小说，出版2部长篇小说，即竹青的

作者简介 周清叶，北方民族大学副教授。

《我们的日子》、杨友桐的《七月》，共出版2部中短篇小说集。吴忠作协共发表25篇短篇小说，数量较上一年有增长。

获奖方面，马金莲的《爱情蓬勃如春》获第七届华语青年作家奖，李方获《小小说选刊》第十八届双年奖佳作奖和第七届全国微型小说二等奖，此外，还有7篇中短篇小说和3部长篇小说获宁夏第十届文学艺术奖。

从文体看，短篇小说数量仍然稳居第一，总数近百。中篇小说总计10篇，其中，马金莲的《母亲和她的第一个连手》《雄性的江湖》被《小说月报》《新华文摘》等多次选载；张学东的《弯道超车》对高校内部评职称等事件存在的"弯道超车"现象做远观而切近的描写，反思深刻而感人，体现了批判现实主义的精神。长篇小说共7部。季栋梁的《半坡典故》充分彰显农民的质朴与智慧，是对知识分子和农民关系的新书写；他的《父亲的歌》通过讲述宁夏石嘴山市大武口区石炭井矿务局一个家庭的故事，塑造了一位普通而不凡的父亲，回顾了石炭井的发展历程。阿舍的《阿娜河畔》展示了新疆生产建设兵团建设的过程，叙写了一个普通农场家庭的感人故事，曾经的生活经验使作家可以自信而宏观地再现农场的开发到合并，也使作品流露出淡淡的感伤。闵良的《鱼儿在房顶上飞》颇具魔幻现实主义色彩。李海潮的《底线》借鉴传统章回小说的框架结构，较为原生态地记录了纷繁芜杂的村镇问题，方言俚语富有表现力，若能更有力地把控好幽默的"度"，将会更好地发挥文艺作品的价值引领作用。结集出版的小说有7部，即张学东的《张学东中篇小说集》，马金莲的《爱情蓬勃如春》《雄性的江湖》，季栋梁的《大地钢琴》，计虹的《半街香》，许艺的《向下的寂寞》，冯俊祥的《幸福密码》。

总体上，短篇小说数量较多，但个别作品流于平淡。中篇小说相对于长篇小说更为精炼，比之短篇小说有更大容量可资表现多面而复杂的生活，但致力于此的作家并不多。长篇小说数量较上一年有增长，期待作家们突破"短—中—长"的创作预期，以大气象、大胸怀创造出更多优秀之作。

二、宁夏小说创作内容概览

（一）乡土生活的备忘录

首先，回望和抒发对乡土的依恋之情，在有农村生活经验的作者的"情感结构"中仍然发挥作用，但这类作品的数量明显在下降。杨友桐的《那金黄色的大麦头》和姚志忠的《腊月儿》描写特定历史时期的饥寒苦楚和酷烈的人际关系。安欣的《缝纫机》、雷玉奇的《王骨梓的牧歌》是物质匮乏和清寒童年生活的记忆，李继林的《清明祭》、殷高的《挂脚》表现了乡村整体搬迁后农民的情感失落。季栋梁的《头骡》则在短篇中兼顾骡马的知识和趣事、乡村生活的风俗和农民命运的变迁，人物形象鲜明，主题富有历史感，折射了从前现代到现代的时代氛围之变。更多的作者书写了当下农村和农民的新问题，马悦的《惜别》通过发小的故事，讲述转型期农村一小片土地上的生和死，李义的《手机》、薛玉玉的《一地繁花》、冯华然的《担保》、王佩飞的《暮色中的朝阳》等作品，再现了新时代农民面临的新挑战和新困境，他们直面生活努力奋斗，虽会遭遇失败，但尝试解决问题的思维和刻苦令人感动。

（二）表现爱的主题和仁爱精神

中华传统文化的仁爱精神，表现为对儿女、对父母、对他人乃至对整个社会生活的一种友善态度。伏海霞的《哦，燕子》、包作军的《卡路里》、王玉玺的《绕指柔》都表现了父母与子女间的无私之爱。对原生家庭归因不归罪，是具有现代性的思路，比如，薛青峰的《一个夜晚》和杨书琴的《孤岛与鲸》，表现了父母因对子女造成创伤而做出的弥合努力。吟泠的《暗疾》则写出了母亲复杂的人性以及母子之情的龃龉是主人公心灵深处的暗疾，金钱腐蚀亲情被描写得纤毫毕现，而主人公的自我疗愈是其现代性人格养成的重要标志。对于爱情的体验因年龄而显示出差异，大学生如韩心心，在《左思右想》中想象爱情的甜虐，宋鑫鑫的《沙林》有类似"莎菲"的苦闷，她的《科长》则显示了发乎情、止乎礼的克制。中青年作家如冶进海的《翻过那座山》、冯平的《在厨房里》、董永红的《身影斑驳》等，对年少时懵懂爱情的回望不乏怅惘与感伤，胡静《秋的思念》和马悦

《今夜繁星》是人到中年之秋不敢爱的表征，陈继明的《三个爱情故事》则揭示了那些疑似爱情的体验往往与孤独甚至死亡的经验密切相关。郭乔的《理发师》中，理发师以耐心和爱心让残疾女孩自内心绽放耀眼的快乐光芒，董永红《海边天不黑》从车祸中勇敢救人的护士角度，讲述艾滋病毒固然可怖，而孤独和爱的匮乏同样令人胆寒。韩银梅《远归的人》中，主人公以善与爱和温情给予监狱服刑人员远归而来面对生活的信心，王玉玺《暖冬》中阿娜对为救丈夫而牺牲的消防员的祭奠和愧疚，马一平的《盲盒》中，含垢忍辱的护士隐藏了收养汶川地震孤儿的真相，这都是无言的大爱。

（三）对现代生活方式的新体验

现代化是一个过程，对于现代化过程中的生活方式、情感体验的表达，以及我们对这种表达的现代化，同样是一个过程。时代生活的变化，使人们的感觉发生了变化，部分小说就表达了人的怀疑感、隔绝感和危机感。柳客行的《网购》和王心军的《我们的春节》都显示了网络对实体经济以及对人的思想观念和生活方式的冲击。马晓忠的《虚空》描述老年人失去老伴的孤独和随子女进城后晚年虚空的生活境遇，朱敏的《城市风筝》对农村老人进城后的状态做了精确比喻，即"城市风筝"。韩银梅的《老照片》则巧妙地从昔日照相师傅的"寻人"故事入手，智能手机的普及冲击了传统照相馆，40年后的人永远无法还原当初的旧时光，怀旧的感伤中蕴含诗意美。吟泠的《好人相逢》感叹城市的相逢和别离皆源于偶然。木沙的《风口》《奇点》揭批了小额贷款和小视频制作等骗局对普通人的生活冲击。白云天在《别人眼中，你的样子》中倾诉了都市中信任危机带来的颓败感，火霞的《冬至》中，美容店老板狂轰滥炸的促销语言和策略岂非对当下女性在心理和经济方面新的"压迫"和"剥削"？许艺的《东风破》中女编辑面对死亡威胁时对生活的幽深体察和对人生的深刻反思以及那纤细的颓废感令人动容。郭文斌的《庚子之春》以儿童视角记录新冠肺炎疫情期间的生活，强调生存能力训练的必要，也体现了作家近年来源自儒释道思想的融会贯通而对"安详"的追寻，启发个体向内在寻求安稳的意义。

(四)对普通人生存状况的描写

普通人的故事较为真实地反映了当下中国的部分社会现实。王兴国的《敏姐》中,女强人孤寂和坦然地向死而生。孙海翔的《师傅》中女起重工任劳任怨、扎实肯干的劳模精神鼓舞了打算当逃兵的年轻人。吴全礼的《假如我是一盏灯》塑造了一个心系居民、为百姓分忧解难的社区好民警。胡静的《人在旅途》中,青年打工人的疲惫无奈力透纸背。马金莲的《年关》对讨薪农民工和《暂借》对快递小哥的描写,经由故事讲述人的女忄视角,饱含了情感与态度。计虹的《身无分文》、曹海英的《沉积湖》、李方的《生活真味》、马雪梅的《葡萄》、王波的《哈三叔》、郭乔的《根叔》、苏炳鹏的《遥远的那辆车》、李继林的《第一场雪》、李义的《一千零几颗葡萄正在成熟》、韩忠烈的《吹萨克斯的男人》等,都叙述了底层的生活状况。对寻常人生故事的书写,不仅仅属于作家个人,也属于社会和整个时代,持续跟踪这一代人所面临的现实生活和心灵风景,在总体上,都超越了简单的道德同情和怜悯,也并非仅仅接续苦难叙事,而倾向于表达追求公正、平等和正义的社会原则,这是一个共同体的普遍的价值诉求。

(五)历史题材的新书写

从新历史主义的视角看,历史充满断层且由论述构成,宁夏小说作者以讲故事还原和建构"文本中的历史",也契合了当下创作和研究对史料的倚重。马永珍的《红盖头》讲述家族故事,着意突显三爷三奶奶的传奇经历和婚姻悲剧。"淘来的故事"是石舒清近来创作的一个重要理路,《淘来的故事》《单耳子》《毒蜂》都是从旧书中淘来素材,梳理剪裁出精练的故事,不做断语,但那些死亡故事不动声色地释放出逼人骇人的气息,颇有中国古代笔记小说表现社会人情世故的意味。另一方面,他依据史料而做的《宁安堡》《端王》,是长篇小说《地动》的延续,对海原大地震这一大灾难前后一个个生命故事的想象和采撷,对作为西海固的作家本人以及更多的人都有着重要的意义。而他的《庚子年前后》《转机》和周建宁的《袍中诗》等,则参照史料或传说,将官场的争斗、人心的婉曲、命运的诡谲都放置在特定的历史情境中细细描摹而兼有摇曳生姿和令人扼腕慨叹的美学韵味。

三、宁夏小说创作的实绩和进一步发展的空间

第一，关于创作与生活的关系。作家特别是新锐作者往往从熟悉的生活开始写作，这符合文学"源于生活"的美学观念，但还要注意作品需要"高于生活"。如何选取、提炼生活素材进入小说，是值得思考的问题。同时，要避免过于集中于现实日常生活而导致的题材窄化现象。当然，我们也看到作家重视输入、调整输出的创作实践，看到作品中知识含量在大幅提升，除前述历史题材小说对史料的倚重外，仅以季栋梁《半坡典故》为例，小说参考和引用了40多种书，融历史、语言等多种知识于其中，带来一种内质之美，构成了雅俗共赏的审美品格。同时，以人物命名的小说较多，这遵循了"文学是人学"的美学观念，但也要注意在小说中浸透人性，写出人物的外在生活和内心深度。小说作为艺术，应有自由的艺术美，使人感到阅读的趣味。作家要通过直接和间接的方式扩大生活经验，基于艺术的游戏精神，自由创造，以增强小说的广度和活力，从而更好地表现当下中国人的审美趣味和审美理想。

第二，关于艺术手法的创新。秉持文学为人生、为社会的责任感，坚守现实主义为主的创作方法，宁夏小说为读者带来强烈的现实感。同时，也存在以浪漫主义、现代派等手法丰富和发展现实主义的巨大空间。当然，也有作家勇于拓展现实主义的"边"。了一容的《玉狮子》《野菊花》《夏季的牧野》作为自然写作，对新疆草原动植物蓬勃的生命力和少年的阳刚之气的描写诗意盎然，读来令人意兴勃发，异"域"风情极大地增强了作品的浪漫主义情调和审美特质，其中的自然特别是风景描写使这组小说在宁夏小说中独具亮色。他的《两只蚂蚁》以表现主义的手法而具有社会批评和文明批评的深刻意涵。赵华的《谭庄子的货郎》在一个关于过去的故事里嫁接了科幻元素，寄意对星空的遐想，货郎居然是颇有爱心的外星人，这异想为作品带来了异彩。大学生李沐蓉的《城市微光》和王珏的《艺术》，显示了对小说艺术陌生化的大胆尝试，作为新锐，他们给了我们以更加宽阔的文学视野构建更加精美繁荣的宁夏小说格局与面貌的新期待。

第三，勇于试验、摸索和创造新的艺术形式和风格。通过跟踪和观察，

可以发现宁夏作家逐渐形成了多样化的风格。比如，了一容书写草原时的诗意和书写城市题材的讥刺，季栋梁描写农民时的幽默风趣和描写官场时的洞幽察微，张学东对校园霸凌、高知阶层的精神困境等问题保持密切关注，马金莲向内面世界的开掘和对细节的捕捉让她脱颖而出，计虹对城市生活和人生体验做出"空集""云片糕"等精准的意象概括，引人深思。这都充分显示了作家们不同的认识力、感知力和表达力。语言方面，每个作家都在小说中使用不同的说话声音，宁夏小说普遍重视和过于倚重对方言土语的发掘，这彰显了鲜明的地方色彩、土气息和泥滋味，但也容易造成趋同和一定程度的理解障碍。我们期待作家们以高度的创造精神来创新人物、故事、结构，也同样重视创新言语，比如，石舒清的叙述语言内敛冷冽，有剔肉到骨的高度精炼，内蕴着强烈的爱憎或显示出拍砖的力道；季栋梁小说中大量对话使人物声情并茂；计虹的口语化表达流畅而清新如洗。最后，需要赘言的是创新的另一重含义是不重复自己。

总之，宁夏小说跟随历史和生活的脚步，与时代同频共振，在黄河文化、大漠文化、黄土地文化等多种文化的孕育下，将会具有独特的生活积淀和多彩的艺术表现。

2022年宁夏散文创作发展报告

李拜石

自治区第十三次党代会提出，打造文化兴盛沃土，繁荣城乡文化事业，完善文艺创作引导激励机制。2022年的宁夏散文在不同的媒介平台多有发表，创作景象繁荣，正是对此的回应。整体而言，散文作品的数量和社会影响均有增加；强烈的乡土情怀与现实观照仍是散文创作中呈现的整体风貌。包括以史识拓展宁夏地域文化内涵，以个体视角折射时代变迁等，都是2022年宁夏散文创作比较突出的亮点，值得总结。

一、2022年宁夏散文创作的基本情况

（一）宁夏散文的主要发表媒介

宁夏散文本土的主要发表阵地一直以来集中于《黄河文学》《朔方》《六盘山》这几种成熟的文学刊物，也多见于《银川日报》《银川晚报》《固原日报》等报纸的文艺副刊版面。《朔方》观照到宁夏区域作家的创作势头，第3期还专辟了"青铜峡、灵武作家作品专辑"，更细致地勾勒出宁夏散文的风格版图。

除了这些传统的纸质媒体外，新媒体平台"六盘山诗文"公众号，"石嘴山日报散文诗页"、"壹度·贺兰山副刊"公众号，宁夏日报报业集团

作者简介　李拜石，北方民族大学文学与新闻传播学院副教授。

的"六盘山文艺"公众号,"大武口文艺"、"原州文学期刊"电子版等发表的散文作品也数量可观、颇具规模。公众号流程相对简洁,更新和发文很快,不占据物理空间,因此容纳量比传统的纸质媒体大许多,可吸纳更多写作者加入。因为文字的发表和被更多人看见会进一步激发创作者的写作热情,因而这些文学公众号培育了许多具备写作潜质的文学爱好者,为宁夏散文写作进一步发展起到助推作用。另外还有"学习强国"APP的宁夏平台,在宁夏散文的传播与推广上,又开拓了新的可能性。"学习强国"宁夏学习平台适时在2022年3月推出了"我家的人世间故事"征文活动,得到了各行各业文学爱好者的积极响应与写作支持,刊发的作品中不乏动人之作。

2022年宁夏散文在《山东文学》《光明日报》《解放日报》《中国民族报》《中国艺术报》等报刊均有发表,还有多篇散文被《海外文摘》《散文海外版》转载,产生了一定影响。

(二) 宁夏散文创作者的基本构成

1. 作家队伍依然保持着散文创作稳定水准和产出

郭文斌的《二十四节气的现代意义》和《大年本身是余庆》,屈文焜的《龙骨随想》都对传统文化做出历时性的深远思考与感悟;庄电一的《我也是"闯关东"的后代》追寻自己定居西北的来时路;季栋梁的《黄河远上白云间》关注黄河灌溉工程;漠月发表于《青岛文学》的《呓语,或旷野的一次流浪》再次被《散文海外版》选载,新作《艺术,无形的救赎》讨论了艺术的存在和表达之问题及其对人的慰藉;曹海英以扎实的访谈、绵密的文字用大武口凉皮细细勾勒出《另一种乡愁》;田鑫的《乡野三叠》以意象启发哲思带来新意;石舒清的《敝帚记》和《小时看老》两篇文章,正如王庆同在《家常饭好吃——读石舒清两篇随笔》中认为的,有大视野,"语言通畅,开门见山、清爽剔透,高手文风,匠心独运,像一滴水,可以从一滴水的反射中看到时代的五光十色";白莹"大地的记忆"专栏系列连载三篇,其地理探寻经验丰富,文笔沉稳,可谓宁夏生态写作的代表作品。当然还有宁夏的老中青三代尤屹峰、赵炳庭、火会亮、马天堂、张强、梦也、林混、兰喜喜、张兴祥、杨建虎、薛青峰、俞雪峰、崔锦霞、樊冰、刘向忠、王学琳、刘岳、计虹、刘汉斌、马金莲、马慧娟、樊文举、赵华、李敏、李振娟、邹慧萍、火霞、杨占武、马静等许多作家在不同媒介平台均有散文作品发表。

2. 文学新秀为宁夏散文创作梯队的形成提供了可能性

值得一提的是《黄河文学》在 2022 年 2/3 期"青青子衿"专栏刊发了一组宁夏各个大学在读大学生的散文作品，杨阿敏、庄粉萍、陈晨、李进宇、李煜珩、马绘素、锁菲娅、白文宇，均为"90 后""00 后"，文笔清新，为宁夏本土的散文创作带来可期的新生力量。此外"90 后"作者田静的《黑金子黄米徽饭》文笔充满了诗情画意，"90 后"作者李娜发表在《朔方》的《你的一生要和谁相遇》，书写角度有创新意识，后又被《海外文摘》第 8 期转载，也可看出年轻作者强劲的创作势头。

3. 业余创作者的加入增强了宁夏文学社会影响力和渗透力

在"学习强国"宁夏平台"我家的人世间故事"征文中涌现的八十篇作品中，姜奕婷、杜富义、白云峰、李新国等作者均来自不同行业，属于以自身经历讲述的平凡故事。其中王振升供稿十余篇，将其丰富的生活阅历与感悟置于平实的叙述，也在质朴流畅的语言文字中展现出新时代经过了脱贫攻坚富民政策后宁夏的发展变化。

（三）2022 年宁夏散文的主要创作主题

1. 对文学本身和文学的意义做出深刻思考与探讨

马金莲《去生活现场寻求创作深度》，安奇的《原野青山入心头》，李娜的《戈壁给了我答案》，赵华的《永远的星空》，杨森君的《诗学札记》，薛青峰的《深入生活，为人民创作》《浅议散文诗的再觉醒》，王佐红的《一点文学批评努力与体验》，米青的《就这样展开质子》，刘骏青的《如萤火，如炬火》，罗菡的《我在美丽的隆德》等，都可划归为创作随笔和漫谈，表达了散文作者自觉的散文审美趣味和价值追求。

火会亮的《王民兄弟》将目光投向乡村教育，读书和教育的浸润会带来山乡换新颜。石舒清的《读书小记》、邹慧萍的《人在春境难舍离》、马慧娟的《在心底点一盏文学的灯火》、兰喜喜的《我们因何而幸福》、杨欢春的《读书是最好的"驻颜术"》、陈莉莉的《民间"读书会"散记》等，均让读者体会到文学带给人们的力量与希望。

田鑫的《鲁院笔记》、计虹的《鲁院碎记》、杨建虎的《鲁院札记》、樊文举的《鲁院札记》等，都在以个人赴鲁院学习的经历试图还原和记录宁夏文学与外部文学空间的一种对话和连接，呈现出宁夏文学在面对更为广阔和成熟的中国文学时一种向学的谦逊姿态。

2. 对家国情怀、生态变迁、故土亲朋的深情慨叹与怀恋

党的二十大报告中提出"推进文化自信自强，铸就社会主义文化新辉煌"，对今后一段时期的文化文艺工作作出了纲领性指导。报告中尤其强调了"坚持以人民为中心的创作导向，推出更多增强人民精神力量的优秀作品"，更是阐释了社会主义文艺的根本立场和社会主义文艺繁荣发展的动力所在。宁夏农民作家马慧娟始终关注农民、关注农村，坚持写作，就是对"以人民为中心的创作导向"最生动的诠释，是用文学的梦想照亮现实的宁夏作家群之缩影。

从"脱贫攻坚""移民搬迁"到"乡村振兴"，马慧娟是见证者更是践行者，其散文《一位农村妇女的作家梦》《罗山和移民》，正如其所言"在今后的日子里，我将继续讲好宁夏故事，讲好移民搬迁故事，将红寺堡人脱贫致富的经验做法告诉全世界，让大家看看，这就是中国精神，这就是中国力量！"

杨占武的《萧萧班马鸣》《风雨折死沟》《一口水窖的容量》等，于历史的回溯中关注人的生存状态。此外还有许多作家作品如漠月的《追黄羊》《一块英纳格手表》，季栋梁的《鸟庄子》，李振娟的《黄河湾柳树》，赵华的《油茶》《天牛》，刘汉斌的《麦子》《萱草》《月亮山春韵》，梦也的《麻春小学》，蔡新生的《月光渔火》，张兴祥的《我的长兄》《父亲河·母亲河》《阳光下，她招摇她的花朵》，刘岳的《吴家堿》，马静的《新居小记》，王学琳的《油菜花里的遇见》，刘向忠的《风不知道叶子的疼》，马一平的《欠你一颗水果糖》，张树林的《水窖往事》等，则尝试用以小见大、以点及面的方式向心灵深处迈进，从而达成散文写作的以事见志、以景寄情、以物思人的写作意境，传递出宁夏散文创作的精神诉求。

3. 对职场经验、世间万物、日常生活的深入体察与随感

庄电一的《摒弃哗众取宠之风》《何必要如此画蛇添足？》，牛学智的

《"自我确认"内外》，林混的《持久的火花》、王健的《看过来，看过去》，邹慧萍的《静穆的年》、何晓晴的《我要保护好这种情绪》、李树茂的《寂寞大麦地》、张慈丽的《人间草木》、单小花的《笑笑》、李敏的《灯光，或雪色》、火霞的《时光里的旧文字》等，属于个体心灵中的闪烁光影和智慧思辨；李振娟的《末代船夫》一如既往地进行着工业题材的开拓；赵华的《残缺之美》则有一些对空间思考的疆域开拓；汪旭红的《喜鹊》以动物为线索串联起家乡由乡村向城市的工业化转型中人与自然、人与生态的有机共生，这使他的散文跳脱出书写历史的沉重气息，颇有轻盈之感；张强的《唐徕渠的浪花》《如父如子谢时光》《问询南来北往的客》《归来还是少年的胃》等一系列作品将自身沉浸于生活之中，在平凡又厚重的生活中寻找素材，乐观积极地投入生活，将丰富的经历和细腻的体验转化为写作经验。

二、2022年宁夏散文创作呈现的基本特点

在散文创作的地理空间分布上，银川、固原、石嘴山、吴忠、中卫均有作家作品产出，在形成宁夏文学共同体的景象上，又分别展现出各有特色的区域特征和风土人情。

在散文作家的年龄结构上，老中青三代虽均有新作发表，但整体来看宁夏散文创作的中坚力量还是老年作家和中年作家居多，青年作家的梯队构成略显薄弱，也缺乏在国内有影响力的作家作品，目前出现有些青黄不接的局面。

在散文发表的数量和主题上，因为可发表平台的多样，因此文章产出较往年更为繁盛。本土作家作者依然保持着写作的热忱，保有对土地的感情，保证了乡土记事的自觉和延展，虽也有不同题材的尝试，整体仍呈现出多维度共叙乡愁深情的格局。

在散文写作的大众化传播方面，写作本身与日常生活产生紧密连接，文学有力地介入和影响着生活，散文写作亦呈现出"非虚构""故事化"的写作风格。表达上以个人体验引出写作经验，在创作上激发了更多文学爱好者参与的积极性，真正体现了坚持以人民为中心的创作导向。

三、2022 年宁夏散文创作可进一步拓展的领域

（一）乡土散文的局限

呼唤新生代作家为宁夏文坛书写新乡土。宁夏散文创作依旧延续着本土化的特色和发展脉络，于乡土情深中绘就生存状况，保持着回望的姿态叙述乡愁，整体作品中对于乡土的回忆较多，感悟之语普遍而哲思不常有。宁夏的散文创作需要传承独特的乡土情结，但并不是亦步亦趋的复古跟随，在深耕传统意识和写作方式的基础上，也需要更进一步的开拓创新。

（二）历史文化散文的局限

呼唤走出书斋浸润生命体验的历史文化书写。宁夏部分历史文化散文沉迷故纸堆中开掘史料，生命体验不在场从而缺失新奇发现与独到的见解；在叙述中又为了追求书卷味而长篇累牍旁征博引，摘章断句，显得沉闷，缺乏生机勃勃的美感；相当一部分散文把笔墨集中在表面的寻古访幽、感慨叹息上，停留于散文普遍化的借景抒情、托物言志等单一层面的趋同化表达，写作视野的开阔性和主题思想的纵深性均有可发展的空间。

（三）现代意识散文的局限

呼唤新锐话题和实验性写作的尝试。宁夏散文作品对于城市风貌和职场百态的关注较少，缺乏和当下更多年轻人思想及共同话语上的连接。可以进一步增强文体意识，尝试一些散文的视觉化表达，意境的听觉化表达，文字的幽默化表达等。我们需要植根热土立足当下，同时也要经由创作，梳理出复杂多变的世事情态，用多元包容的思维面对时代之问、响应时代之需。

（四）网络发表平台把关的局限

众多作者创作的热情可嘉，宁夏散文创作数量累积有一定规模，但作品的审校特别是网络平台发表的作品质量还有待凝练提升。

目前宁夏散文的创作已经有较为稳定的创作队伍和主题表达，已经立稳了宁夏散文创作的风格根基，在未来可能还是需要对之前的创作经验有所突破，尝试走向更为辽阔深入的领域，聚焦于时代的洪流中，书写现实经验，提升现代意识，真正写出现代意义的散文来。这既是宁夏散文亟需突破的瓶颈，同时也是新时代建设中国式现代化的大势所趋。

2022年宁夏诗歌创作发展报告

马慧茹

2022年，宁夏诗歌虽然创作量较之2021年在减少，但胜在质量稳步提升，新作不断，佳作频出。不同年龄段的诗人队伍发展越发庞大，作品发表阵地与平台分布也较为广泛，国家级、省部级、地市级等各级刊物、平台均有宁夏诗人作品呈现。本年度宁夏诗歌在主题风格上表现出一定的传统倾向，以现实主义的情怀，在新的时代背景下吸纳了许多新鲜的诗歌元素，体现出新时代的发展特点，更加鲜明地为时代而歌、为人民而歌。

一、诗歌创作队伍与阵地

（一）诗人队伍结构发展稳定

整理品读2022年的宁夏诗歌作品可以发现，宁夏诗歌创作队伍的主力仍然是宁夏籍诗人，尤以固原、同心诗人居多，一些曾旅居宁夏的非宁夏籍诗人也值得注意。从进入21世纪，宁夏的诗人逐渐形成较为稳定的老中青代际群体。

从2022年发表在各类期刊上的宁夏诗歌来看，宁夏诗坛的中坚力量仍然是创作较为成熟的中青年诗人，如单永珍、李占海、梦也、周彦虎、冯雄、寇艺儒、马永珍、马占祥、瓦楞草、臧新宏、查文瑾、安奇、王西平、

作者简介　马慧茹，北方民族大学副教授。

杨建虎、郭静、张铎、阿尔、西野、泾河等诗人，他们的作品无论是在数量上还是质量上，在 2022 年的宁夏诗歌中都占据了很大分量。还有如李兴民、郭玛、马晓雁、马敦海、陈燕、谢瑞、丁永贤、许艺、孙燕、马生智、一文、禾西、达武旦、米拉、马泽平等属于新时代成长起来的诗人，在创作中展现了他们的时代眼光和时代风貌。还有一些诗人，如马骥文、卢三鑫、马海莹、禾必、石杰林、胡静、赵希、马如梅、杨阿敏等，作为宁夏诗坛的新生力量，其中大多不是专业诗人，他们带着干净清新的气息，以细腻多情的口吻诉说着对生活的热爱。由此看来，加强对宁夏青年诗人的培养与扶持力度是很有必要的，2022 年加入中国诗歌学会的宁夏诗人王小雄（目苏）、李成山和李世江等均有佳作；宁夏部分高校中的大学生诗人余子夜、屈金钱等，高中生冉航宇，也以极大的热情投入诗歌创作。宁夏诗坛在经强劲的"70 后"与"80 后"诗人群体的用心雕琢后，后继年轻诗人还需扶植与培养，才能将宁夏诗歌推向更广阔的天地。

（二）诗歌发表平台多方拓展

2022 年，宁夏诗人创作的诗歌在全国各级文学报刊、网络、公众号等平台皆有发表，足见其创作活力与被认可度。他们在国家级和省部级文学期刊《人民文学》《诗刊》《民族文学》《草原》《延河》《诗歌月刊》《诗选刊》等频繁发表诗歌。如《星星》5 月推出宁夏诗人熊珂的诗歌小辑，《诗刊》5 月推出宁夏诗人王泽民的诗歌小辑，《西部》2022 年第 3 期推出诗人单永珍的《我有一种深埋的孤独（组诗）》等。其他平台上如网页中国诗歌网，各种微信公众号平台、微刊等，也不乏宁夏诗人诗作。

2022 年，宁夏诗人创作了大量诗歌作品，宁夏地方文联有意识地为宁夏诗歌发展搭建平台，进一步推动宁夏诗歌创作繁荣之势。因此，宁夏诗歌主要集中发表在区内各地市文联平台，其中以原州文联推出的作品较多，在全国的影响力也在不断提升。这些平台为宁夏诗歌的发展提供了有力支持。值得一提的是，除了《朔方》与《六盘山》这两种宁夏老牌刊物外，宁夏诗歌在网媒、公众号发表诗歌量不断增加。《朔方》依然是宁夏诗歌发展的主要阵地，长期推出较为成熟的诗人作品，设有个人作品专辑的诗歌专栏。这也是《朔方》大力扶持本土作家、诗人的办刊宗旨的体现。

2022年，《朔方》以个人作品专辑的形式刊录了一大批宁夏作家的组诗，像安奇的《野风记（组诗）》等；又以主题专栏的形式结合时下，推出以"喜迎二十大　诗颂端午情"为主题的宁夏作家诗歌作品，例如崔锦霞的《在云端（组诗）》等。

宁夏本地文学类微信公众号"六盘山诗文"开辟了西吉、中卫专栏。"六盘山诗文"为广大诗友提供学习交流的平台，闲适诗居多。很多文学爱好者，用诗歌记录和反映生活，饱含诗情与感动，如李俊英的《落叶（组诗）》、常越的《风笛（组诗）》。"六盘山诗文"的日常版块多为个人作品栏目，如《李鹏飞作品选编》《薛国辉诗词选编》作品选，几乎每日一发，作品具有时代特色。"六盘山诗文"在2022年1月设置2022年春节特刊以及"寅虎立春逢冬奥，国人礼赞新时代"专栏；针对特定主题的征稿还有5月"2022年母亲节"诗歌作品联展，特稿"沉痛悼念康梅老师"，"纪念延安文艺座谈会召开80周年"特刊。"六盘山诗文"对推动新时代宁夏诗歌作品发刊，丰富宁夏诗歌史起到了重要作用，展现了真实而生动的本土诗歌面貌。另外还有《六盘山》按照诗人发表诗歌的年代整理了宁夏诗人的作品。

二、诗歌主题与审美取向

2022年，宁夏诗歌取材内容与审美风格呈现多样性。在关切国家大事与社会热点中，诗人抒发对祖国的热切祝福，积极投身社会发展实践，实现自我价值；在回望历史中，诗歌展现了宁夏悠久历史中形成的地方特色；在贴近生活现实的叙事中，蕴含着自觉追求诗意生活的美好愿望。

（一）诗歌关注国家大事与社会热点，积极投身社会实践，实现自身价值

宁夏诗人以深切关注国家大事与社会热点的情怀，对北京冬奥会、党的二十大、抗击疫情、脱贫攻坚等题材进行重点书写。2022年初，在北京举办的第24届冬季奥林匹克运动会展示着中国体育、中国科技以及中国精神，引起世界瞩目。固原市原州区文联主办的2022年全民阅读诗书活动——原州"助力冬奥闹元宵·携手一起向未来"云诗会上线展演，契合了当时的奥运、春节盛况。新春遇冬奥，寅虎立春逢冬奥，国人礼赞新时代，陈蓓蕾的诗作《盛世冬奥中国结》为中国女足精神点赞。"喜迎二十大"

又是2022年度诗歌写作的另一重要主题。如2022年第1期《原州》期刊"喜迎二十大　文艺展风采"推出王怀凌的《黑白世界里　二十节久治不愈的病句（组诗）》等。进入新时代，中国航天事业迎来更大的辉煌。李占海的诗歌《壮士凌云穹空傲》，盛赞神舟十三号的航天英雄凯旋。

抗击疫情题材的书写依然是今年宁夏诗歌的一个重要话题，宁夏诗人以敏锐的视角直击疫情，从核酸检测到社区抗疫，再到医护人员、志愿者，频繁地在诗人的笔尖再现，充分展现出诗人对现实生活与时代主题的敏锐与关切。王永邦的《疫情卫士》，李强的《听说，明年的春天没有疫情（组诗）》都是对疫情现场的关注。张璎珞的《夜班护士（外三首）》是诗人对医护人员的关注，李占海的《不疫迎盛典》写全民勠力同心、共克时艰，诗人马岚的《疫情反弹》写了疫情防控常态化下人们枯燥无味的生活，表现了疫情过后对新生活的渴望。

脱贫、扶贫事关民生大计和国家发展，近年脱贫攻坚事业取得巨大成就。关注扶贫是宁夏诗人书写的一个焦点，较2021年而言，今年的扶贫题材内容更加突出。诗人对扶贫的关注，首先来自对第一书记、人民公仆的书写，如苏涛的《把贫困的帽子甩进历史的浪潮中（外四首）》，以及写移民变迁历史的《麦浪　乡恋》；有描写家乡脱贫前后的对比，如马永珍的《家乡通了自来水》，诗句精练但意蕴无穷，有对经年岁月苦楚的泯然一笑，也有对家乡进步发展的喜悦，这种苦尽甘来的蹉跎让读者回味无穷。"本想一饮而尽，刚端起大碗经年的影子，层层叠叠从碗底，扑面而来"，厚重的历史感也随作者的诗句穿越数十年来到读者眼前。家事国事天下事，宁夏诗歌与时俱进，大到国家大事，小到年轻人备战公考都是诗人关注的方面，诗人敏锐的眼光和与时俱进的精神为宁夏诗歌注入源源不断的活力。

（二）诗歌描写宁夏历史与地方风物，彰显浓郁的地域特色

宁夏诗人在回溯历史中挖掘宁夏特有的地域特色，如结合著名史实和历史人物描写萧关、六盘山等景观，冯顺恒所作《〈重识隋炀帝〉——听评书另评〈隋唐演义〉》，李世江的《清平乐·六盘山》从毛泽东的诗词入手，回望六盘山上曾经辉煌而沉重的历史风云。李占海的《祭东航空难者》回顾东航空难历史，缅怀受害者；《瞻仰红军长征青石嘴战斗纪念碑三首》

回顾红军战士的功勋，弘扬保家爱国的精神。宁夏诗歌中的地域文化特色还集中体现在对当地习俗风物、乡土的书写与赞美，如中卫作家群、固原作家群对当地风物习俗的歌咏。青铜峡一百零八塔、西吉特产、宁夏枸杞等特色景观及风物常常出现在诗人的笔下，如马如梅在《日历上的昨天（组诗）》中直接以《青铜峡》和《一百零八塔》命名，诗歌在对景物歌颂中情景交融。不同于过去简单地对枸杞赞扬歌颂，诗人柳风将自己的思念之情融入枸杞之中，《枸杞之乡（组诗）》含蓄蕴藉，"相思之泪就熟成红红的枸杞"，将地域风物与诗人情感融合在一起。生活细节的捕捉表现的是诗风的温柔与细腻，王勇的《回故乡》写乡土，王国宝的《从记忆中走来（外一首）》赞美故乡西吉特产，王永邦在诗中赞美家乡西吉。

（三）贴近生活的书写，显现自觉追求诗意生活的美好愿望

在叙事和抒情的交织下，诗歌表达出自觉追求诗意生活的美好愿望。这方面体现在有关生命、青春、亲情、爱情、自然等内容的细微书写与情感关照。诗歌对保安、环卫工人等平凡人物的关心，显示出宁夏诗歌关注群众、贴近生活现实的叙事倾向。杨万金的《江城子·生活》，回忆贫穷到小康的转变，赞美天天好日子；胡静的《爱是苦的（组诗）》是诗人对生活与爱的独特体验；金东的《我们爱（外三首）》抒发了关于爱情、婚姻的深切感受。这些诗歌正是诗人对美好生活理想的自然流露与自觉追求。

在与自然生态对话中，诗歌的情感含量展现了更大的自由，充满诸多清新美好的诗意。臧新宏的组诗《青兰牧歌·新游牧吟唱专辑〈要骑就骑好马〉（歌词十一首）》特有一种歌咏自然生活的清朗之美；李占海的组诗《掀帘春雨落身轻》，描写春雨、春雨过后的萧关、归燕，充满了浓郁的春日气息；张雯的《春日组诗》写春日的泥土芬芳、初雪料峭与家人情意；李强的《苏峪口踏青（组诗）》写郊游踏青的轻松快乐。晚秋阅海、贺兰晴雪、清水河湿地公园、雪后凤城这些宁夏特有的自然生态景色频繁出现在诗人笔下，随之流露出浓浓的乡情。

另外，从文体来看，2022年宁夏诗歌形式多样，有古体诗律诗、现代诗歌、散文诗等，以现代诗歌居多。其中古体诗、古典诗歌，以薛国辉、王勇、唐明礼、黄河谣为主要写手。散文诗、散文组诗以《忏悔的灵魂》

《夏日长（组诗）》为代表。

综上，2022年宁夏诗歌创作内容在关心国家大事，关注身边大众生活中，展现出异彩纷呈的美学风格。有乡土书写，也有城市书写；有回顾历史，也有展望未来；有宁夏本土特色，也有对时代大我的书写；有关注自然、关注社会个体，也有关注生命本体的书写；有对爱情、亲情的书写，有抒情也有叙事。诗歌的形式也是多种多样，可见宁夏诗歌的自觉时代已然到来。

三、宁夏诗歌创作展望

从2022年宁夏诗歌发表状况来看，宁夏诗歌创作有优长也有不足，优点有以下几点：

其一，拥有众多的创作主体，不论知名度不论从事行业，尤其是在基层工作的诗人，展现出极大的创作热情，有望推动宁夏诗歌走向新的高度和深度。

其二，宁夏诗人在诗歌写作中不仅能表现宁夏特色，也能够通过诗歌让更多人走进宁夏、了解宁夏，比如对宁夏枸杞的书写与推广，视角较为新颖，一些诗作还对闽宁镇建设和闽宁两省区共建发展起到了很好的宣传作用。

其三，在艺术追求上，多数诗人情感真挚、语言朴实，能做到不造作、不流俗，关注个体命运，关注当下，展望未来。

其四，2022年宁夏诗歌较之去年更关注时事，不论是"喜迎党的二十大"，还是"共抗疫情"的创作都呈现迸发之态，也能看出宁夏诗人以诗歌走出宁夏，积极探求与省外诗界结成一体的努力。

总的来说，宁夏诗歌紧跟时代叙事，在时代大我中彰显着小我的深情和抱负。宁夏诗歌扎根宁夏、书写宁夏地域特色、宣传宁夏品牌，他们以自己的诗情画意，发挥着诗歌的积极作用。宁夏诗歌发展到今天，其实是经历了一个艰辛的成长过程，几代诗人的执着书写才使得宁夏诗歌有了如今的丰硕成果。2022年宁夏诗歌迎来了更多的发展机遇，但同时也面临着许多新的问题与挑战。

其一，多数诗歌立足宁夏本土，基本以书写宁夏地域风情为主，是通过个体感受所勾画的地方史,又是通过地方性经验所呈现的"心灵史"。虽然2022年宁夏诗坛有部分实力雄厚的诗人敏锐捕捉新世纪中国诗坛的风气,突破宁夏或者西部地域的限制,为构筑高远的诗歌理想做出了很大的贡献,但视野广度和深度还有许多舒展的空间。新一代的宁夏诗人应该站在中国当代诗歌写作现场,把握诗歌的总体格局。此外,在笔者收集的过程中发现宁夏诗人情感诗偏少,写故土风景风物的比重大于对爱情亲情的书写,表达新时代青春美好的内容较难看到。

其二,宁夏诗歌界还需全方面打造推出在全国诗坛的知名诗人。整体上看,基层的诗人、年轻诗人数量近年有较多增长,他们对生活的理解把握深刻,但就其诗学理论及技巧尚待进一步培养和提高。

其三,宁夏诗歌创作在面向大众的同时,除了呈现丰富的诗歌内容外,更要注意提高诗歌的整体品味。网络媒介对于宁夏诗歌的传播能起到很好的推广作用,但是网络平台也需要对诗歌发表进行节制,在量的增加的同时也要保证质的提升。只有对诗歌审美要求作整体提升才能使诗歌得到良性发展。

其四,宁夏诗歌虽然主要还是发表在宁夏的本地文学刊物上,但是相比2021年多了许多邻近省份刊物的刊出,甚至有不少优秀诗人走向全国性的平台。虽然宁夏诗歌的影响力更多还是在于宁夏这样一个有限范围,但是也在点滴中前进,所以要继续大力推广宁夏诗歌。这就要求宁夏文学刊物在提供诗歌发展平台的同时,也应该有意识地引导宁夏诗歌吸收更加丰富的时代元素,挖掘新人新作,与全国诗潮汇流,发现新的力量和方向。

综上所述,宁夏诗歌创作正处在一个平稳过渡期,我们可喜地发现,宁夏诗人在符合社会时代发展与艺术创作规律的前提下快速成长,创作有突破、有创新。相信宁夏诗人能够在不久的将来交出更优秀的作品,提升宁夏诗歌的整体水平和影响力。

2022年宁夏文艺批评创作发展报告

许 峰

2022年,宁夏文艺批评牢牢把握文艺批评的方向盘,扎实开展文艺批评工作,努力推出文质兼美的优秀批评作品,为满足人民文化需求、增强人民精神力量,推动宁夏文艺的健康发展,建设风清气正的文艺生态贡献力量。现就2022年宁夏文艺批评创作情况做一个概述。

一、2022年宁夏文艺批评基本情况

(一)聚焦文艺批评现场,积极开展文艺批评和培训活动

2022年6月17日,由中卫市委宣传部、宁夏文艺评论家协会主办,中卫市文学艺术界联合会、中卫市新闻传媒集团承办的拓兆农红色历史长篇小说《黄河儿女》研讨会在中卫市博物馆报告厅举行。郎伟、白草、许峰、张富宝、房继农等评论家围绕着中卫作家拓兆农的长篇小说《黄河儿女》的创作意义、创作特点以及本土化创作的路径与启示等进行了研讨。评论家们一致认为:《黄河儿女》是宁夏本土主题书写的优秀成果,也是近些年来,宁夏革命历史题材写作的重要收获,在很大程度上丰富和拓展了"宁夏文学"的内涵与类型,为深入挖掘宁夏卫宁地区的革命故事与历史记忆,提供了一份生动鲜活的"文学档案"或"文学证词",是一部礼赞

作者简介 许峰,宁夏社会科学院文化研究所副研究员。

英雄、扎根黄河文化，讲好黄河故事，弘扬主旋律的文艺作品。

2022年，文艺批评现场还有宁夏作家协会与新华书店主办的"大家谈"活动，每一期都涉及一个文艺活动的主题，从金庸小说、现实主义诗歌、新时代社会主义现实文学、报告文学、书法艺术等话题开展公益性文化讲座，一方面让文学更好地服务社会与人民，照亮生活与人心，加快"书香宁夏"和学习型社会建设，促进全民阅读的深入开展；另一方面传承中华优秀传统文化，积极营造爱读书、读好书、善读书的学习氛围。

为了培养后备文艺批评人才，由宁夏文艺评论家协会、石嘴山市委宣传部、石嘴山市文联主办，宁夏理工学院、石嘴山市评论家协会承办，宁夏理工学院文学与艺术学院文艺评论创研基地协办，宁夏文联第23期文艺（评论）研修班如期召开。来自全区评论家协会的新会员和石嘴山市评论家协会共50多名会员参加了培训。由宁夏文艺评论家协会主席团成员、文艺名家等作专题讲座，文艺家面对面等现场交流指导。文艺批评的后备人才匮乏是宁夏文艺批评不争的事实，此次文艺批评的培训就是为了解决文艺批评未来发展的人才瓶颈问题。

（二）为退休作家召开创作座谈会，回顾评说作家们的创作实绩

2022年，对宁夏文学做出突出贡献的作家兼编辑漠月和梦也两位先生退休，宁夏作家协会分别为漠月和梦也两位先生召开了文学创作编辑座谈会。座谈会上，评论家、作家、编辑对两位先生高尚的品质、文学创作实绩以及甘为他人做嫁衣的编辑生涯给予了充分的肯定与赞赏，尤其是对他们文学创作上的思想内涵及审美追求做出了中肯的评价。与会人员希望他们在退休之后继续保持旺盛的创作，为宁夏文学的发展贡献自己的智慧。

二、2022年宁夏文艺批评的重要收获

（一）现代性的反思提升了宁夏文艺批评文化哲学水平

现代性作为当今学术界重要的理论范畴，不仅为学术界提供了一个重要的学术视角，也为正处于高度现代化进程的中国探索中国式现代化进程的本质及结果寻找到了理论根源。当现代性与文艺批评结合之后，提升了文艺批评的文化哲学水平。牛学智这些年一直致力于通过文化现代性的理

论来塑造自己的文学批评风格，逐渐形成了独具特色的批评理念。牛学智的《文化现代性是怎么慢慢丧失的？——重新审视"西部""新西部"电影及其"历史纪录片"》（《社会科学论坛》2022年第5期）一文通过对西部电影、新西部电影和西部历史纪录片的缜密考察，爬梳出西部影视题材作品人的现代化、不自觉疏远人的现代化和疏远人的现代化的几个阶段，表现为批判现实主义占主导、城乡混搭且以传统民间社会伦理道德具体方式方法为主导和想象的古典历史文献学为主导的影像叙事选择。这样的表现就与西部社会、西部文化、西部人的现实状态产生了某种错位，更与综合能力的现代化提升目标存在某种程度的机制错位关系。作为大众文化水平的重要衡量尺度或晴雨表，西部电影、新西部电影到西部历史纪录片的变迁，可以折射出文化现代性慢慢丧失的诸多根源。另一篇《新世纪青年、王朔小说与文化现代性问题》（《南方文坛》2022年第1期）通过将大家所熟知的王朔小说放在文化现代性的视阈下去考察，并将新世纪青年读者群体对王朔小说的阅读需求与王朔小说自身所具有的文化现代性意识的错位进行了深刻剖析，并指出他们"本质上不过是主体性话语贫乏乃至内心同质化的反映"。该文的深刻之处在于揭示了新世纪青年所谓"革命"行为的假象，并对当前批评界对王朔小说的误读进行了批判，新世纪青年忽略了王朔小说所具有的"解构"的叙事理念而根据自身需求的定位去建构王朔小说那些"非主体"的观念。自觉运用现代性理念去观照文学现象的文艺批评还有许峰的《新时期以来西部散文的价值理念审视——以〈中国西部散文精选〉为例》（《东吴学术》2022年第3期）一文，该文通过对新时期以来西部散文的整体审视，针对西部散文所关注的生态问题，借鉴英国社会学家吉登斯的"现代性理论"（《现代性的后果》）对西部散文中所描写出来的那种人与自然的对立性关系，呈现出的是正面化的"审美自然"进行了观照，并指出西部散文"在对自然万物的书写中，隐含了作家一种人格重建的文化隐喻色彩，同时也表达出一种对现代性异化的反思与批判主题"。

（二）对宁夏作家作品恒常审美价值有更深入关注

2022年，宁夏文艺批评的重头戏是对宁夏本土文艺作品的关注。对土文艺作品的关注既有整体的审视，也有作家作品的个案考察。

许峰、张学东、杨慧娟撰写的《宁夏女作家小说创作提升的可能性》（《朔方》2022年第10期）是一篇具有大胆批评精神、实事求是文风的论文，两万字的篇幅详细论述了近十年来宁夏女作家创作的概况、审美追求、创作症状以及提升的可能性举措。尤其是对宁夏女作家创作症状的诊断可谓精准，充分体现出文艺批评敢于批评的功能，从长远来看，对其创作症状的尖锐指出无疑对宁夏女作家的创作是有益的，并为她们的创作提供了合理化建议，体现出一种良好的文艺批评生态导向。张学东的长篇小说《西西弗的石头》是一部以抑郁症为题材的小说，许峰的《现实的凝视与结构的创新》（《文艺报》2022年5月30日）一文针对该小说强烈的现实关注与艺术结构的创新做了深入解读，并肯定《西西弗的石头》对当下文学创作产生的启示意义：既凸显内容的社会意义，又完成了形式上的创新。宁夏青铜峡作家袁鸣谷近些年创作成绩显著，《朔方》在2022年第4期为其开设了"本期一家"专栏，并附上许峰的评论《袁鸣谷的两篇小说读札》，对袁鸣谷的两篇小说进行了文本细读，对小说叙事上的巧妙构思给予了激赏，同时对小说在情节处理上的草率也给予了批评，真正体现文艺批评的引导价值。了一容近些年的创作一直处于上升态势，任淑媛的《了一容小说论》（《民族文学研究》2022年第1期）针对了一容近些年的小说进行了审美批评，该文准确地抓住了一容小说创作的独特性，那就是凸显丰富的个人经历对小说创作的影响，并指出了一容"对生命价值意义的追索，发现生命共有的生存关怀与情感高度"是他一以贯之的创作追求，结合近期的作品揭示出了一容创作逐渐进入一个反思民族文化、反思人类精神的自觉自悟状态。在散文创作方面，杨占武是一个"票友"，但出手不凡，这些年的散文创作逐渐引起关注。赵炳鑫的《从历史的深处抵达——读杨占武散文有感》（《朔方》2022年第7期）一文指出杨占武的散文"以大历史的视角，观照历史与现实，以历史追溯和谱系化考察，以古论今，字里行间洋溢着人文主义思想和悲悯情怀"，并揭示出杨占武散文的一大特点就是"语言的修炼"所产生出陌生化的效果。汪曾祺有言：写小说就是写语言。其实散文更是如此。另外，像刘均的《穿过尘埃的光芒：成长与生命——试论金瓯的小说》(《朔方》2022年第8期)和舒天佑《"山河之侧"的"无言之心"——略谈导夫的诗歌创作》(《朔方》2022年第11期)两篇文章，分别对金瓯与导夫的文学创作进行了细致分析，由人及文，离析出他们创作的审美特征与创作理念，是兼具思想与艺术分析的批评佳作。

（三）对前沿思潮与基本题材的走向把脉准确

2022年，宁夏文艺批评关注学术前沿，聚焦全国文艺热点，把握基本题材的走向，凸显出宁夏文艺批评的全国视野。牛学智的《有"耻感"是文学批评的底线》(《文学自由谈》2022年第1期)是一篇反思当前文艺批评现状的文章，他对当前文艺批评一味求"大"求"广"求"根"进行了批评，指出当前文艺批评存在的问题是缺乏"耻感"，并道出导致"无耻"文艺批评泛滥的根本原因就是批评者与某些假市场之名的紧要平台合谋的结果。

对当代著名作家的关注亦是近些年牛学智学术研究的重心。《王朔小说新论》(《当代作家评论》2022年第3期)一文并不是对王朔的小说进行的审美阅读，新论之所以称之为"新"，乃是对以往批评观点进行了梳理总结甚至是在批判基础上的矫枉过正。文章总结出当前批评界对王朔小说三种常见的批评关键词："痞子论""流氓说""顽主形象"。在对每一个批评关键词所形成的观念进行针对性对话时，反驳了这些观念所蕴含的文化现象和理解错位。

陈涛的《在群山之间》是一部记录扶贫历程的非虚构作品。乌兰其木格的《远方的壮怀与个人的心史：论陈涛〈在群山之间〉》(《南方文坛》2022年第1期)一文从"适当地跳脱与融入人群""人性的堂奥与内在的成长""私人化与公共性的辩证法"三个方面深入地分析了这部作品所蕴含的社会价值与艺术价值，给予了这类题材非常高的评价，人性的光辉和生活理想的样子是不分题材的，是所有文学努力追求的。王兴文的《焦虑与迷茫：20世纪90年代小说中的城市书写》(《宁夏师范学院学报》2022年第3期)一文通过对当代作家城市书写与想象的集中梳理，借鉴社会结构分层理论对20世纪90年代文学产生的影响，总结出焦虑与迷茫的社会心理状态,文学表达与人们的社会心理形成了共振,这样的文学重估对当代文学史与社会文明价值有着重要的意义。

(四)影视批评对主旋律扶贫题材作品研究更趋精细

2022年,宁夏文艺批评中影视批评成为一大亮点,既有对具体影视作品的深入分析,也有对此类题材作品进行的整体审视。扶贫大剧《山海情》自开播以来热度不减,对这部影视作品评论的文章一直不断。贾峰的《〈山海情〉:一部乡村振兴的奋斗史诗》(《民族艺林》2022年第2期)一文从平民视角、人物形象塑造和视觉审美三个方面去重新认识了《山海情》的艺术价值,尤其是对《山海情》在主旋律作品的框架内将艺术性与社会性充分融合的创作路径给予了充分认可,从某种意义上说,这条创作路径将是今后主旋律作品的新标杆。

马慧茹近期的文艺批评转向了对影视媒体的研究,尤其是对扶贫类型的影视作品进行了整体观照,每年都有扎实厚重的研究成果。2022年她发表的《新时代中国减贫智慧的影像叙事与传播》(《北方民族大学学报》2022年第3期)和《当下扶贫剧中的形象建构与审美创新》(《中国广播电视学刊》2022年第4期)可谓对当下扶贫题材的影视作品集中而深入地思考,既抓住这类题材在叙事内容、框架、结构层面的匠心独运,又立足于形象层面的建构与审美形式方面的创新,准确地把握了当下扶贫题材影视剧的审美内涵与艺术价值。

三、宁夏文艺批评创作的不足与展望

2022年,宁夏文艺批评较之2021年呈现出滑坡的趋势,文艺批评的数量,文艺批评的深度甚至与批评相关的活动都显得相对匮乏。诚然,与当下的疫情相关,然而,文艺批评创作数量的减少是不争的事实,呈现出来的问题还是值得去重视。

(一)观照宁夏本土的文艺批评相对减少,批评的引导作用凸显不足

21世纪初期,"宁夏青年作家群"崛起,离不开荆竹、郎伟、牛学智、白草、钟正平、武淑莲、赵炳鑫等诸多评论家的热情推介,对于宁夏本土作家的研究形成了一个持续的高潮,而近些年,随着"宁夏青年作家群"创作的式微，对宁夏本土关注的批评文章也相对减少。导致此番现状的原因：一是高质量的文学创作较之过去减少，于批评而言，诸多文学作品缺乏阐释的价值或者经不起深度分析；二是评论者随着时间的推移也失去了长期跟踪的热情，新生代的评论者也没有及时地跟进，尽管也有些报纸豆腐块大小的批评文章面世，但这些文章由于缺乏必要的学术素养和学理性的训练，更多的是感情有余理性不足的读后感文章，对宁夏文学起不到真正的引导作用。

（二）2022年宁夏文艺批评缺乏相对厚重之作

整体而言，2022年的宁夏文艺批评碎片化研究居多，系统性研究较少，文艺批评的厚重之作相对匮乏。一是多数文艺批评集中在作家作品的个案式研究，整体性去观照文学现象的批评文章较少。二是2022年没有出现一部系统性研究的文艺批评的专著，多是单篇论文。诚然，文艺批评作为一项基础性研究，需要一定的周期性，不可能一直处于井喷的状态，但我们还是希望宁夏的文艺批评处于一个不断上升的状态，每一年都有值得大家认可的相对厚重的批评成果。

（三）宁夏文艺批评后备人才断代现象比较严重

宁夏文艺批评队伍与宁夏的文艺创作队伍一样都存在着后备人才匮乏，断代比较严重的现象。从2022年的宁夏文艺批评创作来看，"60后"评论家逐渐淡出批评的视野，或许"60后"评论家更多地去选择自己感兴趣的研究对象，或者处于一个相对沉潜的时期，也许在不久的将来会带给宁夏文坛更大的惊喜。"70后""80后"是宁夏文艺批评的主力，无论从文艺个案的剖析还是从整体上去审视文艺现象，"70后""80后"的评论家都在维系着宁夏文艺批评发展的活力。另外，宁夏文艺批评还存在"老面孔"现象，整合近几年的文艺批评之作，宁夏文艺批评界一直是大家所熟悉的几位评论家在默默地坚守，支撑着宁夏的文艺批评。究其原因，有些从事文艺批评的工作者缺乏对文艺批评持久的热情，更多地将文艺批评视为谋生的手段或者是一项科研工作而已。还需注意的是，已经而立之年的"90后"批评工作者还未登上宁夏文艺批评的舞台，着实让人着急。

冰冻三尺非一日之寒，问题也绝非出现在2022年，都是积存已久的问题，针对以上问题，解决的措施其实也是老生常谈。首先，主管部门要加强对文艺批评的重视，提供更多的发展平台，做好文艺批评队伍的建设，向文艺批评进行政策导向上的倾斜。对于文艺批评可以实施精准扶持，对于那些为宁夏文艺批评一直默默坚守的批评者予以支持和资助，鼓励他们走向更大的舞台。对于有志于文艺批评的后备人才给予政策鼓励与平台支持，促使他们更快地成长，从而培养更多的文艺批评者进入宁夏文艺批评的队伍中来，提高他们参与文艺批评的积极性和主动性，进而发挥文艺批评的功能与价值。其次，积极引导文艺批评多关注本土文艺的发展，尤其是鼓励年轻的批评者把目光多投向本土基层文艺创作，去发掘本土文艺创作的价值。同时，加强文艺批评者与文艺创作者之间的联系，营造一个良好的文艺生态发展环境。最后，主管部门要做好监管督查工作，力求让《关于加强新时代文艺评论工作的指导意见》（以下简称《指导意见》）这样的指导性政策文件落到实处，产生实际效果，尤其是针对本地的那些公开性学术刊物是否去贯彻《指导意见》要给予有效监管，加强文艺评论平台的建设，促进文艺评论的发展，从而助推新时代文艺走向繁荣，铸就社会主义文化新辉煌。

2022年宁夏书法创作发展报告

杨开飞

2022年10月，全国各族人民翘首以盼党的二十大在北京胜利召开。书法领域为了迎接庆祝这一举世瞩目的盛会，早动员，早谋划，早落实，以同心向党、为党创作的自觉意识和主动作为，开展了形式多样、内容丰富的书法创作活动。党的二十大提出"团结奋斗"的会议主旨统一了书法工作者的思想，极大地激发了大家的书法创作热情。

一、宁夏书法创作的三种主要类型

文艺事业是党和人民的重要事业，广大书法工作者必须按照党和人民的期待与要求进行书法创作。2022年宁夏广大书法工作者倾情投入、用心创作，推出一批优秀作品，切实发挥了聚人心、暖民心、强信心的重要作用。

（一）党的二十大主题书法创作

主题书法创作是新时代建设中国特色社会主义文化强国的必然要求，也是党对书法创作全面领导的重要手段。党的二十大主题书法创作反映了广大书法工作者鲜明的政治态度和思想立场，表达了书法家为党服务、为

作者简介　杨开飞，宁夏大学中国书法研究所所长，教授，宁夏文艺评论家协会副主席，宁夏书法家协会主席团委员。

人民服务的坚定信念。

首先，全国性主题书法创作。2022年4月，中国书法家协会向宁夏吴善璋、李洪义、宋琰、陈国鸿、范彦奎、马雪宝六位书家发出邀请函，针对每个人制定创作任务。六位书家的创作经过专家严格审查，思想内容和书写质量达到国展水准，参加了中国文学艺术界联合会、中国国家博物馆、中国书法家协会共同举办的"征程：迎接庆祝党的二十大胜利召开书法大展"（以下简称"征程"）。吴善璋创作的题签内容是"脱贫攻坚精神"，李洪义篆刻内容是"金沙滩"，边款为"闽宁镇从'干沙滩'到'金沙滩'的传奇故事，是闽宁扶贫协作的生动缩影"。陈国鸿与马雪宝的书法创作同样以脱贫攻坚为题材。与前四位书家的创作主题迥然有别，宋琰的主题是中阿经贸交流，范彦奎的主题是煤制油科技创新项目。将篆刻纳入党的二十大主题书法创作堪称"征程"大展的创新之举。展览秉持浸入式感受、体验式书写、主题性创作理念，推进构建"以事成文""以文成墨"的主题创作模式。中国书法家协会要求每一位书家深入生活，与基层一线普通群众、先进人物一起生活、劳动，感知精神，寻找灵感。"征程"主题创作将书法寄情抒怀与记言录史时代功能相结合，文本形式与表达内涵相融合，主题创作与社会生活相贴合，推出精品力作与体现中国风格相契合，精心打造人民性、时代性、专业性并重的书法篆刻大展。

其次，宁夏主题书法创作。宁夏书法家协会举办"奋进新征程，建功新时代"——"喜迎二十大"宁夏第八届书法篆刻展。展览包含主题书法创作及广泛征稿两部分。主题书法创作分为两部分：第一部分为"牢记领袖嘱托，担当使命任务"主题书法创作，以党的十八大以来宁夏政治、经济、社会、文化、生态环境等方面取得的重大成就为书写内容，邀请宁夏名家和创作骨干进行主题书法创作，创作书法作品35件；第二部分为"向人民汇报——宁夏优秀基层书法家学习贯彻自治区第十三次党代会精神"主题书法创作，组织五市优秀基层书法家开展喜迎党的二十大创作活动，创作书法作品30件。喜迎党的二十大主题书法创作意在激励全区广大党员干部和基层群众继续弘扬伟大建党精神，自信自强、守正创新、踔厉奋发、勇毅前行，听党话，跟党走，感党恩。2020年6月，习近平总书记在宁夏考察时，对宁夏提出了"努力建设黄河流域生态保护和高质量发展先行区"的明确要求，自治区第十三次党代会报告中17次阐述黄河流域生态保护问题。宁夏全区牢记领袖嘱托，担当使命任务，按照总书记要求，加快建设经济繁荣、民族团结、环境优美、人民富裕的美丽新宁夏。宁夏主题书法创作立时代潮头，发时代先声，吹响迈向新时代、新征程的号角，向党的二十大献礼。

（二）新文艺群体书法创作

2014年10月，习近平总书记在文艺工作座谈会上作出重要论断："互联网技术和新媒体改变了文艺形态，催生了一大批新的文艺类型，也带来文艺观念和文艺实践的深刻变化。"当前十分活跃的新文艺群体当中，"很有可能产生文艺名家，古今中外很多文艺名家都是从社会和人民中产生的。"新文艺群体已然成为繁荣社会主义新文艺的有生力量。新文艺群体的艺术创作和文化服务，丰富了人民群众的精神文化生活。宁夏新文艺群体书法创作遍布全区五市，极大地增强了基层群众对书法的吸引力，人民群众在书法创作活动中体会到更多获得感、幸福感。社会各界的认可和喜爱进一步点燃新文艺群体书法创作的热情，很好地证明了新文艺群体书法创作的时代价值和社会效益。

2022年4月，中国书法家协会第八届专业委员会正式设立新文艺群体工作委员会，镇北堡书院牛尔惠成为新文艺群体委员会委员，他是宁夏新文艺群体的杰出代表。牛尔惠嗜好藏头诗，擅长碑派书法，吟诗挥毫，得之于心应之于手，深受人民群众欢迎。2022年2月北京冬奥会期间，他以"书贺冬奥"为主题，第一时间为中国获奖健儿，创作姓名藏头诗书法作品60多幅，在著名景点镇北堡西部影城"知恩堂"展出，并通过今日头条、光明网、抖音、快手、微信等平台发布，宁夏新闻媒体亦有播发。党的二十大召开之际，牛尔惠即兴赋诗，创作诗词书法作品120多幅，在互联网线上平台展出。2022年10月16日，牛尔惠以《贺二十大召开》为题赋诗一首："京城盛会聚英贤，共展宏图志浩然。良策复兴长远虑，深谋梦想大同圆。初心不忘开新局，乘势而为启百年。旗帜高扬红日照，龙腾虎跃谱华篇！"诗书合璧，借古开新，诗书创作让传统文化在风云激荡的互联网空间熠熠生辉。《中国书协第八届新文艺群体工作委员会学术研讨综述》称牛尔惠的镇北堡书院"坚守人民立场、弘扬社会主义主旋律、传播正能量"。在宁夏新文艺群体书法创作队伍中还有郭鸿光、于智勇、雷长林、席恒、曹强、王一凡等表现上佳，他们自谋职业，情系书法，自强不息，服务社会，具有很强的社会责任感，他们把个人的书法追求、艺术理想同国家前途、民族命运、人民福祉紧紧结合在一起，助推宁夏书法创作繁荣发展。

（三）个人书法篆刻碑廊拓片展和篆刻作品集创作

2022年7月1日，宁夏文史研究馆、宁夏文联携手宁夏博物馆、宁夏书法家协会、宁夏书画院和宁夏美术馆共同在宁夏博物馆举办了"柴建方书法篆刻碑廊"拓片展。这是老党员、书法家柴建方先生对宁夏这片热土的深情回报。柴建方草、篆、隶三体创作融会贯通，气象博大，恣肆纵横；篆刻古拙质朴，奇崛凌厉。展览精选柴建方书法篆刻碑廊拓片作品59幅，充分展现了作者对党的书法篆刻事业的无比忠诚和不懈追求，表达了老书法家爱党爱国爱人民的赤子情怀。

同月，《韩绍芳印存》由浙江人民美术出版社正式出版发行。韩绍芳篆刻汲取秦汉至明清诸家精华，入古不泥古，破法不悖法，篆刻工稳、古雅、纯净。他以汉鸟虫印为突破口，或取法于汉白文的笔画，或取法于青铜器、玉器等多种纹饰，或借鉴近现代鸟虫印的笔画特点，在篆刻创作上苦心孤诣，转益多师，使其作品生动鲜活，体态安详，赏心悦目。韩绍芳创作的近200件篆刻作品，均为闲章和斋馆名号印，印文大多摘取古代警言妙句，思想深刻，极具哲理，耐人寻味，引人入胜。

从表面看，党的二十大主题书法创作、新文艺群体书法创作、个人书法篆刻碑廊拓片展和篆刻作品集创作属于2022年宁夏三种不同类型的书法创作，其实后面两种类型创作方向与第一种完全一致，书法家们在这一年都怀着喜悦之情迎接党的二十大胜利召开，以不同的形式表达对党的爱戴拥护，歌颂党在世界大变局和大动荡面前，临危不惧，矢志不渝，敢于斗争，善于斗争，带领十四亿中华儿女劈波斩浪，勇毅前行，为全面建设社会主义现代化国家、全面推进中华民族伟大复兴而团结奋斗的坚强决心和必胜信心。

二、宁夏书法创作的方针

纵观 2022 年宁夏书法创作发展历程，"征程"大展，宁夏六位书家用坚实的作品挺起了宁夏书法创作的筋骨和脊梁，在中国国家博物馆这个神圣庄严的殿堂为宁夏书法争得荣誉与尊严，树立了良好形象。新文艺群体书法创作扎根基层，礼赞日新月异的幸福生活，为宁夏书法创作增添了新气象。尤其是镇北堡书院的"知恩堂"主人古道热肠，触景生情，且诗且书，怀着感恩之心，致敬人民，服务人民，宣传忠孝爱国，充满乡土气息，线上线下多措并举，掀起弘扬传统文化的热潮。宁夏书法创作上可升"天"，下可入"地"。年近杖朝的柴建方，挥毫不辍，壮心不已；深居煤城的韩绍芳，铁笔耕耘，鸟虫惊人，渐入佳境。宁夏书法创作在静默中生长，在奋进中崛起。

宁夏书法创作发展始终坚持"植根传统，鼓励创新，艺文兼备，多样包容"的十六字方针。"植根传统"是"根"，它需要有执着挖掘经典的坚韧毅力。2022 年举办宁夏第十四届书法篆刻临摹展（网络展），意在引导广大书法爱好者始终向历史学习，向经典致敬，这是宁夏书法创作的光荣传统。"征程"大展的六位书家是植根传统的先觉者、先行者、先倡者，他们通过自己的创作，书写和记录人民群众脱贫攻坚的伟大实践、改革开放的时代要求。"鼓励创新"是"魂"，宁夏书法创作入古出新，表现出强烈的创新精神。书法创作大多从抚摩晋唐名迹开始，取法乎上，下探明清诸家，博览群书。既不限于独尊一家，又不止于融汇百家，而是追求自成一家。"征程"展的六位书家虽均以行草著称，但各擅胜场，迥然不同；个别作品从篆隶探消息，使其行草书不独有帖学的婉转流畅，更兼备碑学的方折顿挫。新文艺群体书法创作同样各有千秋，他们或以魏碑之形得汉隶之神，隶楷相参，质朴浑厚，或以行草之势含篆籀之筋，有八大子贞之余绪，继清人而后起，在继承前人的基础上力求创新。"艺文兼备"是"本"，宁夏书法创作素材多以古典诗文为主，以自撰诗文为辅。"征程"展书法创作中宋琰与金瓯合撰《中阿交通赋》，陈国鸿与申雷撰写《永结山海情,同奔致富路——记闽宁对口扶贫协作援宁群体》,做到"我心著我文,我文由我书"。"多样包容"是"体",宁夏书法创作需要在全球化语境下,古不乖时,今不同弊,既对立又统一,既开放多元又不违背传统。十六字方针体现了宁夏书法创作所应有的人文内涵、学术品格和时代属性,它博大包容、相互联系,以伟大的中华美学精神展示时代风采。

三、宁夏书法创作发展的问题探寻与前景展望

恩格斯在论述文艺复兴的伟大成就时说:"这是一次人类从来没有经历过的最伟大的、进步的变革,是一个需要巨人而且产生了巨人——在思维能力、热情和性格方面,在多才多艺和学识渊博方面的巨人的时代。"中华民族正迎来空前巨变,我们比历史上任何时期都更接近中华民族伟大复兴的目标,比历史上任何时期都更有信心、有能力实现这个目标。实现中华民族伟大复兴需要中华文化繁荣兴盛,呼唤为中华民族提供丰厚精神滋养的书法大家和具有崇高理想的文化巨人。

宁夏书法创作与历史上一流书法大家相比,在思想积累上还不够丰厚,在知识储备上还不够充足,在文化修养上还不够虔诚,在艺术才能上还不够卓越。人们将宋代比作东方的文艺复兴时代,陈寅恪盛赞中华文化历数千载之演进,"造极于赵宋之世"。人们艳羡苏轼在文化上的优异表现,他于儒学、道学、佛学、文学、诗学、词学、画学、书学等方面无不通晓。自称"吾文如万斛泉源,不择地皆可出。在平地,滔滔汩汩,虽一日千里无难,及其与山石曲折,随物赋形,而不可知也。所可知者,常行于所当行,常止于不可不止,如是而已矣!其他,虽吾亦不能知也。"苏轼具有出群的文化自信,思想人格孤高绝耸,艺术才能浩然无羁,故其书法推为宋四家之首,受人膜拜,笑傲千秋。苏轼无疑是他那个时代的书法大家和文化巨人,未来宁夏书法创作应从此处获得启示和营养。

宁夏书法创作既要择高处立,还要就平处坐,向宽处行。"平处坐"是和人民坐在一条板凳上,"宽处行"是大力推广普及中国书法,做好惠民服务工作。2022年春节前夕,宁夏书协与各团体会员为基层群众和一线劳动者送春联、送福字,共举办142场(次)书法创作活动,参与书家

654人次。宁夏书法创作不仅让普通百姓春节享受书法带来的喜气和福气，而且让每一天都变成书法的节日，让每一个人都变成宁夏书法创作的后备力量。让中国书法成为每一个中国人的标配。宁夏书法创作始终把社会效益放在首位，为历史存正气，为世人弘美德，为自身留清名。

习近平总书记说："新时代需要文艺大师，也完全能够造就文艺大师！新时代需要文艺高峰，也完全能够铸就文艺高峰！"宁夏书法创作发展始终着眼未来，志存高远，脚踏实地，不负时代，不负人民，力求创作更多思想性、艺术性、观赏性有机统一的优秀作品，为实现"龙文百斛鼎，笔力可独扛"的大师之作而奋斗。

2022年宁夏美术创作发展报告

贾 峰

2022年，宁夏美术创作成绩颇丰，产生了一大批有高度、有深度、有温度的精品力作。但相较于2021年创作的活跃态势而言，本年度更多呈现出一种波澜不惊的平稳状态，"60后""70后"美术工作者依然是中流砥柱，以一种精神性的感召力发挥着良好的示范引领作用，"80后""90后"美术工作者逐步崭露头角，但大多还没有形成成熟的创作方法和典型的创作形式，尚处于风格探索期。

一、年度美术创作的基本情况

总体来看，2022年度宁夏美术创作主要呈现出两个方面的特征。一是主题性美术创作占据主要篇章，广大美术工作者围绕"一河三山""乡村振兴""一带一路"等主题创作了一批水准较高的作品，为讲好宁夏故事、展示宁夏形象发挥了积极作用。其中，具有代表性的作品有赵忠的中国画作品《鱼米是家乡》、王枰的中国画作品《贺兰山纪游墨稿》、王雪峰的中国画作品《我是一个兵》、周一新的中国画作品《朱德》、孙全义的油画作品《黄河流域生态系列——枸杞采摘季之一》、刘芬的中国画作品《筑梦者》、何占福的中国画作品《革命圣地——延安·西柏坡·梁家河》、张金凤

作者简介 贾峰，宁夏社会科学院文化研究所助理研究员。

的油画作品《致敬！银西高铁建设者》、李晓春的油画作品《西部写生系列》、胡小敏的中国画作品《山水清音》、安静波的版画作品《跳跃的阳光》、马宏伟的中国画作品《春风又绿黄河岸》、王立洲的中国画作品《无限风光在险峰》、薛文杰的油画作品《贺兰山组画》、刘朋的中国画作品《宁夏老红军谭德本》等。二是一般性题材美术创作在平稳发展中亮点频现，先后有 10 余人次入选全国性重要美术作品展览，极大地提升了宁夏美术作品在全国的影响力，进一步丰富了社会的审美需求和公共美育内容。其中，比较有代表性的作品有张少山的中国画作品《格桑花》、梁永贵的中国画作品《人物肖像系列》、马建军的中国画作品《大吉图》、孙立人的油画作品《风景写生系列》、撒学文的中国画作品《秋荷系列》、杨永仁的油画作品《岁月……》、仇海的雕塑作品《葫芦娃》、罗贵荣的版画作品《广军》、孙燕的中国画作品《佳音》、徐秀丽的中国画作品《童趣》、马培钊的油画作品《初春》、董亮的油画作品《萧关·塬》、卯芳的中国画作品《蔡家婆》、李雪的雕塑作品《THE GIRL》、岳子萱的中国画作品《人月双清》、边静的油画作品《红墙》、方佳佳的水彩画作品《抽屉里的回忆》等。

二、重点推介的年度美术作品

左力光每年都会投入大量时间用于采风创作，在他 2022 年完成的诸多作品中，以《贺兰山灵光寺》和《岩羊颂》最具特色，两幅画作均是作者以 2021 年在贺兰山苏峪口国家森林公园的速写为母本，于 2022 年 10 月完成了水墨纸本的再创作。两幅作品都以关爱自然为主题，传达出人与万物和谐共存的中国传统自然观。他在《贺兰山灵光寺》中题跋"万物相关才能相融。云亦是山，山亦为树，点可以是线，线亦为面。人与动物、万物相融为自然、为和谐。画亦同理，进入'糯'境方显灵光。"左力光在画面中力求笔笔见笔、力透纸背的表现技法，通过层层积染、反复皴擦，为观者呈现出金石斑驳、苍茫浑厚的贺兰山色。

李东星以银川周边的乡镇集市场景为素材，创作了中国画作品《欢乐集市》。其画面立意质朴，布局和造型独具匠心，在墨色和线条中对人物形象进行了适度的变形夸张，洋溢着一种向往自然的人文态度，整幅画面透露着一股苍茫与雄浑的大朴境界。集市是李东星近年来热衷创作的题材之一，他在创作中比较注重突显画面的构成感、节奏感和视觉张力。与此同时，再结合中国传统笔墨，特别是枯笔渴墨的大量使用，强调线条的书写性，通过运笔的轻重虚实、方圆尖曲等变化，使画面形成了独特的视觉语言图式，别具一格。

兼具诗人和画家双重身份的虎西山，以宁南山区风土人情及其地貌特征为依据创作了中国画作品《墨乡》，作者通过对沟壑山石、屋舍林泉、宁静的村庄、淡远的炊烟这些他熟悉意象的营造，力求表达出乡土乡俗和传统文化所交织的情怀。在虎西山的画面中，这些看似简单甚至不经意的意象存在，总会使人产生物我两忘，进而和山川大地融为一体的生命体验。整个画面以焦墨为主，点线结合，用笔粗放，形成了浑厚苍辣的笔墨风格，呈现了六盘山区大美无言的宁静和地老天荒的苍茫。

继 2021 年 6 月马惟军出版了连环画《扶贫记事》后，他再次参加了宁夏文联派驻西吉县新营乡大窑滩村驻村工作队，在为期一年的驻村工作中，他创作了 72 幅连环画作品——《乡村振兴生活记》。马惟军以乡村百姓的生活故事和情感世界为主线，应用线描艺术的表现手法，真实地表现出在乡村振兴的道路上，基层社会治理和人民群众生活所发生的巨大变化，以及西部边远地区农村社会存在的现实问题。作品中的人物形象和故事情节，都是作者驻守基层一线工作时的所见、所闻、所感，具有强烈的代入感和现场性。

经过多次尝试，朱彪用单一的红色创作了中国画作品《贺兰红》，摸索出一套用色彩表现宁夏葡萄酒产业的作品样式，这种形式美感具有强烈的感染力和视觉张力，和以往相关题材作品拉开了表现形式上的距离。这件作品看似是在画葡萄，实际上是表现宁夏人民热爱生活，奋发图强追求美好生活的诗意性作品，也暗合了"宁夏葡萄酒，当惊世界殊"这一主题。

王骞是宁夏油画家中的代表性人物之一，他涉猎的创作题材比较广泛，静物、风景和人物创作齐头并进。2022 年，他创作了系列静物油画作品，其中，在《秋实图》中所画的静物呈现出一个团状，有团圆祥和之意，画面色调明亮且对比强烈，自然之物水果与人造之物玻璃碗和谐共处，使整幅作品温润而有力。写实静物绘画的价值并不在于多么细致深入地将客观对象复制一遍，而是通过艺术家发挥个人的艺术修养及艺术水平将自然之物升华成为艺术之物，得以从"物"中见"物性"。

三、特别推荐的年度青年画家

近年来，宁夏"80后""90后"美术工作者开始崭露头角，成长为宁夏美术领域的中坚力量，多人入选全国重要美术作品展览，并偶有获奖，如王永晟、马飞龙、段炼等。

王永晟主要从事水彩画创作，其结合个人工作经历，创作了一批反映现实生活的美术作品。他在参加脱贫攻坚和抗击疫情工作中，积极发挥自身专业特长，用绘画的形式讲述身边故事，围绕乡村振兴主题，创作了《单家集牛产业》《靓丽身影》《促膝交谈》《幸福生活》等作品。特别是王永晟以抗击疫情为题材创作的水彩画《最美天使》引起社会和多家媒体的关注，被人民网、新华网等多家媒体报道，其中新华网点击量就有100余万次。

出生于1984年的马飞龙，先后入选"挖掘·发现：第六届中国油画新人展""可见之诗——第四届中国油画风景作品展"等全国重要美术作品展览。2022年，他创作的油画作品《我家住在黄河边》获得了第三届宁夏青年美术作品展一等奖，该作品以黄河岸边捕鱼人的劳作场景为素材，画面中人物肖像写实逼真，风吹日晒的皮肤质感、质朴而深邃的眼神，让观者感受到人与鱼不再是"主宰"与"被主宰"的关系，更像是人与自然的和解对话，捕鱼人脸庞透出丰收喜悦的同时，更怀有一份对自然的崇拜与敬畏，作者很好地将自己的生活体验与思想情感转化为具体的、生动的、可感的艺术形象。

2022年，张尚宝共计创作油画作品45幅，并且尺幅较大，题材比较宽泛，从宁夏红寺堡到内蒙古锡林郭勒盟大草原都留下了他创作采风的足迹。正是由于在不同地域文化的强烈感受下，张尚宝的作品里透露出强烈的诗意书写性。在《高天上流云》这幅作品里，作者试图表达一种我们虽然看不到，但是能够感觉到的历史苍茫感，一种纯粹的天然的诗性情感，他在用绘画的艺术语言表达自身对自然的无限敬畏之情。

2022年8月，赵海霞前往家乡西吉县的大窑滩村采风写生，看到家乡翻天覆地的变化和村民们朴实、热情、坚韧、乐观的精神面貌，她被深深感动，于是创作了《大窑滩村的老伙计》。这幅作品没有过多的制作痕迹，而是提笔直抒胸臆，用简洁的笔墨语言，表达纯粹而真挚的乡土情感，塑造了五个朴实憨厚的新时代农民形象。前不久，这幅作品入选了"2022·中国写意画作品展览"。

2022年，王成参加了中国文联组织的全国新文艺群体研修班，收获颇丰。研修期间，他创作了《一起向美好》《闽民镇印象》。这两幅作品融入了闽宁镇在脱贫攻坚和乡村振兴历程中的诸多元素，试图通过笔墨语言呈现闽宁镇26年砥砺奋进所创造的伟大成就。在《一起向美好》中，作者通过对整体构图的把握调整，在形式上进行了拼接处理，将城乡两种不同的生活状态集中反映了出来，暗含着"幸福是奋斗出来的"真理光芒。

"90后"青年画家王建平在本年度创作了系列青绿山水画作品，他大胆运用冷暖色彩的对比，以及水墨着色的手法，对大幅画作有着良好的驾驭能力。他在观看了虎年春晚舞蹈节目《只此青绿》后，有感而发于笔端，于2022年10月完成了丈二尺寸的山水画——《只此青绿》，描绘了盛世和谐、江山如画的壮阔场景。另一幅作品《雪域·318》是一幅水墨画，作者描述的是新时代西藏的交通大变革，画面通过对夜空和水面的墨色渲染，对比出主体山势和桥梁的结构，表现出雪域高原天堑变通途的新面貌。

段炼是宁夏最年轻的中国美术家协会会员，自2012年开始，她的中国画作品十余次入选中国美协主办的重要展览。2022年11月，段炼中国画作品《花语》被邀请参加了"赋彩新时代——中国重彩画学术邀请展"。她近期刚刚完成的作品《播种春天之二》，以画者的视角记录了劳动者运用新型农机劳作的场景，反映社会主义新农村的现代化、机械化以及新时代劳动者劳作模式的转变。五位劳动者围着播种机相互配合将玉米种子装入机器，为播种做好准备，人物与机械形成团状，结实而稳重。画面以象征春天的嫩绿为底色，机械被赋以热烈的色彩，人物则以黑白灰为主，矿物颜料与水色颜料有机结合，使整个画面明亮热烈而又朴实沉稳。

周怀洋在2022年的艺术创作中，始终贯穿了西北地区的自然风土考察，通过长期的实地走访、以心感物，用比较细腻的笔墨语言表现西北地区的广袤与萧肃。其中，中国画作品《石谷》以岩画、山石、草木交错构成，近景画面对整块岩画进行内容再现，以石块的堆叠为画面主体，穿插戈壁滩的野草枯枝。画面远景以点为线，通过戈壁碎石的组合连接，拉开了画面的视觉空间，使得画面松动，更趋自然。在底色处理上运用淡墨层层渲染，营造画面氛围，产生一种历史苍茫的现场感和与众不同的生活气息。

此外，王锶珞、李婷、马宝军、萧栋、岳晓鹏、李怀仁、张燕清、张炯、尹乔英子、陈沛、康泰、刘文静、李永攀、裴环环等青年画家本年度也都取得了出色的创作成绩。

四、创作经验梳理与存在问题分析

总体来看，2022年宁夏美术创作取得了丰硕的成果，积累了有益的创作经验，但仍然存在诸多现实问题与发展瓶颈。对此，笔者进行了初步的梳理和研判，概括起来主要有以下三个方面。

从创作意识上看，创作主体以更加开阔的艺术思维，紧跟时代发展步伐，敏锐捕捉社会热点，摆脱了以往持续传统题材创作的思维模式，由传统题材的"书斋创作"向多元主题的"社会创作"转变。但通过艺术作品阐释、反思现实问题的深度不够，尤其是对社会发展中出现的新事物、新现象、新问题缺乏深刻思考和表达，通过艺术创作回应时代关切、时代精神、时代课题的能力依然有较大提升空间。

从创作形式上看，本年度宁夏主题性美术创作有很大突破，能够将传统画法与时代精神有效结合，将当代审美新风尚融汇于传统艺术的表达之中。但在非主题性美术创作领域，创作形式仍然比较保守，缺乏形式的转变与创新，执着于原有的程式化创作而不能自拔。形成这一现象的原因，一方面是缺乏对创作主体有效的价值观念引导，另一方面是对非主题性美术创作缺少相关激励机制保障。

从创作群体上看，"50后""60后"美术工作者依然坚守传统创作模式,"守成主义"创作倾向明显,缺乏对艺术创作新动向的关注。"70后"美术工作者有着各自成熟而丰富的创作经验,所呈现出的风格也相对多元,但对艺术品市场的"依赖"也最强。"80后"美术工作者是目前宁夏美术界最为活跃的群体,敢于打破绘画理念的条条框框,热衷探索不同形式的创作方法。此外,新文艺群体从业人员规模逐步扩大,成为一支不容忽视的美术创作中坚力量。

2022年宁夏影视业发展报告

徐 哲

党的二十大报告强调，要"实施重大文化产业项目带动战略"。"重大"可以涵盖以下特点：一是对文化产业发展具有基础性、突破性、长期性的影响，二是对全国或区域经济文化发展具有引领示范效应，三是要有一定的规模和量级，表现在投资、空间、人流、业态等方面。影视业作为文化产业的龙头行业，是各省区发展壮大文化产业，提升区域文化影响力的支柱性产业，在影视业中酝酿产生重大项目更具可实践性、可操作性。宁夏虽然是小省区，但镇北堡享有"中国电影从这里走向世界"的盛名，在2008年也曾以《画皮》取得佳绩，小省区也可以办"大文化"，也可以发展好影视业。因此，有必要在了解全国影视业发展趋势的前提下，找准宁夏撬动影视业的杠杆，推进影视业的高质量发展。

一、2022年宁夏影视业发展特点

（一）影视基地更加火爆

一直以来，宁夏坚持发挥地域景观和人文资源优势，努力打造影视拍摄基地。镇北堡西部影城享誉海内外，沙坡头的诸多影视剧和娱乐节目流量众多，《山海情》的热播带火了闽宁镇，《万里归途》的热映带火了石

作者简介 徐哲，宁夏社会科学院科研组织处副处长，副研究员。

炭井工业文旅小镇。宁夏富集的自然景观资源、地质地貌资源和人文资源正逐步转化为发展影视生产基地的优势，吸引着更多剧组的进驻。

2022年，中宣部、国家广电总局献礼党的二十大创作的系列单元剧《我们这十年》的《沙漠之光》单元就是在中卫沙坡头拍摄的。剧集讲述的是中国建设者远赴北非，与当地人民共同建设清洁能源基地的故事。沙坡头的自然地理环境适合剧情的需要，成为该单元剧的摄制地。作为重点选题影视作品的拍摄地，对在全国人民面前展现宁夏形象具有重要意义。国庆档影片《万里归途》的热映又将石炭井工业文旅小镇推上了"热搜"。《万里归途》剧组曾在海南、内蒙古、贵州、甘肃、宁夏等地多次勘景，最终选定石炭井，主要是由于石炭井地区不仅地貌综合性最强，有大片沙漠和戈壁滩，还有废弃的矿厂、矿务局中学旧址、八号泉水泥厂、红光市场等工业遗迹，最适合搭建赛布拉塔城。近年来，石炭井借助充满时代感的建筑、矿石等工业遗存，坚持保护优先，坚持原生态，以企业为主导对闲置的工业遗存进行改造，吸引了不少国内剧组的入驻，《我的父亲焦裕禄》《突击》《爱在苍茫大地》《槐秋》等30余部影视剧就曾在此取景拍摄，中国现实主义题材影视剧拍摄基地的品牌进一步擦亮。

随着影视拍摄基地品牌的逐步打响，它在带动影视业整体发展、赋能文旅产业、展现宁夏形象、传播宁夏文化等方面的作用将更加凸显。

（二）作品内容更加贴近人民生活

2022年，宁夏制作的影视作品主要有乡村振兴题材系列短剧《大西北2》、36集电视剧《星星的故乡》以及电影《六谷儿》等。《大西北2》讲述了攻坚村第一书记郭岩带领全体村民走上乡村振兴之路的故事。《星星的故乡》主要讲述年轻女孩欧阳易星放弃大提琴师的梦想，传承父辈"戈壁变绿洲"的创业激情和坚守，守护葡萄酒庄，最终代表中国葡萄酒登上了世界舞台的故事。《六谷儿》主要讲述李震宇为完成"送文化下乡"的工作任务，来到大战场镇，本想对部分村民做个短期培训，但被农民们对文化生活的渴望所震撼，开始招收合唱团员，经过种种打击和磨炼，最终带领红宝村合唱团出现在了《新闻联播》中的故事。

上述影视剧均为现实主义题材，讲述的故事均来自于火热的生活，特别是《六谷儿》就取材于中宁县大战场镇红宝村农民合唱团的真实故事。为了保持故事的原汁原味，大战场红宝村农民合唱团团长李震宏作为故事原型担任主演，全体合唱团成员共同出演。据导演刘苗苗介绍，影片中还会穿插进一些真实的村民生活场景。这些创作手法将大大提高影片的真实性，还原现实生活的原生态。《大西北2》和《星星的故乡》，一个来源于乡村振兴，一个源自宁夏"星星故乡"和"紫色梦想"的文旅名片，都是对党和人民的讴歌，都是新时代宁夏人民"撸起袖子加油干"，奋力建设社会主义现代化美丽新宁夏的生动写照，具有强烈的时代感，能够给予受众精神鼓舞。

二、全国影视业发展的经验启示

（一）以人民为中心的创作趋向更加明显

2022年，第33届电视剧飞天奖、第27届电视文艺星光奖、第31届电视金鹰奖三个电视文艺重要奖项的获奖名单陆续揭晓，《装台》《跨过鸭绿江》《山海情》《觉醒年代》《功勋》《绝密使命》等主旋律电视剧同时荣登金鹰奖和飞天奖的获奖名单，作品和演员得到大众的广泛认可。由此可以看出，主旋律影视剧、现实主义题材正在成为大众的"新宠"，积极现实主义理念正在成为创作的主旋律。

盘点近几年主旋律影视剧、现实题材影视剧的播出放映情况，可以发现这些影视剧突破了以往中老年观众为主的传统主力受众群体，吸引了一批热衷于玄幻、穿越、盗墓题材的年青一代。究其原因，这些影视剧在创作中均保持高尚的人民情怀，均以"展现可信、可爱、可敬的中国形象"为己任，关注社会现实问题，关注人们的生存境遇，将宏大的家国叙事落脚到踏实质朴的人民生活，将中华民族伟大复兴的中国梦与个人理想相衔接，使作品有血有肉，既有高度，又接地气，从而书写出人类丰富饱满的心灵世界。一言以蔽之，人民生活、人民实践才是高质量影视作品的不竭源泉。这为宁夏创作影视作品，提升影视作品质量提供了借鉴。

（二）优质内容始终是根本

除了主旋律作品和现实主义题材作品，家庭题材、都市题材、科幻题材、悬疑题材、古装题材等影视作品也有很多得到受众的支持。2022年暑期档排名前五的电影中有4部分别为《独行月球》《人生大事》《神探大战》《明日战记》，暑期档的总票房达到了90亿元，在疫情影响下这样的成绩难能可贵。在电视剧方面，《幸福到万家》《梦华录》等一批影视作品也广受关注。从这些影视作品的火热可以看出，当下受众对影视作品的需求依然强烈。

这些影视作品能够得到观众的认可，最根本的还是在于作品内容优质。时代剧能够刻画当下社会人生百态，聚焦时代热点，以真实和接地气打动人，例如《人生大事》从殡葬师的角度毫不避讳地演绎了"生死"主题，以温情脉脉的暖心故事引发观众对生命的思考，打动观众。古装剧能够根植中华优秀传统文化，将中华传统文化之美搬上荧屏，深受观众喜爱。近年来，《知否知否应是绿肥红瘦》《大宋宫词》《鹤唳华亭》《梦华录》将宋文化全面展示，陈寅恪先生曾说："华夏民族之文化，历数千载之演进，造极于赵宋之世。"宋文化作为中华优秀传统文化的一座高峰，宋风雅韵赋予了这些影视作品极高的美学价值和深厚的文化底蕴，同时传统文化通过剧情与现实问题相结合，打破壁垒，传统之美映照进现实，满足了受众对美、对文化艺术的需求，给予受众以心灵慰藉。

三、宁夏推动影视业高质量发展的建议

（一）始终坚持以人民为中心的创作导向

"人民既是历史的创造者、也是历史的见证者，既是历史的'局中人'、也是历史的'剧作者'"，只有坚持以人民为中心的创作导向，才能不在"为什么人"的问题上发生偏差，才能创作出传得开、留得下的文艺作品。在文艺系统中，影视是最直观展现人民生活状态的艺术形式，也是最具群众基础的艺术样式。影视作品只有准确把握时代脉搏，以中国精神的深刻内涵锻造作品的风骨，以"人间烟火气"提升作品厚度，用心用情反映人民群众的喜怒哀乐、生活追求，才能塑造出鲜活生动的形象，才能讲述好百转千回的故事，才能得到人民的喜爱和认同，才能给予受众思想启迪、情感共鸣。

（二）着力开发优质内容

影视行业是内容产业，只有在内容上发力，不断提升影视作品质量，才能突破人才、资金短缺的制约，走出一条高质量发展的新路子。具体来说，一是将优质文学作品进行改编。文学作品是影视剧生产的宝库，近年来，得到受众认可、口碑较高的影视作品，例如《人世间》《风起陇西》等，也都是文学作品的改编之作。源自文学作品的影视剧在美学建构、情节叙事和价值导向上更为成熟和精进，更能反映时代气质，符合人民群众的审美需求。因此，宁夏提高影视作品的质量，向文学作品借力是必要手段。二是深挖宁夏历史文化资源。中华优秀传统文化是中国影视作品生产的肥沃土壤，区域历史文化则是区域影视作品提高质量、做出特色的能量源泉。在宁夏的发展历史中，有着许多精彩的故事、感人的事迹，从秦皇汉武，到明清以降，从辛亥革命到宁夏解放，从三线建设到奋发有为的新时代，每个时代都留下了不胜枚举的传奇故事、生动传说、感人事迹。这些都是源自人民的生产生活实践，是可以进行影视转化的资源，有必要挖掘其中的闪光点，进行影视改编。三是在消费者需求中找创新创意的点子。影视剧作为文化作品，生产的根本目的是满足大众的精神文化需求。要想得到大众的认可，就要知道大众想看什么样的作品，这就需要通过消费市场分析，寻找大众的观影热点。另外，在影视作品生产中，还要注意受众的区分，区域差别、年龄差别等都会影响观看需求，要在受众分析中找最大值，找共同值，才能不断提升影视剧的口碑和质量。

（三）坚持走拍摄基地带动路线

在产业融合发展的带动下，影视行业的范围越来越广泛，影视主题旅游路线、主题酒店、周边产品等等都已经成为影视业的一部分。影视业的定义也应该更加宽泛，应是以电影电视作品为核心所形成的相关产业。从这一点来看，影视拍摄基地的建设和发展也应纳入其中。有影响力的影视拍摄基地对影视业人才具有集聚作用，对开发文旅融合产业具有推动作用。

从近年来宁夏成为很多高质量影视作品的拍摄基地这一发展趋势来看，宁夏有着得天独厚的自然环境资源、丰富的历史文化遗存，这些都是宁夏建设拍摄基地的独特资源，对业界有一定的吸引力，也有一定的发展潜力。

对此，有必要进行系统谋划，使之产业化发展。青岛东方影都通过建设多个特色影视基地，构建集聚式发展的电影工业化制作平台的经验值得借鉴。当然借鉴经验不是照搬照抄，而是要结合宁夏区情实际，走具有宁夏特色的拍摄基地建设之路。一是通盘考虑，统一规划。宁夏全域面积小，各个地市往来便利，就可以考虑以宁夏全域为面来建设影视拍摄基地。目前，镇北堡西部影城、闽宁镇、石炭井、沙坡头是当前拍摄影视作品、综艺节目较多的几个点，可以先在这几个已经有影响力的拍摄基地上下功夫，进一步提升建设水平。需要注意的是要区分不同点的优长，避免同质化恶性竞争。例如石炭井的优势是年代感建筑，兼有沙漠、贺兰山等，沙坡头的资源则是以黄河与沙漠的相依为主，兼有66号公路、特色建筑等。另外，现有的拍摄基地都比较小，有必要聚集在一起，统一管理。二是充分了解行业需求和本土优长，形成竞争优势。国内很多省区有影视拍摄基地，但同质化现象严重。宁夏要推进影视基地建设，有必要明确本土的优势资源到底是什么。从《万里归途》《我们这十年·沙漠之光》精挑细选敲定宁夏来看，宁夏对业内的吸引力在地理环境，例如便利、优质的沙漠资源，苍凉悲壮的景象，有年代感的基础设施等等，因此宁夏的拍摄基地发展"戏路"应该往现实主义方向靠拢。在有一定基础后，再考虑拓宽"戏路"的问题。三是配齐配套设施，提升服务水平。可以在影视基地周边发展酒店、民宿、餐饮等行业，特别是围绕基地拍摄的有影响力的影视剧，开发主题酒店，拉长产业链。还可以尝试与华侨城集团等主题乐园开发方合作，开发宁夏的主题乐园，例如结合盛名在外的镇北堡，开发具有西北特色的主题游乐园，进一步提升镇北堡的品牌影响力。

总的来说，宁夏虽然是"小省区"，但在影视产业上一直在寻找突破口，在找适合宁夏影视业发展的着力点。相信在不断努力与探索中，宁夏的影视业将走出一条具有特色的高质量发展之路。

自媒体时代文学经典传播传承及经典化问题

牛学智

自媒体时代的文学经典传承,之所以成为问题,来自于这样一个预判,即在自媒体时代,文学经典的阅读首先成为了问题。阅读的首要问题,不是读多读少、如何调整阅读姿势的问题,而是阅读习惯、阅读方式方法和阅读心情的变化。无论怎样界定变化,变化中总有变革的内涵。既然如此,按常理,变革总不至于连同有价值的东西一齐舍弃。只要能保留一点有价值的东西,变化就不该全是坏事。那么,既为经典,应该说它所包含的恒久价值和永恒意义,便不会因习惯、方式方法和心情态度的变化而缺失,这是不是意味着,经典的传承与读者的阅读习惯、方式方法及心情态度有直接乃至深层关系呢?

一

这就不得不先认识自媒体是个什么新生产物了,或者说不得不先了解一下文学经典在玩自媒体的群体手里变成了什么这一根本性问题了。

那么,什么是自媒体呢?早在20世纪,著名传播学家马歇尔·麦克卢汉在《理解媒介》一书中就提出过"媒介即讯息"的相似理论。其含义是媒介本身才是真正有意义的讯息,即人类只有在拥有了某种媒介之后才有

作者简介 牛学智,宁夏社会科学院文化研究所所长,研究员。

可能从事与之相适应的传播和其他社会活动。媒介最重要的作用就是"影响了我们理解和思考的习惯"。因此对于社会来说，真正有意义、有价值的"讯息"不是各个时代的媒体所传播的内容，而是这个时代所使用的传播工具的性质、它所开创的可能性以及带来的社会变革。麦克卢汉是媒介理论大家，他由媒介导出社会变革，表明讯息手段及其本身便是某种新兴社会内容和结构，由此推而广之，围绕在我们周身无处不在的论坛、博客、微博、微信以及新兴的视频网站，就是自媒体现有的主要表达渠道，而随着个人用户对互联网的深度使用，以各地网络为代表的个人门户类网站将成为自媒体的新兴载体。理由在于，其一，除了传统博客的信息发布功能，个人门户的个性化聚合功能还能精准并即时获取信息，从而构成一条双向的即时信息通道。这种通道的存在有利于培养更加广大的信息受众，从而支持起更加旺盛的信息表达诉求。其二，个人门户能够将数据挖掘和智能推送结合在一起，从而通过一种用户乐于接受的方式推动自媒体的传播，例如各地首创的各地热闻模式，会自动将每天推荐人数最多的并且是用户感兴趣领域的内容自动推给用户。而传统的博客虽然也有排行榜显示信息的热度，但是无法达到信息推送的智能程度。其三，个人门户建立的社区生态链加强了用户之间的联系纽带，使得信息的发布者与接受者们沟通更加紧密，联系也更加稳固。我们都知道，每一个成功的自媒体背后必然存在一拨支持群体，博客所能提供的简单留言评论的方式已不足以满足建设一个忠实粉丝圈的需求，传统的做法是再辅以论坛和即时通信，但是所有这些功能需求都已经被聚合到个人门户这种新兴载体中，因此个人门户理所当然地将成为自媒体的最佳表达途径。

自媒体之所以爆发出如此大的能量和对传统媒体有如此大的威慑力，从根本上说取决于其传播主体的多样化、平民化和普泛化，这无疑是自媒体好的一面。有好的一面，自然有不好的或负面的影响。所谓良莠不齐、可信度低、法律不规范等，是每个卷入自媒体的人都能感受到的不足，甚至由此再延伸到文学文本，粘贴、复制、拼凑、移植、套用，乃至于篡改、整合，特别是取其一点不计其余，放大一处屏蔽其他的做法，几乎同时是自媒体的另一别名，则更无须多言。

二

在如此大的自媒体语境，我们把问题稍微聚焦一下，比如收缩到文学经典的阅读传播上来，看看自媒体对文学经典到底有什么影响。比如面对《三国演义》，依据86版电视剧画面，小视频、抖音、直播间就有多种角度和多种题材选择。为着简便起见，可以归纳为以下几种。

一是对应当下职场，勾兑察言观色伎俩，经典成了处理人事关系的厚黑学范本。《三国演义》中刘备怒摔阿斗的细节，被发挥成了刘备笼络人心的绝好表演；诸葛亮挥泪斩马谡，反而也成了诸葛亮用计除掉马谡的阴谋。这样的"提炼"，不能说绝无道理，但距离原著所要表现的思想和情感，肯定有不少出入，甚至误读。然而，为着点击率，为着流量，自媒体制作者显然也下足了功夫。兵不强马不壮，身边又缺人手，并且处于逃命阶段的刘备，面对曹操的三军围追堵截，保儿还是保将，的确是个棘手抉择。关键是，赵子龙已先于他考虑到了兹事体大，并以自己的实际行动用性命担保，保住了阿斗的性命。面对惊恐万状的将士，面对一身血衣的子龙将军，聪明的刘备脱口而出的一句"为一孺子，险折我一员大将！"既是事实陈述，又是对赵子龙的极高褒奖，特别是给听者莫大鼓舞，可谓"一石三鸟"。对应于职场，刘备当然是最高掌权者、决策者，如果能恰到好处地在亲情与下属之间迅速做出高情商决断，那么便能一劳永逸，不愁缺少卖命的下属，人事的牌便算打赢了。如此制作和剪裁，制作者显然瞄准了当下职场内部人事关系紧张这一普遍现象，成功收获了草根们的心理。然而流量之余，经典《三国演义》的真正用意、真正价值启迪，却实在是失之毫厘谬以千里。这里当然指的是反着读所得启迪，而不是顺着读被蛊惑的阴谋权术。人事关系就不再因经典的启示而考虑构建现代管理机制了，自媒体的观看者，其主体性也就永远蒙昧不醒，在"原来如此"的巨大吸引力中永久沉睡了。同理，诸葛亮挥泪斩马谡，原著的字里行间，流露的无不是饱满人情与事业抱负之间抉择的艰难和无奈，可经自媒体取舍，活脱脱变成了一幕让人脑门出冷汗的鸿门宴。不但滤除了上下级之间昔日浓厚的情谊，同时也干掉了名著强度语感感染力，只剩下了可怕的"心机"。在此基础上，文字所织成的隽永表达及所营造的刻写人物的精准酣畅，皆被职场乱糟糟的勾心斗角所破坏，经典从而沦落为一场龌龊的诛心之术，乃至于醇味尽失。

二是作为当下心灵鸡汤的调制佐料，浸透着儒释道两面性的复杂经典反而成了肤浅女性（女权）主义标配。自媒体抖音、小视频、直播间，分享知识，畅谈人生体悟还在其次，其主要关切是用来观看，在观看中有互动，有相应红包送礼和带货，这才是引诱观者的终极目的。观看之谓者，首要条件恐怕是美颜，须得具备被看的持久耐性，制作者挖空心思揣摩人们的窥探心理，打审美的擦边球，本是他们的长项。但此长项在产权归属上却又具有绝对的排他性，相比女性身体的娇媚、声音的诱人、衣饰的华丽光鲜，男性再怎么努力弥补知识上的优势，再怎么展露大脑的沉思状，好像都不会轻易在自媒体市场上成为优胜者。在这一块，我见得最多的是制作者对张爱玲小说和《红楼梦》的拆解。躺下，毫无睡意，于是拨弄手机。这个时刻显然不想看严肃的话题，亦不想思考深奥而无解的问题，那么，女性婀娜柔美的身段，略施粉黛的面庞，言语又得体，自然是观看的最佳选择。一上场，你首先被一张成熟却不油滑，似乎阅尽沧桑却又像超然于酸楚，也许读书不多但给人感觉一定是深挖过某一领域的知性女子所吸引。张爱玲小说主题当然有多义性，然而如何巧妙地处理闺蜜关系，如何机智地周旋于众异性之间，乃至怎样摆布夫妻之事，唯独不会是张爱玲小说的侧重点。可是，自媒体小视频所关注的正在于此。一般是利用张爱玲小说金句，巧妙镶嵌进早已布好的局，一切生活、情感中的不如意，经张氏金句一点拨，仿佛真像那么回事了。这时候，本来针对大环境，缘于个体不能自处、不能自已的迷茫、无助、焦虑、压抑，忽忽悠悠、迷迷糊糊被自媒体编织的鸡汤故事所收编，所消解，所稀释。你被告知，所有的不快、挫败感，皆源于自我的修炼和心态。同理，《红楼梦》中无以计数的人生小细节、情感小波动，曲里拐弯的异性暧昧关系，几乎不经过怎么费力的语境转换，就能直接进入当下人们的精神世界，照样是一通穿靴戴帽，照样是一通穿针引线，照样是一通张冠李戴，结论也早已摆在那里了。人生中的诸多闹心，生活中的磕磕绊绊，情感世界里的纠结郁闷，都起于自身的愚钝。言外之意，如果情商高点儿，并且学会八面玲珑、俯仰逢迎，没有过不去的坎儿。

到此为止，张爱玲小说，《红楼梦》情节细节，哪里还是大时代麾下小个体困窘处境的写照，哪里还是儒释道所浸润的精湛传统文化及其具体的人伦道德关系的体现呢？在自媒体个性化推动下，这些经典话语方式、经典情感模式、精粹语言语感，哗然一变，成了都市女性（女权）主义排斥男性合理精神诉求，警惕男性积极价值生长的利器，不是强化异性间和谐相处、互补生成，而是刻意鼓荡性别撕裂、蛊惑狭隘自我意识，乃至于铸造自我防卫的铠甲。经典所涵养的美妙人性和对美妙人性的神秘向往，在手指的频频滑动中，也就支离破碎、土崩瓦解了。

三

以上两种常见自媒体形式外，还有一种经典解读法，比较复杂，有太多的信息，也许不能一下子分出个好坏来。我们可以通过个案试着分析其中的门道，比如路遥的长篇小说《平凡的世界》。纸版原著分上中下三部，共计百万余字，作为分析与概述，其重要情节当然可以分主线、副线或者更多线索，这仅是一种权宜之计。因为所谓线索，在作者的叙述中其实是浑然天成的。可是对于几分钟的自媒体，不只是要拎出主、副线，甚至还必须在主、副线乃至草蛇灰线基础上，进一步简化、浓缩、提纯乃至充满曲解、误读式的个性化理解，这是自媒体这种节奏和形式的规定性使然。要保证百万字之巨的长篇叙事，跨度十年之久的社会现实变迁，容纳着上百个人物乃至无数家庭人口的艰难生活，特别是纷繁纠结的情感命运和苍凉凌厉的内心活动，在短短几分钟原汁原味呈现，这事神仙都不敢拍胸脯。怎么办呢？他们只能以某一个人物的某一个行为或心理为突破口，拉出一个相对完整的线索，向前做一些铺垫，向后做一些延伸，就行了。关键不在于是否建构了符合原著的故事框架，而在于所选择突破点上的人物命运有无明确而肯定的结论。比如抓住孙少平的爱情线索作为突破口，所注重者就不在农家子弟孙少平身心一直承受着的生活和精神负重，而是他如何与官二代田晓霞无法突破世俗观念束缚，最终回归龙生龙凤生凤老鼠生的儿子会打洞的结局。在这个转述过程中，丢的东西也就太多了。要而言之，其一，高中毕业生孙少平，作为回乡知识青年，为什么不能或不愿安安稳稳当个乡村代课教师？在政治环境刚刚有所松动的当时，这意味着农村知识青年怎样的精神状态？其二，按照今天的流行价值，一个是草根农民儿子，一个是地委书记千金，不可能是同路人，那么，《平凡的世界》中，作者为什么还偏偏让田晓霞主动追求孙少平，这背后是什么社会风气在推动或者是作者怎样的一种思想考虑？其三，回归煤矿的孙少平，如果田晓霞不出事，他们的爱情能得到社会普遍支持吗？作者既让田晓霞出事，也让孙少平的师傅出事，是否说明孙少平与其师傅的妻子、昔日他唤作嫂子的女人走到一起，仅仅是作者对世俗观念的一种认同、妥协？当然最重要的是，作为灵魂人物之一，在孙少平身上，寄托了作者怎样的一种思想？如此等等，还可以继续追问下去，所涉及问题几乎都是原著的精髓所在，但无一例外，却均在自媒体的"遗忘"之列。

这是不是意味着，就此可以一口否决自媒体了呢？不能。这一关节点所体现出的恰好正是自媒体与文学经典传播的核心关系。这要从两方面来看待。一方面，如此对待文学经典，显然有别于以上两种的态度。不消说，这种处理文学经典的方式，表明了制作者自身对经典的令人敬畏的姿态，想想就不难理解。他们必定首先对文本下过非常深的功夫，否则，也不会搬上几分钟的平台，无论怎样质疑自媒体，这一点必须肯定。退一步说，在当下许多文学读者都不愿啃正经经典的语境，能用简洁言语概述文学经典，本身也是一种传播，至少，总比让人们淹没在哈哈一笑的无聊段子中要有意义得多，这一点也必须给以正名。

四

请原谅我的鲁莽，我们还得再次回到"但是"上来。说到底，在刚提到的这种自媒体现象上，我们完全可以由此说开去。作一些联系，我们马上会想到出版人为适应青少年阅读心理，通过图文并茂形式，对四大名著所作的简化处理；影像商人为迎合读图时代的普遍社会心理，通过专业人士的声音，对文学名著所作的朗读版处理。这种现象，不是在今天自媒体时代才出现，作为一种市场行为，它们已早于自媒体存在了。恕我直言，我就见过几位比较有名气的小说家，你明明知道他身体健康，耳不聋眼不花，可是无论开会还是散步都戴着耳机，一问便知，他们在听经典名著呢！怪不得读他们的作品，沉思型语言越来越少，画面性话语越来越多；深沉的情感叙述越来越稀薄，浮皮潦草、简单直白的陈述越来越重。可见，经过汉字的有机合成营造的汉语韵味，理应穿越眼睛才能到达心灵。而听，如果没有过耳不忘的特异功能，耳朵反射到神经中枢的其实只是一些形象的碎片，甚至是残片。浅是听觉对视觉的致命否定，听也就构成了对看所蕴藉的思的基本颠覆。当我们一路狂奔在听所营造的文学形象路上时，文学提供的其实仅仅是图像和事件。思想从此消失了，情感从此遁隐了。

话说到这里，实在扯远了。再回到自媒体与文学传播，从刚才所述进一步表明，自媒体对文学经典的传播，只是此链条上的延伸和变异生产，这种形式可谓"古已有之"，我们根本用不着大惊小怪。我们也同样可以作一个假设。假如没有这些新媒体、新载体，也许会少一种经典的传播手段，大体上不会太多影响到经典的传播广度和深度。因为，即便有了朗读版经典，它毕竟还是经典，字数不会少、内容不会减、密度不会小，听和读，处理的依然是同一个东西。所以，对于平时不听、不读经典的也可能还是不去听、不去读，这是必然的，无需过多论证。

五

那么，问题来了。我们究竟该如何面对最接近朗读版，又不同于朗读版的自媒体经典传播呢？是全网大肆封杀如此自媒体，来确保纸本经典的阅读有效性，还是继续保持和发扬如此自媒体，让真正的经典在多元化传播手段中不断经受时间的淘洗、年轻读者胃口的挑剔？如果我们不人为神话、圣化经典，闭着眼睛也会选择后一种。道理很简单，每次只几分钟的自媒体传播，它们赖以生存的基础是点击率和流量，也就是说，它们不会选择折本的买卖。毫无含糊，这是它们首先对文化市场、阅读市场、价值市场、精神市场经过精细调研和把握后的结果。在这一过程中，不排除它们对读者所进行的类型化处理。但一般而言，主要是对当下时代人们最关切、最上心、最热切期待的精神问题和意义问题的关注和研究。如此，所选经典，无论近的还是远的，无论中国的还是外国的，最起码得具备一点，就是是否具有反复阅读的魅力。这魅力就自媒体而言，限于时间和节奏，又主要还不是语言的，而是故事、情节、细节，乃至由此而再生产的故事的多解性、情节的多层次性和细节的多义性。说到底，是所选经典所蕴藉和包含的适合于不同时代人群关切的文化结构、情感结构和价值结构。

至少也是能由彼文化结构、情感结构、价值结构，转换升级成现代乃至当下普遍社会现实语境的结构或模式。毋庸置疑，与其说用自媒体传播经典，是对经典的简化、变异、误读和误解，不如干脆说，自媒体是对经典的重新选择乃至筛选。恕我冒昧，目前为止，就我对国内数十个一线作家，几乎自认为或他者认为重要长篇小说的阅读感受来说，如果不是为着世俗的研究，多数作品，硬着头皮读一遍都很困难，更别说重读了。这些作品的主要问题是不能引人入胜，细归纳其原因，首先是故事多为作者自我想象或自我营造，没有建构起相应的社会文化语境，与读者绝少共情。其次是情感模式太过私我化，深奥是够深奥，有些甚至直追所谓的形而上，但情感的载体——人，与当下一般个体的基本精神生活状态联系不深入、不一般化。最后是语言或话语方式多为静默型、冥想型，缺少行动的有力推动，这是与以上两个倾向密切相关的。表明细节并非来源于对现实生活的凝聚，而是模仿、习得和为情造文。这一点，是不是与听觉版的《红楼梦》有关，不得而知。

倘若我的判断大体不偏，按照自媒体的自身特点和运作规律，这样的作品恐怕很难进入自媒体传播流程。那么，我们的一些担忧，便着实有点多余。不过话说回来，当我们把自媒体传播，不是看作对经典的捣乱，而是视为一种内在于文学生产的视角乃至于当然语境，显而易见，在自媒体时代，我们势必需要率先考虑那种古已有之的、既成惯例的故事叙事思维定式。否则，文学恐怕真要面临终极危机了。因为，自媒体的后台操作者仍然是人，而人，对于文学，就是实体的读者。

新媒体文化篇
XINMEITI WENHUA PIAN

宁夏两大主流媒体对党的二十大新闻宣传的特色分析

贺玉莲

党的二十大新闻宣传，宁夏日报报业集团、宁夏广播电视台与历史同步，与人民同声，与时代同行，坚持内容为王，深研独家策划，专题强势出击，以更高站位引领矩阵式布局，以"时度效"统领硬核化报道，以跨媒融合助推"柔性化"传播，精准传递中国方略，生动讲述宁夏故事，以强有力的舆论引导，凝聚起全区干部群众奋进新征程的磅礴力量。

2022年9月15日至10月23日，宁夏日报报业集团报、网、端、微、号等25个发布平台，共发布文字、组图、视频、H5、动漫、手绘、VR等全媒体产品2900条，累计阅读量4800万；宁夏广播电视台刊发（转载）专栏报道和反映宁夏代表团参加会议讨论的各类稿件1900多条（篇），累计阅读量（点击播放量）8700多万次。

通过对宁夏日报报业集团、宁夏广播电视台党的二十大新闻宣传特色进行分析，可以更好地研究在媒体深度融合背景下宁夏主流媒体的新理念、新策略、新手段。

一、以更高站位引领矩阵式布局

两大主流媒体把政治站位立在高处，从顶层设计着眼，以更大格局统

作者简介　贺玉莲，宁夏新闻工作者协会专职秘书长。

筹安排党的二十大报道，谋划会前、会中、会后三个重点报道周期。

宁夏日报报业集团成立报道领导小组，统筹组织新闻报道和各项工作。在年初的工作会议上，集团明确将党的二十大报道作为贯穿全年的工作主线，先后制订了会前、会中、会后10个报道方案、应急预案。2022年2月17日启动"奋进新征程　建功新时代"大型主题采访活动后，有序精心开展"老区新貌""新时代看变化""走进县城看变化""奋斗者正青春""足迹""聚焦党代会　共话新发展""领航·美丽新宁夏""党的二十大代表风采"等系列主题报道。围绕党的二十大会期报道，集团组建5个团队，列出重点产品清单，将任务落实到11个报道项目组、栏目组。在3名随团记者的基础上，又抽调精兵强将组成前方报道团队到"听得见炮声"的会场前沿开展工作。10月5日起，集团主要领导和班子成员驻守单位，统筹各项工作。10月8日起，参与党的二十大报道的一线采访、编辑审核、在岗备勤、印刷、发行、物业等重点岗位的380人住进单位工作。集团所属报、网、端、微、号开设了"党的二十大特别报道""二十大时光"等27个专题专栏。会后推出"二十大代表回基层""二十大精神面对面"等专题专栏。

宁夏广播电视台统筹调度，外宣发力，让世界听到宁夏声音、了解宁夏故事、看好宁夏发展。从2022年2月开始，陆续推出"沿着总书记指引的方向前进·宁夏之变"、"奋进新征程　建功新时代·老区新貌宁夏行"、"奋进新征程　建功新时代·非凡十年"、"领航中国·美丽新宁夏"、"数说这十年"、"说说我们的新时代"、"百年党史榜样说"、《美丽宁夏入画来》、《乡村振兴迎蝶变·"四好"铺就"康庄道"》、《一村一品赋能乡村振兴》、"以先行区建设为牵引　推动高质量发展实现新突破"等40多个专题专栏或系列报道，对习近平总书记2016年和2020年考察调研点进行回访，报道在总书记的指引下各地近年来发生的变迁和百姓生活的改变。以行进式的方式，讲述原州区、盐池县、同心县、隆德县、彭阳县、西吉县和海原县等7个革命老区的发展成就，展示全区干部群众牢记习近平总书记嘱托，感恩奋进的奋斗故事和取得的历史性胜利、发生的历史性变革。党的二十大召开期间，宁夏广播电视台前后方密切配合，尽一切可能克服新冠肺炎疫情及宁夏代表团代表相对较少等不利因素，对中央广播电视总台新闻外宣工作进行精心策划，积极宣传好、报道好、贯彻好宁夏贯彻落实习近平新时代中国特色社会主义思想、总书记视察宁夏重要讲话精神和重要指示批示精神，以及宁夏党代表参加党的二十大的风采、宁夏各地各界群众对党的二十大的热烈反响，在央视《新闻联播》《朝闻天下》《午间新闻》《晚间新闻》《中国新闻》等栏目播发新闻101条次，做到了央视《新闻联播》每天都有宁夏的消息、声音和画面。10月18日至21日，央视《新闻联播》连续4四天报道党的二十大宁夏代表团代表讨论报告和宁夏各地热议党的二十大精神的反响。10月21日当天，央视《新闻联播》刊发3条宁夏新闻，将宁夏代表团代表及宁夏720万干部群众对习近平总书记的拥护和爱戴的声音传遍全国。大会胜利闭幕后，宁夏广播电视台继续推出"深入学习宣传党的二十大精神""二十大代表回基层""二十大精神在基层""我的新时代""党的二十大精神进乡村""学习新思想""第一书记朋友圈"等专题专栏，联合新华社拍摄制作《习近平的黄河情》，展现各地各部门为实现中华民族伟大复兴的中国梦勇毅前行的干劲和力量。

二、以"时度效"统领硬核化报道

在党的二十大召开期间，两大主流媒体把"时度效"挺在最前面，以即时化、专业化、特色化的编排确保重大时政内容讲透、讲实、讲深，打有准备之"仗"，打出了主流媒体"深、新、精、拼"的品格。

宁夏日报报业集团顶天立地谋划选题，入情入理构建叙事，深入研究策划独家报道，推出5组有思想、有分量、有力度的重点特稿。采用"特稿+H5"组合形式，全力打磨推出《向光而行——新时代十年的"宁夏答卷"》+《H5|你好新时代，我的名字叫宁夏——十年成长向党的二十大报告》等重点报道，展现了宁夏贯彻落实习近平视察宁夏重要讲话精神和重要指示批示精神的生动实践，主题鲜明、层次清晰、样态丰富，全矩阵浏览量达190.6万。集团各单位、各部门主动出击，用户在哪里，就把传播运营到哪里，坚持"以快取胜"，坚持"以联扩流"，抢占第三方平台，开展"指尖行动"，发力创意设计。其中与广西等其他4个自治区联动策划的

《各民族　心向党》大型融媒体报道,被全国261家媒体转发,累计浏览量260万余次。开展的"指尖行动"每天以昂扬奋进的姿态感染和带动受众一起转发传播,重点产品及特别策划海报九宫格在网络空间形成刷屏之势。

宁夏广播电视台在《宁夏新闻联播》设置"二十大特别报道"时政版块和"二十大时光·系列反响版块""对话党代表·市委书记访谈""对话党代表""二十大微话题""二十大时光·我在现场"等6个系列。特别策划推出"十年成就看民生"系列节目,邀请社会各界基层群众、相关单位负责人畅谈党的十八大以来10年的民生发展变化。联合全区14个县级融媒体中心,推出《我的这十年》短视频展播,推出《祝福带给二十大》网络互动留言板,用户可通过上传视频、图片、文字等形式为党的二十大送祝福,设置EPG首页飘红和党的二十大开机图,在移动、联通、电信首页首屏上线"庆祝党的二十大"网络视听精品节目展播专区,以大会动态报道为主体,采取会内报道和会外报道相结合的方式,为受众提供更多维度了解党的二十大精髓和内涵,体现宣传报道的热度、深度和厚度。

三、以跨媒融合助推"柔性化"传播

加强资源整合,创新主题宣传,宣传统筹、内容设计、样态创新、融合传播等多维度发力,直播、视频、图文多手段、多形式齐头并进,打造一支"聚是一团火,散是满天星,分频各精彩,汇聚一道虹"的战斗群,是两大主流媒体宣传报道党的二十大的突出特色。

宁夏日报报业集团全媒体发力,补短板强弱项,举全集团之力打造可看可听可视的特色栏目。精心策划推出原创视频《社会主义是干出来的":从宁夏响彻神州!》,8期《献礼党的二十大　美丽新宁夏》系列短视频,4期《献礼党的二十大　"三山一河"瞰宁夏》系列短视频等,跳到会场外展现10年伟大成就,呼应党的二十大报告,好评如潮,系列产品在集团全矩阵总浏览量超过1000万。策划推出的"从基层现场到党的二十大会场"短视频10期,全矩阵浏览量160.6万。《特别策划·党代表日记》10期,全矩阵浏览量38.2万。移动端读报产品《宁夏日报精彩推荐》7期,《亲历二十大VLOG》10期,《小澂带你读报告》8期,用普通人的视角分享新时代的幸福感和奋斗故事，使硬核的时政内容实现"柔性化"，将其巧妙转换成了一堂堂生动的思政课。

宁夏广播电视台强化网上网下宣传，更加突出移动端，全台各节目部门、宁夏黄河云融媒体中心、宁夏网络广播电视台网站、红枸杞客户端及融媒体新闻中心新媒体既发挥各自优势，又同向聚力，紧跟大会节奏，对开闭幕会议、党代表通道、5场记者招待会、5场集体采访等内容进行了及时、充分的传播，使公众能够在第一时间获取大会最新消息。卫视中心客户端展播"礼赞新时代 奋进新征程"优秀电视剧，排播《山海情》《功勋》《大决战》《觉醒年代》等多部主旋律剧目，排播纪录片《黄河安澜》，动画片《中华名人故事》。制作播出《喜迎党的二十大 建设美丽新宁夏》《喜迎二十大 大美看宁夏》等融媒体短视频，推出《筑梦西部》《劳动光荣 成就梦想》等系列融媒体产品以及H5互动产品。客户端集中编播《红领巾的故事》《好孩子》《鸡毛信》等多部红色经典电影，推出广播剧作品《我在黄河岸边住》，联合全国近20家省级音乐广播，线上播出"风华十年 踏歌而行 喜迎二十大优秀主旋律歌曲展播"，重点时段排播国家广电总局及自治区重点节目《闽宁纪事2022》《我们的小康印迹——宁夏"记录小康工程"纪实》《黄河谣》《思想的田野——宁夏篇》等多部节目，联合广西、内蒙古、西藏和新疆4家广播电视台所属广播频率制作10期系列专题报道《童心筑梦——我是小小石榴籽》，联动全国26家省级音乐广播、近50位主持人云合唱歌曲《领航》并在新媒体平台发布，创造平台和机会让人民群众与盛会"心贴心"，获得广泛关注和点赞。

2022年宁夏新媒体发展报告

崔 跃 薛成云

经过近年媒体融合发展持续推进，宁夏新媒体正处在由量的扩张到量质共同提升的关键阶段，基本形成了新闻媒体、政务新媒体、自媒体三大传播矩阵，网站、客户端、商业平台账号三箭齐发的传播态势，新媒体发展取得了显著成绩。

一、发展现状和特点

（一）全媒体传播体系建设取得积极成果

1. 基本情况

全区新闻类新媒体用户粉丝总数3238万，日均阅读量1658万。其中宁夏日报报业集团用户总数1330万，日均阅读量968万；宁夏广播电视台用户总数641万，日均阅读播放量约180万；5市新闻传媒中心及县级融媒体中心新媒体用户总数1281万，日均阅读播放量522万。全区共有新闻网站11个，日均发稿约840篇，日均页面浏览量11万。共有新闻客户端18个，合计用户数量201万，日均发稿1122篇，日均阅读量103万。共有新闻类微信账号69个，合计用户数量453万，日均发稿440篇，日均阅

作者简介　崔跃，宁夏回族自治区党委网信办网络信息传播与评论处处长，一级调研员，高级编辑；薛成云，宁夏回族自治区党委网信办网络信息传播与评论处一级调研员。

读量95万。共有新闻类微信视频号60个，合计用户数量39万，日均发稿164篇，日均阅读量48万。共有新闻类抖音账号49个，合计用户数量950万，日均发稿166篇，日均播放量961万。共有新闻类快手账号25个，合计用户数量259万，日均发稿83篇，日均播放量325万。共有新闻类头条账号33个，合计用户数量140万，日均发稿196篇，日均阅读量36万。共有对外国际传播平台账号9个，共有关注者3762人，总发稿997篇，总展现量25万。

2. 主要特点

一是新技术、新应用推动媒体融合和内容生产创新。自治区建成集大数据、人工智能、AR/VR等新技术于一体，支撑全区各媒体单位，尤其是19个县（区）融媒体中心业务生产制作和发布的宁夏黄河云融媒体中心，媒体融合发展实现了从央媒到区、市、县的平台打通。可视化内容生产得到重视和应用，微视频、H5、动漫等众多表达形式，人工智能（AI）虚拟主播技术、VR全景技术广泛运用到区、市新闻报道和内容生产中，推动融媒体产品持续创新。二是新型传播平台打造初见成效。自治区融媒体平台"黄河云视"APP上线，用户数量达56万。"我的宁夏"APP新闻资讯版块正在开发中，朝着"政务+民生+服务+新闻"方向发展。银川市新闻传媒中心突出打造"银川发布"APP"新闻+政务+服务"新媒体平台，用户数量达54万，荣获2022年全国广播电视媒体融合先导单位提名。三是抢占商业平台，扩大传播覆盖影响。各媒体抢占微信、微博、今日头条、抖音、快手、视频号等商业平台传播阵地，主动意识明显增强，粉丝量、发稿量、影响力进一步提升。

（二）政务新媒体服务能力进一步增强

1. 基本情况

全区共有政府（党委）网站314个。宁夏政府网日均发稿20篇，日均页面浏览量1万；5市政府网站日均发稿206篇，日均页面浏览量4.6万；22个县级政府网站日均发稿238篇，日均页面浏览量2.7万。全区共有政务客户端18个，其中5市11个，合计用户数量188万，日均发稿64篇，日均访问量0.41万。"我的宁夏"APP以1000万的下载量，日均400万的访问量高居榜首。全区共有政务类微信账号1764个，其中5市1626个，合计用户数量998万，日均发稿2118篇，日均阅读量55.2万。5市共有政务类微视频账号142个，合计用户数量42万，日均发稿81篇，日均阅读量37万。全区共有政务类头条账号167个，其中5市82个，合计用户数量38.9万，日均发稿141篇，日均阅读量5.3万。全区共有政务类抖音账号258个，其中5市158个，合计用户数量457万，日均发稿92篇，日均播放量192万。全区共有政务类快手账号71个，其中5市60个，合计用户数量1157.2万，日均发稿39.6篇，日均播放量342.4万。

2. 主要特点

自治区政府以"我的宁夏"APP建设为突破口，建成区、市、县、乡、村五级贯通的宁夏政务服务"一张网"，与全区40多个行政审批业务系统、1040个县级以上审批服务机构实现全链接，实现了"一次认证、全网通办"。各地把政务新媒体作为突发公共事件信息发布和舆情回应引导的重要平台，第一时间传递党和政府声音，依托网络平台做深做实民生服务文章，走好网上群众路线。各级党政部门积极开通微博、微信、头条、抖音、快手等商业平台账号，通过政务新媒体有力有效传播党和政府声音，汇聚强大指尖"政能量"。

（三）商业平台和自媒体成为网络传播重要力量

1. 基本情况

2021年，全国主要商业网站、平台全部退出宁夏市场，由壹禾文化控股集团（宁夏）有限公司代理今日头条、抖音广告业务，宁夏腾新网络科技有限公司代理腾讯广告业务，宁夏中德易家科技有限公司代理搜狐、知乎广告业务。宁夏现有从事影视制作、网络内容运营的文化企业100余家，宁夏凤翔九天影视文化传媒股份有限公司、爱幕依（宁夏）影视文化有限公司等策划制作能力较强。目前本地经常联系可用的自媒体微信账号120个，合计用户数量654.4万，日均发稿量193篇次，日均阅读量29.8万。属地经常联系可用的微博自媒体账号11个，合计用户数量287.7万，日均发稿14篇，日均阅读量32万。

2. 主要特点

网络文化企业稳步发展，壹禾文化、城市快讯、宁夏微生活等年营业额超过1000万元的互联网企业逐渐增多。自媒体队伍迅速壮大，在视频领域影响表现突出。清博指数显示，新闻、自媒体、政务微信2022年9月份传播力指数排行前十位的总阅读量分别为2734万、689万、472万，自媒体超越了政务新媒体。而在抖音、快手平台，9月份传播力指数排行前十的自媒体总粉丝数、点赞数均超过新闻媒体和政务新媒体。

二、存在的主要问题

宁夏新媒体发展虽然取得一定成绩，但是，与东部发达地区相比，与中央要求及人民群众期待相比仍有较大差距。

（一）新型主流传播平台实力较弱

据《人民日报》文章《2021全国党报融合传播指数报告》显示，全国省级和地市级百万级以上党报APP有70个，省级和地市级党报微博账号平均粉丝量为67.6万，而宁夏区、市媒体微博账号平均粉丝量为34万，低于平均值约50个百分点。全国党报头条号发布的单条内容平均阅读量为7.5万次，宁夏仅为0.177万次。全国省级党报抖音号粉丝量均值为152.6万、地市级41.1万，宁夏区级媒体抖音号粉丝量为15万、市级媒体为18万，也有较大差距。自治区两大媒体内部各子报子刊、频率频道互为竞争关系，难以形成精品创作、整合传播力。各新媒体互联网思维和市场意识不够，国际传播亟待破题。

（二）政务类新媒体用网认知不足，服务能力有待提升

部分政务新媒体多以宣传行业政策、单位领导活动、部门工作为主，在宣传党的创新理论、方针政策，为民解疑释惑、解决问题，弘扬社会主义核心价值观，传播中华优秀传统文化上还有较大差距。一些单位党务政务新媒体在议题设置、内容选择、语言风格等方面尚未真正"触网"，部分政务新媒体处于"沉睡"或沉闷状态。

（三）全媒体人才匮乏，内容创作能力较弱

各媒体单位普遍面临融媒体新闻采编、技术保障和经营管理人才紧缺的问题,特别是"既专又能、一体多用"的全媒体记者、高端技术人才和产业营销人才短缺。县级融媒体中心人手不足,专业水平普遍不高,制约着媒体融合发展的进度和效果。

(四)自媒体从业者素质参差不齐

统计显示,目前宁夏在各类商业平台拥有网络账号近2500万个,自媒体占比超过99%,多以本地民生信息、生活服务资讯、美景美食、日常随拍、娱乐搞笑视频为主,有的以庸俗低俗直播获取关注,固原市粉丝10万以上的快手账号60余个,已有26个因违反相关管理规定被约谈、禁言,占总数的43%。

三、发展对策建议

党的二十大报告指出,要巩固壮大奋进新时代的主流思想舆论,加强全媒体传播体系建设。贯彻落实党中央决策部署,适应互联网时代人民群众对精神生活的新期待,推动宁夏媒体融合高质量发展仍然任重道远,需要久久为功,持续用力。

(一)深入推进媒体深度融合,着力打造新型传播平台

推进媒体融合纵深发展是宁夏传媒业面临的紧迫课题。要把落实习近平总书记"抓紧做好顶层设计,打造新型传播平台,建成新型主流媒体"重要指示精神和中央《关于加快推进媒体深度融合发展的意见》作为意识形态责任制考核的重要内容,打破新闻单位各自为政、同质竞争,坚持效果导向,加速资源整合,在做强新媒体平台、账号上重点发力,推进新媒体品牌建设快速突破。可学习借鉴《孝感晚报》将微信公众号粉丝迁移到《孝感日报》微信公众号、《中国新闻周刊》放弃APP集中力量做大做强微信公众号等成功经验,加速整合媒体平台、资金、信息、人才资源,有力推进媒体融合发展。要发挥市场机制作用,整合各新闻单位、政府部门掌握的信息传播资源和社会治理大数据资源,按照"新闻+政务+服务+商务"的运营模式,针对不同用户群体提供细分服务,建设囊括信息服务、政务服务、商务服务、生活服务等多元功能的服务平台,打造区域新型传播平台、地方新型主流媒体的航母旗舰。要优化资源配置,切实推动传统媒体在人才、技术、资金等资源加快向优势和特色新媒体平台汇集，着力做强新媒体特色品牌。要把对外国际传播作为区、市各新闻单位和各级党委（党组）重要职责，推动宁夏外宣工作取得新进展。

（二）拓展政务新媒体的传播效果，着力提升服务能力

要把提升传播力作为政务新媒体发展的首要任务，切实解决"僵尸号""只管发布，不管效果""低互动、弱联动"等"触网"突出问题。要突出议题设置，主动为党和政府发声，策划创作出看得懂、接地气的新媒体作品，让党的创新理论和主流思想通过多种手段"飞入寻常百姓家"。要优化传播内容，做好重大主题宣传和地方特色元素的结合，巩固壮大主流舆论阵地，积极传播正能量，为发展进步凝聚人心士气。要创新方法手段，用"网言网语"将重要的政务信息说清楚、讲明白、听得懂、能理解，借助各种互动式、体验式、分享式传播手段，努力提升优质图文、音视频、直播的全媒体推送能力。要构建传播体系，打造横向到边、纵向到底、整体协同、响应迅速的政务新媒体矩阵，建立结构合理、集约资源、差异发展、协同高效的传播体系，促进不同地域、不同类型的政务新媒体资源互补、互联互通，实现网络传播能力的最大化。要察民情、听民意、解民忧，真正打通服务群众的"最后一公里"，走好网上群众路线。

（三）深化体制机制改革，加大全媒体人才培养力度

当前，宁夏媒体融合发展已进入深水区、攻坚期，要深化体制机制改革，及时调整不适应媒体深度融合发展的管理体制，切实增强媒体自身造血能力，吸引人才、培养人才、留住人才，提升市场竞争能力。要进一步优化人才培养举措，着力打通传统媒体和新媒体之间的人才使用通道，重点引导现有人员向全媒记者、全媒编辑、全媒管理人才转型。要深化媒体与高校传媒院系、科研单位的对接交流，聚焦5G传输、全息投影、可穿戴设备等前沿技术，促进媒体提升技术创新能力，抢占移动技术发展应用先机。要以产业优势带动人才培养，通过建立全媒体人才培养基地，常态化开展"业务培训+实战演练""专题培训+业务研讨""观摩学习+经验交流"等形式的人才培养新举措，全面推进传统媒体和新兴媒体在内容、渠道、平台、经营、管理等方面的深度融合。要积极组织开展跨省区、区市县新媒体发展经验交流与业务实践，积极组织本地网络达人与党政新媒体、融媒体机构互动交流，全面带动提升新媒体应用实战能力。

（四）管好用好自媒体，培养打造正能量网络名人队伍

当前宁夏自媒体多以发布日常随拍、搞笑调侃、电商带货为主，旅游文化、探店美食类内容占比也相对较高，对繁荣网络文化、宣传宁夏起到了积极作用。我们应在加强综合治理同时，顺应全民自媒体时代潮流，支持鼓励商业媒体和自媒体发展。加大与国内大型商业网站、平台合作，通过策划开展非时政类宣传活动、参与网络公益活动等方式，拓展宁夏"六新六特六优"等地方特色产业网上宣传渠道，支持有实力的新媒体机构、网络文化公司更多地参与宁夏现代产业和网络文明等宣传活动的策划、实施，利用商业平台的资源流量优势，宣传推广宁夏，带动地方经济发展。支持区市县三级网络社会组织发展，加强行业自律，引导各类自媒体参与网络正能量传播和特色产业宣传，培育壮大一批有坚定政治立场、熟悉互联网传播规律、能够讲好宁夏故事、传播好宁夏声音的自媒体队伍。实施网络正能量名人培育工程，培养更多学者、媒体记者成为网络大V，打造精锐传播力量，让分散在网下的力量进军网上、纵横网上，为社会主义现代化美丽新宁夏建设凝心聚力，鼓劲加油。

2022年宁夏短视频发展报告

于 璇

党的二十大报告指出,要"加强全媒体传播体系建设,塑造主流舆论新格局"。经过10年发展,短视频已经深度嵌入现代社会生活,成为全媒体时代构建主流舆论新格局的主阵地和主战场。据中国互联网络信息中心(CNNIC)发布的第50次《中国互联网络发展状况统计报告》显示,截至2022年6月,我国短视频用户规模达9.62亿,较2021年12月增长2805万,占网民整体的91.5%。[①]2022年,宁夏短视频发展步入高质量快车道,政务短视频与短视频博主影响力进一步扩大,短视频成为引领主流价值、凝聚网络正能量、传递宁夏好声音的重要平台。本文以抖音短视频为例,对2022年宁夏短视频助力主流价值引领进行研究。

一、2022年宁夏短视频发展概况

(一)内容生产主体量质齐升

2022年,宁夏短视频内容生产主体呈现"量质齐升"特点,"头部""肩部"短视频博主在"生活记录"领域集中发力,凭借创意文案和制作能力成为"讲好宁夏故事"的宣传轻骑兵,影响力外溢至西部地区乃至全国。

作者简介 于璇,宁夏大学新闻传播学院讲师。
① 中国互联网络信息中心:《第50次中国互联网络发展状况统计报告》,2022年8月,第24页。

2022年，宁夏党政部门更加重视短视频价值，一大批党政部门入驻短视频平台，固原市市场监管局抖音号开通1个月即进入全国市场监管领域城市级政务抖音号影响力榜单。依托高质量短视频作品创新宣传路径，与其他媒体宣传形成合力，短视频已成为宁夏在全媒体时代弘扬主旋律、传递正能量的重要平台。

（二）重视与网络用户情感连接

短视频作为综合文字、声音、图像等多重传播要素的信息载体，具有较高的在场感与共情体验。2022年，"@宁夏禁毒""@宁夏商务""@神奇宁夏""@宁夏市场监管"等政务抖音号纷纷找准发力方向，粉丝增长迅速。此外，越来越多的短视频内容生产主体意识到"讲好宁夏故事"的关键在于以情叙事、用情动人，重视与网络用户的情感连接，重构短视频文案情感叙事逻辑，将网络用户长久地留下来。

（三）多措并举治理短视频乱象

短视频内容生态治理为构建风清气正的网络空间，助力短视频主流价值引领提供了有力的制度保障。2022年，宁夏多地针对短视频博主违规行为进行专项治理，具体举措包括约谈、全面清理下架、关闭账号、限流等，短视频乱象明显改观，短视频内容生态更加健康。此外，部分地区还通过行业协会授牌、与短视频博主签订责任书等方式将短视频内容生态治理关口前移，夯实主体责任，积极引导依法依规文明发布网络信息。

二、2022年宁夏短视频发展特征

（一）主题活动丰富多样

2022年，短视频已深度嵌入宁夏各类主题宣传活动中，全民参与短视频内容生产的积极性被进一步激发，一大批优质短视频内容通过主题展播等方式进入公众视野，成为引领主流价值、凝聚社会共识、网聚正能量的重要抓手。如表1所示，2022年宁夏短视频征集评选活动覆盖防范非法集资、宁夏风采展示、网络文明建设等主题。此外，还有大量短视频征集评选活动嵌入系列宣传活动中，如宁夏网络安全宣传有奖作品征集、第五届枸杞产业博览会短视频获奖作品评选、固原市首届网络文化节"这里是固原·e同见证"随手拍摄影短视频大赛等。

表1 2022年宁夏主题短视频征集评选活动统计

时间	主办单位	活动主题
4月	宁夏防范和处置非法集资工作领导小组办公室	"守住钱袋子 护好幸福家"防范非法集资短视频征集大赛
5月	宁夏回族自治区党委网信办	"指尖跃动新时代·点赞美丽新宁夏"优秀网络视频征集评选活动
6月	宁夏回族自治区党委网信办	"'宁'聚正能量"宁夏网络文明建设精品暨"宁夏好网民"优秀故事征集评选活动

（二）精准治理违规乱象

2022年4月，中央网信办会同相关部门开展为期3个月的"清朗·整治网络直播、短视频领域乱象"专项行动。为推动网络直播和短视频健康有序发展，按照中央网信办"清朗"系列专项行动部署，宁夏回族自治区党委网信办面向全域征集有关问题线索，以公众参与促进短视频违规乱象精准治理，依法处置违法违规账号，查办曝光典型案例。同时，宁夏主流媒体紧跟区域内短视频乱象治理进展，相关报道也同步发挥了警示作用。

（三）深挖主题同频共振

2022年，宁夏短视频发展围绕同一选题持续发挥价值引领作用。截至11月中旬，共有30余部短视频作品通过"'宁'聚正能量"宁夏网络文明建设精品专栏进行展播，实现同一主题持续数月同频共振，短视频网聚正能量、构建同心圆作用进一步突显。2022年8月，中卫市突发新冠肺炎疫情，多位博主通过短视频平台点赞中卫疫情防控暖心举措，经宁夏媒体转发报道，进一步扩大了短视频的传播范围，"防疫情、传温情"多频共振推动积极情感沉淀，为打好疫情防控阻击战提供有力的舆论支持。

（四）助力乡村产业振兴

当前，短视频平台为助力乡村产业振兴提供了更加广阔的实践田野。2022年7月，宁夏回族自治区党委办公厅、政府办公厅联合印发《关于加快推进乡村人才振兴的实施意见》，提出要重点从返乡农民工、新型职业农民、大学生村官中培养农村电商带头人，开展短视频、网络直播等电子商务新业态新模式实践操作培训，培养一批农产品网络销售实用人才。除专业培训外，宁夏各地还积极组织网络名人走访农特产业聚集区活动，注重挖掘个人IP，打造乡村振兴网络红人，"90后"援宁干部李辉钦通过在短视频平台宣传闽宁镇并亲自推介宁夏当地土特产，受到舆论关注。

（五）深挖现有优质素材

目前，宁夏主流媒体全部挺进短视频主战场，利用自身专业优势及资源优势，将融合新闻报道搬入短视频平台，打造短视频平台主流价值引领新高地。由银川市交警分局与银川电视台合办的老牌电视栏目《鸿胜说交通》已经播出10年，主持人杨鸿胜在银川家喻户晓，栏目官方抖音号"鸿胜来了"打造个人IP，深挖现有优质素材制作短视频，获赞超过90万，粉丝数量超过11万，为交通安全宣传打开新局面。

三、宁夏短视频发展挑战

宁夏短视频快速发展，为网络用户呈现宁夏丰富的图景画卷时，自身也面临着来自内容、定位、技术、格局等多方面挑战。

（一）同质竞争，短视频"出圈"难度加大

内容创新是短视频持续发展的重要保障，但优质的短视频内容也极易成为被抄袭与模仿的对象，并最终导致同质竞争。如表2所示，宁夏"头部"短视频博主已覆盖剧情搞笑、生活展示、情感、教育、舞蹈、音乐、美食等主要版块，赛道竞争十分激烈，如宁夏牧飒与新疆优素福，返乡军哥与陆先生等，都成为了网络用户拿来对比的对象。此外，还有部分短视频博主集中在"生活记录"版块发力，以"聊家常"的方式展示个人生活，但文案设计、叙事角度及拍摄风格都具有较高的相似性，激烈的同质化竞争使得这些短视频博主难以"出圈"，获得网络关注较少。

表2 宁夏"头部"短视频博主统计

账号	IP地址	粉丝数（万）	获赞数（万）	作品数（个）	是否签约MCN机构
潘黄河	银川市	454.2	5276	353	是
旅途(宁夏牧飒)	中卫市	248	4083.9	427	否
音乐人王搏	银川市	232.8	3665.8	194	否
二蛋叔叔(专业哄娃)	银川市	207.5	1090.4	649	是
小李飞叨·李洋	银川市	201.4	3082.6	389	否
诗和远方	银川市	200.1	17.1	40	否

续表

账号	IP 地址	粉丝数（万）	获赞数（万）	作品数（个）	是否签约MCN机构
返乡军哥	固原市	167.6	658.1	29	否
莉姐说教育	银川市	158.5	1279.1	226	否
枸杞大叔	中卫市	153.6	3060.3	242	是
叶子风中舞	石嘴山市	121.5	1354.1	366	否
极本鲜	银川市	116.8	803.9	910	否
宁夏葛总	银川市	113.9	1186.9	22	否
毛豆奶爸一个锅	银川市	110.4	1731.9	174	否
老布孩	银川市	103.8	1073.1	506	否

（二）解构"人设"，用户期待对冲价值变现

网络流量是提升短视频影响力、促进短视频价值变现的重要支撑。短视频博主为了获得网络流量，不仅要了解流量计算分配方式，还要迎合网络用户需要。但对于大多数短视频博主而言，从获得网络高流量到实现价值变现，还面临多重挑战。2022 年，宁夏短视频博主仍主要以广告植入、网络直播等方式进行商业价值变现探索，但也遭遇了网络用户情感期待与商业价值变现的落差。依据戈夫曼拟剧理论，网络用户将自己对短视频博主"台前行为"的情感期待带入到展示"后区场景"的网络直播中，导致商业化直播反向解构短视频博主所建构的"台前人设"，陷入"短视频叫好但网络直播不叫座"的尴尬境地。

（三）联动不足，矩阵式传播效应未得到充分释放

短视频联动对提升主流价值引领具有积极作用。横向短视频联动可促进不同短视频账号粉丝间的互动与联系，有助于激发新的创作空间，增加新鲜感，纵向短视频联动则可通过多层级短视频账号实现对同一议题的"饱和式"矩阵传播，使传播效果最大化。2022 年，银川市公安局发挥银川市反电信网络诈骗联席办公室牵头抓总的作用，发动联席办各成员单位依托抖音、快手等平台发布反诈短视频 260 部，协同推进、矩阵传播，有力推进反诈宣传工作"横到边""纵到底"。但是，还有部分宁夏政务抖音号未形成脉络清晰的联动框架，多属于"单打独斗"，协同联动不足，缺乏矩阵式传播。同时，签约 MCN 机构的短视频博主较少，也限制了短视频博

主之间的互动交流。

（四）维度单一，对传播效能的评价相对滞后

短视频发展重塑了信息从生产到传播全过程，但对短视频的传播效能评价机制尚未完全建立。目前，全国对政务短视频工作考核主要集中在是否开设账号、对公众关切是否反馈及时、粉丝量、点赞量等角度评价工作成效。但从效果看，以点赞、评论、收藏等量化数据为评价维度，则忽略了短视频平台对主流价值引领的长效作用。传播效能强调的是"传播者对受传者在心理、思想、情绪、行为上的长期的综合的正向的影响，体现了传播者的理念和能力。"[1]2022年，宁夏各级政府部门继续深耕短视频平台，新闻宣传主力军全面挺进短视频传播主战场，但对相关工作的传播效能评价却相对滞后，宁夏尚未有关于政务短视频工作评价考核的相关报道。

四、宁夏短视频发展趋势

2022年，宁夏短视频从高速发展全面迈向高质量发展，成为实现主流价值引领、凝聚各方共识、弘扬社会正能量的重要载体。为塑造宁夏全媒体时代主流舆论新格局，短视频发展还需在以下三个方面持续发力。

（一）完善机制，培训赋能

2022年，宁夏政务短视频在引领主流价值、助力现代化社会治理中的优势进一步突显。未来，应进一步完善政务短视频发展规划及考核评价机制，推动政务短视频发布横纵联动，打破机构、主体局限，整合优化短视频资源，用群众喜闻乐见的方式推出了一系列"沾泥土、带露珠、冒热气"的精品力作。同时，以区域性短视频联盟为纽带，重视专业培训带来的价值赋能，通过专家辅导、文化交流、法规学习、实践操作、行业沙龙、数据分析、警示案例等方式，解决短视频博主对账号核心竞争力把握不准、发布内容质量不稳定等痛点，为短视频良性发展提供助力。

（二）多级联动，舰群效应

2022年，宁夏公安"平安系"政务抖音号凭借横纵联动、矩阵式传播、

---

[1] 王灿发：《提升国际传播效能的路径选择》，《中国报业》2021年第17期。

优质内容成为宁夏政务短视频中的"领头雁",社会稳定的"风向标",是数量最多、规模最大、影响力最强的行业群体。接下来,应在推动政务短视频多级联动、短视频博主多元联动、发挥舰群效应方面集中发力,打造更多网红机构和网红达人。《2021中国短视频行业发展分析报告》显示,"短视频用户规模增速放缓,用户数量及使用时长稳中有升"。在激烈的短视频行业竞争下,依靠单一机构或个体形成规模影响力困难重重,可借鉴其他地区广电媒体融合发展"MCN化"趋势,在宁夏短视频发展MCN机构签约率较低的背景下,打造宁夏专业孵化机构,充分调动现有媒体机构专业优势,"孵化"本地短视频博主,找准定位,全程护航,聚力打造宁夏短视频发展舰群,实现重点突围、集中"破圈"。

(三)重视算法,打造品牌

短视频信息传播与呈现是由其底层的智能推荐算法所决定的,提升短视频主流价值引领作用的关键是了解和掌握推荐算法的基本规则。比如在设置短视频账号名称时,政务短视频账号名称应尽量以"地区+服务内容"为主,便于网络用户快速记忆、快速检索。此外,在短视频内容生产方面,不仅要重视推出精品力作,还要重视短视频推荐算法的"流量密码",不能仅考虑"说什么",还要考虑"怎么说",捋顺引领主流价值与商业变现之间的关系,避免生硬地说教、大段文字介绍、过度商业化的表达等。同时,还要注重打造品牌,可在同一账号下设置不同系列品牌,增加网络用户的正向情感投射。2022年,宁夏广播电视台融媒体新闻中心联合宁夏团委推出《先行区青年说》系列短视频,以此展示新时代宁夏青年的精神风貌,也同时创新了宁夏短视频内容生产栏目化发展路径。

五、结语

当前,短视频已成为全景展现宁夏社会发展的重要渠道,展示宁夏社会治理水平的重要窗口。在多元内容生产主体的积极参与和共同努力下,宁夏短视频将继续发挥引领主流价值的重要作用,成为全媒体时代"讲好宁夏故事""传递宁夏好声音"的重要平台。

2022年宁夏直播行业发展报告

王雅蕾

2016年4月19日，习近平总书记在网络安全和信息化工作座谈会上发表重要讲话，强调网信事业要发展，必须贯彻以人民为中心的发展思想。要"让亿万人民在共享互联网发展成果上有更多获得感"。党的十八大以来，随着互联网基础建设持续推进，直播这一新业态、新模式快速发展，通过赋能个体、赋能社会、赋能行业，促进共享共创。[①]

截至2022年6月，我国网民规模达10.51亿，而网络直播用户规模达7.16亿，占网民整体的68.1%。其中，电商直播用户规模最大，为4.69亿，此外还有游戏直播、真人秀直播、演唱会直播、体育直播等。网络直播应用在营销和娱乐领域充分发挥作用。[②]在电子商务的支撑下，短视频创造的流量很大一部分是通过直播变现了价值。因此，2016年被称为移动网络直播元年，而2019年被称为电商直播元年。

2022年，宁夏公布首批自治区级电商直播示范基地，致力于促进区域经济快速发展。本文对2022年宁夏直播行业发展进行研究。

作者简介 王雅蕾，宁夏大学新闻传播学院新闻系主任，讲师。

① 中国传媒大学中国网络视频研究中心联合抖音：《直播促进共享共创研究报告》，2020年8月。

② 中国互联网络信息中心：《第50次中国互联网络发展状况统计报告》，2022年8月。

一、宁夏直播行业发展特点

在政府引导、平台扶持、MCN机构孵化和主播耕耘的共同驱动下，宁夏直播行业正在向更为高效、有序的方向发展。我国流量较大的直播平台包括三种类型：一是淘宝直播、京东直播等电商平台开辟的直播区域；二是抖音、快手、小红书、B站等，短视频、娱乐社交、创作服务平台，通过布局直播业务，同时成为直播平台；三是虎牙、斗鱼等专业垂直直播平台。其中，抖音日活跃用户8亿断层式领先，本文以抖音平台为例，通过抖音短视频和直播电商数据分析平台蝉妈妈专业版获取数据。

（一）类型多样，优势初显

1. 电商直播：带来交易，规模持续增长

直播电商是一个广义的概念，既包括直播者为平台原有的电商企业推销产品，也包括直播者向其他平台的电商企业引流，还包括直播者自建或合作商户，将受众吸引到非平台商户交易。①第一种比如天猫官方旗舰店直播间。第二种比如多平台同步直播和跨平台合作，后者比如京东、当当在抖音开通直播间销售自营产品。第三种比如房产类、保险类、医美类、相亲类线上无法交付产品的直播，会将受众吸引到线下私域进行交易。在宁夏，2022年4月银川电商直播公共服务基地成立以来，已成功招商入驻至少17家本土企业，不到5个月的时间，运营产值已达4785万元，按照计划，全年销售额或可达到1.5亿元。

2. 娱乐直播：引起趣缘群体情绪共鸣

娱乐直播和娱乐短视频存在一定区别。宁夏"头部"抖音达人"@小李飞叨·李洋"是娱乐博主的代表，但李洋暂未直播，除了接广告，他也会以置顶评论带链接等方式带货。拥有上百万粉丝的娱乐博主如果直播，粉丝基数就像传统店铺的客流量，是销量的前提和保证。但是，如果没有较大体量的粉丝，娱乐博主带给直播用户的信任感是比较弱的，其带货能力将低于专业博主，变现更多依靠"打赏"。

---

① 中国消费者协会：《直播电商购物消费者满意度在线调查报告》，2020年3月。

游戏直播、体育直播等已经向专业直播靠拢，但在大类上仍可属于娱乐直播。此外，娱乐直播包括颜值类、美食类、旅拍类等。美人、美食、美景和萌娃、萌宠这"三美二萌"是"流量密码"。娱乐直播的用户因趣结缘，产生情绪共鸣，获得精神陪伴。人们使用抖音 APP 的初心便是娱乐，因此，宁夏不乏娱乐博主的积极尝试。但是，有粉丝总数过百万，直播 0 场次的达人，也有粉丝总数不算多，30 天内直播 70 场次、销售额为 0 的达人，他们或受制于对直播形式反应迟钝，或困囿于上述娱乐博主的劣势。

3. 公益直播：加强传播效果，赋能善举

开篇有提到演唱会直播。演唱会直播一般有三种目的，即商业广告目的、商业销售目的和公益目的，公益目的的演唱会直播即公益直播的一种。公益直播可能与商业直播相关联，主播或企业会将全部或部分收益进行捐赠。公益直播也可能与政务直播相关联，比如政务新媒体所做的助农直播。在 2020 年和 2021 年，宁夏都有过公益直播的有益尝试。2022 年 9 月，中国民族卫生协会联合宁夏眼科医院开展了全飞秒公益摘镜科普直播。公益直播为公益行动开辟了重要的新渠道。

4. 政务直播：强化解读回应政民互动

在蝉妈妈数据平台的直播库以"宁夏""政务"为关键词，按观看人次降幂排序，获得 90 天内的 16 场直播的数据，由于关键词仅为"宁夏"，不包括完整地市级、区县级政务新媒体数据（见表1）。此外，2022 年初的"文化进万家——视频直播家乡年"活动是政务直播策划的典型事例。该活动由宁夏回族自治区文化和旅游厅统筹策划，致力于展示宁夏"非遗"和宁夏"年文化"的独特魅力。

表 1　宁夏政务抖音直播观看人次 TOP16（2022 年 8 月 27 日—11 月 23 日，90 天）

直播	达人	开播时间	直播时长	人气峰值	观看人次
党的二十大开幕会	宁夏消防	10/16 08:00	4 h20 m58 s	102	3.9 万
党的二十大开幕会	平安宁夏	10/16 08:40	3 h38 m46 s	108	2.9 万
江流奔腾看中国	平安宁夏	09/30 18:58	12 d13 h8 m23 s	5	2.4 万
我在执法现场	平安宁夏	11/17 09:38	2 h8 m55 s	112	1.5 万
消防站里的国旗班	宁夏石嘴山消防	10/03 10:09	1 h6 m47 s	121	8367
蓝朋友带你去赶集	宁夏石嘴山消防	10/06 09:01	1 h10 m57 s	55	7678

续表

直播	达人	开播时间	直播时长	人气峰值	观看人次
蓝朋友的运动会	宁夏石嘴山消防	10/05 10:04	1 h16 m6 s	65	7494
蓝朋友的后勤比武竞赛	宁夏石嘴山消防	09/29 09:31	2 h14 m55 s	61	7440
消防站的美食	宁夏石嘴山消防	10/04 11:30	38 m21 s	137	6585
第二十届中央政治局常委同中外记者见面	平安宁夏	10/23 10:06	2 h32 m49 s	38	6269
蓝朋友带你健身	宁夏石嘴山消防	10/01 19:39	1 h27 m40 s	36	6014
石嘴山消防后勤业务技能比武竞赛	宁夏石嘴山消防	09/29 14:20	1 h15 m18 s	56	4216
快来看！消防站开放啦！	宁夏石嘴山消防	10/07 16:23	1 h9 m15 s	49	3540
蓝朋友带你参观消防队	宁夏石嘴山消防	10/02 10:03	1 h14 m26 s	40	3435
第二十届中央政治局常委同中外记者见面	平安宁夏	10/23 09:53	6 m57 s	7	1117
"双11"电信网络诈骗套路多 避坑指南来了	平安宁夏	11/11 14:49	1 h37 m42 s	5	794

（二）商品覆盖多个品类

在蝉妈妈数据平台的达人库以"宁夏"为关键词，按直播场均销售额降幂排序，共获得82个30天内产生实际销售额的达人号，其中，TOP15的达人场均销售额在1万元以上（见表2）。82位达人在达人类型上以生活类为主，带货商品包括食品饮料、生鲜蔬果、医药保健、日用百货、厨卫家电等，覆盖多个行业品类（见图1）。

表2 宁夏抖音达人直播月场均销售额TOP15（2022年10月25日—11月23日，30天）

达人	粉丝总量	粉丝增量	平均点赞数	平均赞粉比	直播场次	直播平均场观	场均销售额(元)
旅途（宁夏牧飒）	256.3万	7415	20.2万	7.87%	4	123.8万	100万—250万
宁夏滩羊马彪	57.4万	472	256	0.04%	58	15.6万	10万—25万
马小养-宁夏枸杞	51.7万	2049	68	0.01%	31	5.9万	10万—25万
宁夏菊花台枸杞原浆	1.5万	818	832	5.58%	30	1.2万	5万—7.5万
马老五宁夏滩羊肉	9.1万	778	31	0.03%	61	8980	2.5万—5万
邮政直供-宁夏滩羊	41.1万	2588	363	0.09%	59	3.5万	2.5万—5万

续表

达人	粉丝总量	粉丝增量	平均点赞数	平均赞粉比	直播场次	直播平均场观	场均销售额(元)
宁夏滩羊赛牧生鲜店	5.2万	114	23	0.04%	15	9771	1万—2.5万
杞遇记宁夏特产	1.7万	558	51	0.3%	3	3.6w	1万—2.5万
宁羊天下-宁夏滩羊	9.5万	190	317	0.33%	34	9578	1万—2.5万
福兴神农-宁夏滩羊	1.9万	8	17	0.09%	38	1.4w	1万—2.5万
宁夏滩羊滩上飞马波	3.5万	193	111	0.32%	72	1.7w	1万—2.5万
宁夏枸杞益杞嗨	3.5万	220	18	0.05%	45	8565	1万—2.5万
宁夏滩羊艾力富企业店	1.4万	-17	11	0.08%	56	5904	1万—2.5万
宁夏羊肉香	1.9万	244	31	0.16%	56	9074	1万—2.5万
宁夏福兴神农食品有限公司直播间	6495	277	9	0.14%	30	8878	1万—2.5万

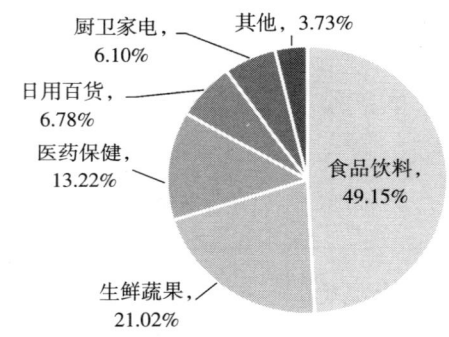

图1 以达人"@旅途（宁夏牧飒）"为例，直播上架商品品类TOP5

（2022年5月28日—11月23日，180天）

（三）助力乡村产业振兴

在上述82位达人中，至少有28位销售滩羊肉，27位销售枸杞，3位销售黄牛肉，3位销售葡萄酒，3位销售食用油，此外，还有达人销售农家自种长枣、苹果、韭菜、萝卜和玉米等。仍以达人"@旅途（宁夏牧飒）"为例，这位宁夏小伙，180天内销售的商品TOP10，按销售额降幂排序，全部是食品类，其中，除了一种青海特产，一种甘肃特产，其余全都是宁夏特产（见表3）。此外，2022年，宁夏石嘴山市平罗县、固原市隆德县等地都在"电商+直播+农特产品"方面打开致富新大门。以平罗县为例，平罗县年内成长最快的企业直播间，即使发货受到疫情影响，日均销量也能保持在15万元左右。

表3　以达人"@旅途（宁夏牧飒）"为例，直播销售商品TOP10

（2022年5月28日—11月23日，180天）

商品名称	销量	销售额（元）	关联直播
宁夏中宁枸杞免洗头茬	2.5万—5万	100万—250万	15/48
某品牌厚切枣夹核桃枣仁夹心派	2.5万—5万	100万—250万	24/48
宁夏香辣牛肉酱	1万—2.5万	100万—250万	4/48
青海某品牌黑枸杞原浆	1万—2.5万	75万—100万	10/48
宁夏中卫硒砂瓜	1万—2.5万	50万—75万	1/48
宁夏滩羊肉、羔羊肉	2500—5000	50万—75万	2/48
宁夏某品牌熟制压榨胡麻油	1万—2.5万	50万—75万	12/48
某品牌纯牛奶+甜牛奶	7500—1万	25万—50万	10/48
某品牌牛肉拉面、方便牛肉面	1万—2.5万	25万—50万	10/48
宁夏特产八宝茶	5万—7.5万	25万—50万	14/48

二、宁夏直播行业发展困境

（一）主播筛选方面

在政府引导层面，宁夏公布首批自治区级电商直播示范基地只是一个开始。观察发现，比如被农业农村部评为中国美丽休闲乡村的宁夏稻渔空间乡村生态观光园，其直播间比起线下展现的"塞上江南、鱼米之乡"优美景色，还有很大的迭代空间。不过，有一个悖论是在直播行业"没有"企业IP，只有个人IP。这或许是许多企业直播效果提升瓶颈的原因，东方甄选直播间尚且依赖董宇辉。因此，在自然筛选层面，建立个人IP的机遇和挑战一样大。挑战在于"三美二萌"会被看腻，只有"流量密码"的IP是扁平的。优质个人IP将是在技能加持下，由形象、风格和思想所构成的立体的人，是由外到内的综合体现。

（二）价值变现方面

在个人层面，无论是"@小李飞叨·李洋"，还是"@旅途（宁夏牧飒）"，他们为网友所喜爱的形象是下沉的、接地气的，此时，主播形象如何，带货商品形象便如何，则调性是相符的。在地区层面，宁夏"非遗"代表性项目，如社火、皮影、剪纸、刺绣等，以及各类"非遗"美食等，目前在短视频、直播中的传播仍然是不足的。宁夏拥有丰富的特色文旅资源，进一步打响黄河文化、大漠星空、酒庄休闲、红色主题、动感体验、长城遗址等"好牌"，利用好"短视频+直播"这个黄金搭配是一个重要方向。

（三）行为规范方面

经过进一步探索、完善，国家互联网信息办公室等三部门于2022年3月印发了《关于进一步规范网络直播营利行为促进行业健康发展的意见》，中央文明办等四部门于5月发布了《关于规范网络直播打赏 加强未成年人保护的意见》，国家广播电视总局等两部门于6月联合印发了《网络主播行为规范》。根据抖音直播行为规范，除了严重违规，直播内容含有构成中等违规、一般违规的信息或直播行为时，平台也会做出相应处罚，其详细程度，成为许多初涉直播、不够了解规范的主播的门槛。

三、宁夏直播行业发展趋势及构想

（一）"万物皆可直播"

"万物皆可直播"强调任何传统行业领域都可以在直播的新生态中进行迭代。传统商业不易介绍、销售的产品，通过直播可以直接演示，直播传达效率远高于文字、图片。传统商业模式下，顾客得先知道自己需要什么，再去买什么。但在直播模式下，顾客会"偶遇"、购买一些计划外的商品。这些商品大概率还是顾客用得上的，因为"偶遇"实际上是大数据精准推送的结果。抖音的个性化推荐机制不仅判断用户喜好，还会根据用户关注或查看的主播的其他粉丝的兴趣进行推荐。

（二）短视频与直播融合

短视频的内容往往比直播更加丰富，而直播与用户的互动性更强。由于短视频的综合门槛低于直播，以及平台设计方面的原因，短视频先于直播而发展。但自2019年电商直播元年以来，短视频与直播充分融合。一方面，短视频流量大，可以较有效地为直播引流，短视频是直播最好的"广告"。粉丝在主播下播后的时段，可以通过短视频了解主播。另一方面，直播满足了粉丝与主播近距离交流的需求，粉丝参与程度高，主播变现更容易。因此，短视频与直播是相辅相成的关系。

（三）专业、垂直、细分

在直播间也可以看到各个领域越来越优质的内容。首先，直播与短视频、图文一样"内容为王"。其次，短视频和直播包含着"信息差""向下兼容"的传播、变现逻辑，不是只有专家才能推荐、建议，相对懂行的资深人士就可以做分享。另外，随着网络生态改善，网民"网龄"增长，平台、主播和用户都在成长进步。曾经下载、打开抖音，看了看觉得内容低劣、占用时间而卸载了的大有人在，现在再接触抖音，他们也会为教育类、创业类、技能类、测评类等专业领域直播驻足、付费。

专业、垂直、细分的直播，所指不止"泛知识传播"。泛知识传播是从提高内容质量、产品价值及用户需求的维度，满足用户群体多元化、个性化的知识需求。[①]而专业、垂直、细分的直播还比如，李佳琦更擅长推荐、销售口红，那么买口红可以到李佳琦直播间。当然，李佳琦直播间已经拥有"量"的优势。而对于其他无法形成规模效应的直播间，在枸杞地里长大所以只卖枸杞，吃过各种牛排所以只卖泾源黄牛肉，喝过各种葡萄酒所以只卖葡萄酒，就是所谓的专业、垂直、细分。因为除了政务直播以外，直播的本质是商业的聚集，变现的前提是整合资源、传递价值、建立信任，尤其是建立信任。专业感能够带来信任感。当前，宁夏已有不少专注于做好一件事的直播间。但是，相对于全国各个行业领域都有许多高影响力专业主播的局面，宁夏还有很大的努力空间。

---

① 黄楚新：《泛知识类短视频的传播特征及影响探析》，《人民论坛》2022 年第 4 期。

宁夏老年人使用抖音现状报告

薛雯乔

抖音作为短视频的代表，为老年人提供了新的数字融入口，短视频的社交功能、信息传播功能和学习功能可以提升老年用户的社交能力、社会适应能力和社会参与度，被技术与时代文化赋能的老年群体开始在短视频平台积极地自我呈现、拓展社交圈、填补情感需求，一些低龄老人还尝试带货，获取一定经济收入。本文通过分析宁夏老年人使用抖音的情况，勾画短视频中宁夏老年人的形象。

一、宁夏老年人抖音群体画像

（一）宁夏老年人抖音基本情况

退休后的老年群体从社会中心走向边缘，需要新的社会参与，培育新的社会关系，以适应原有社会角色和关系的中断，同时满足个人的需求。所以本文以退休年龄男性 60 岁、女性 55 岁为分割线，随机抽取地域为宁夏的老年抖音用户，抽取到相关用户 247 个，剔除无效用户 111 个，获得有效用户 136 个。

1. 总体情况

本次样本中的宁夏老年人，男性 36 人，女性 100 人。年龄方面，55—

作者简介　薛雯乔，宁夏社会科学院《宁夏社会科学》编辑。

59岁的有62人，60—69岁的62人，70岁及以上的12人。

地域分布方面，银川市79人，占58%；石嘴山市21人，占15%；吴忠市16人，占12%；中卫市15人，占11%；固原市5人，占4%。

视频时长方面，小于15秒的视频占9%，15—30秒的视频占78%，30—60秒的视频占9%，大于60秒的视频占4%。

更新频率方面，2%的人每个月更新100条以上，内容多是直接转用他人视频或者自拍的动态头像。29%的人每个月更新10—100条，69%的人每个月更新1—9条。

视频内容方面，以记录个人生活和展示个人兴趣爱好为主，主要有个人爱好、工作内容、夫妻关系、孝敬父母、疼爱孙子（女）、个人认同的观点。关于父母的视频是表达对父母的感谢，自己要照顾父母终老。关于孙子（女）的视频内容都表达了带孙子（女）的快乐。

粉丝方面，本次样本中有1位用户的粉丝是100多万人，2位用户的粉丝是十几万人，其他用户的粉丝均少于1万人。粉丝十几万人至百万人的用户，其视频内容都有很明确的主题，或者背靠MCN机构，短视频作品质量较高，具有较好的完成度与观看价值，吸引了不少中青年人。粉丝少于1万人的用户，其粉丝结构比较简单，粉丝大多数是自己的亲戚朋友或同辈人群。

直播或直播带货方面，7位老人进行过橱窗卖货、直播带货或直播表演才艺，这7位老人都是55—62岁的低龄老人。

图1　136位宁夏老年抖音用户个人简介的词频云图

通过对用户个人简介文本的词频进行分析（见图1），出现最多的前十个词是喜欢、感谢、生活、快乐、大家、宁夏、支持、关注、自己、谢谢。个人简介反映了老年人积极乐观、愿意与时俱进不断学习的态度以及希望与社会获得更多联系的诉求。

2. 男性老年抖音用户

抖音男性老年群体中，60—69岁的男性28人，70—78岁的男性8人。在视频内容上，男性老年人很少在视频中运用美颜，很少用动态背景，一部分用户自己不会出现在视频中。与老年女性相比，老年男性的视频内容视角也更多元，除了展示自己的个人爱好、风景、劳作情况外，还会对社会现象发表评论、转引自己认同的视频、用自己的视角记录居住地，例如本次样本中有两位69岁老年男性用抖音自己拍摄银川市区变化和银川石油城的事情，片长超过60秒的居多，视频内容的完整性与背景音乐、人物对话顺畅衔接，呈现了一段有主题的故事。男性老年抖音用户把抖音作为展示个人社会事务的平台，词频内容和他们在视频中展示的内容一致（见图2）。

图2 宁夏男性老年抖音用户的词频云图

3. 女性老年抖音用户

55—59岁的女性62人，60—69岁的女性34人，70—72岁的女性4人。在视频内容上，女性老年人衣着讲究，化妆，更喜欢展示自己丰富多彩的生活或者是夫妻恩爱、积极带孙子（女）、照顾父母的内容，最喜欢用动态背景或动态头像对嘴形唱歌。女性老年抖音用户更注重个人的能力提升和心情状态，愿意和抖音用户分享自己生活中的美（见图3）。55—62岁用户的视频内容类型和主题更丰富、视频表现方式也更多样，手机操作更加熟练。63岁及以上的女性用户视频内容多是用动态背景或动态头像的对嘴形唱歌。

图3　宁夏女性老年抖音用户的词频云图

（二）宁夏老年人抖音内容特点

本次样本中，老年人在短视频平台的自我呈现与表达展示了老年人积极、阳光、健康、自信、乐于接受新事物的生活态度，一些老人虽然最初的拍摄技术略笨拙，但能不断调整和改进。低龄老人是抖音发布用户的主力军。

大部分老年人表达了愿意继续学习、希望交友的愿望。一些年龄较大的老人在视频中表现出一些不自信。例如一位78岁男性在视频中写道"八十未老体先衰，两眼无神睁不开。强打精神学画画，苟延残喘防痴呆"；一位70岁女性在视频中表示自己不会说话，希望大家多包涵。但是在儿孙的陪伴与帮助下，老人的精神状态与自信状态有所改善。例如在儿子的协助下，一位70岁的女性教大家做各种家常菜，也参加儿子的酒庄直播间的活动；一位68岁的男性在孙子的帮助下，记录自己日常生活中的幽默。

视频内容方面，以自娱自乐式的对口型唱歌和头像特效为主。这类视频制作和发布方法简单、易上手，头像特效和美颜效果满足了老年人追求年轻与自我欣赏的心理诉求，不同背景特效的切换不仅有美化效果，还可以给老年人提供场景的虚拟代入。

直播与带货方面，本次抽样中有 7 位老人进行了直播与带货，年龄在 55—62 岁，均是低龄老人。直播围绕健康主题，有健身操和舞蹈两种。带货方面有橱窗带货和直播带货，货品的部分视频表现了自己的试用过程。带货产品主要是食品、家居日用品和运动产品。消费人群以城市和乡镇的中老年人为主，占总消费人群的 41%，消费客单价以 50—100 元为主，占总体的 31%。

二、数字化丰富老年人生活

（一）代际与社区帮助老人更好地融入数字化

新技术是对老年人原有生活方式的一种挑战，可是事实上，老年群体对于新技术或数字世界有着较为强烈的需求，但是需要反复的辅导，如果没有家人的耐心辅导，老人会因为身体或不愿多次麻烦他人的原因，无法从周边环境中学习到计算机和互联网的相关技能。已有研究表明，数字反哺能有效帮助老年人更好地走入数字社会。但是我国空巢老年人占比已超过一半，部分大城市和农村地区的空巢老年人比例甚至超过 70%，大量老年人不与子女或其他家人共同居住生活。[1]同时，居家养老作为我国传统养老模式，又是绝大多数家庭和老年人的选择意愿。为此，对于缺少数字反哺条件的老人，社区需要加强对管辖范围内老年人的数字化帮助，继续不间断地为社区内的老人提供简单的数字化操作教学，借助社区内的服务设施和养老机构，帮助老年人熟悉简单的数字技能，减轻空巢老人的孤立和孤独感。

（二）数字化重建老人社会连接，却也导致过度上网

良好的人际关系和心理是老年健康的重要因素。国内外很多研究已经

---

[1] 央视网：《我国将进入中度老龄化　民政部：养老服务是应对老龄化的重要内容》，2022 年 10 月 26 日，https://news.cctv.com/2022/10/26/ARTIo7nNiKtyEFyhBpwI-IfAB221026.shtml。

表明，网络对孤独感起着调节作用，能够上网的老年人被社会排斥的可能性会降低数倍。以抖音为例，通过私信留言、视频评论、兴趣圈交流等，让老人在群体当中得到精神支持和心理慰藉。特别是重大公共卫生事件发生时，日常习惯的生活被打破，老年人会更深地陷入孤独中，此时使用手机与外界保持联系，进行简单的物资采购对足不出户的老人来说都非常关键。

但值得注意的是，网瘾老人越来越多，艾媒研究院发布的《2021年中老年群体触网行为研究报告》显示，51%的中老年日均上网时长超过4小时。老人之所以长时间上网，一方面是普遍有孤独感和脱节感，网络中能让他们寻求到虚拟的归属感；另一方面是因为老人身边缺少高质量的文娱活动，在资本和算法助推下的"互联网+老人经济"成了老年人更喜欢的选择。

三、心理暗示与年龄影响老人的数字化融入

（一）变老的心理暗示

虽然以往的研究会强调老人身体机能的衰退，但是心理的排斥或许才是阻碍老年人数字融入的拦路虎。美国哈佛大学心理学家艾伦·朗格在《专注力是与岁月对抗的力量》的核心观点认为，衰老是一个被灌输的概念，年龄只是一个数字而已。在对一些老人的访谈中，笔者发现一种较为普遍的看法是"那些（抖音）是年轻人的，我也弄不懂"，或者表示"人老了，记不住，自己吃喝好就可以了，这么大年纪没啥好拍的"。为此，政府、媒体等还需进一步做好积极老龄观与健康老龄观的宣传，逐渐转变公众对变老、老龄社会的认知误区，树立积极健康的老龄观。

（二）数字鸿沟在低龄老人中逐渐消失

本次抽样的老人中，刚退休或退休不久的老年人具备一定数字化技术基础，计算机或手机的基本操作都能掌握，低龄老人抖音注册用户数量多、视频内容更丰富、简单的视频剪辑技术使用更多，这得益于他们中年时期就时常接触数字化产品。面对操作要求较高的直播与带货活动，本次抽样中有7位低龄老人进行了多次直播或带货活动，他们不再是媒体建构下被数字化抛弃的老人，而是勇于接触新事物、不断学习、继续发光发热的老人。

四、做好对老人的数字包容工作

鼓励老年人融入电子社会是减少孤独的一个重要途径,特别是对独居的老人而言,但是对于高龄或确实无法融入数字化的老人,还需要在各方面提升对他们的数字包容力。国务院办公厅 2020 年 11 月印发了《关于切实解决老年人运用智能技术困难的实施方案》,提出技术的适老化调整。尤其是重大公共卫生事件迫使老年人不得不向数字生活的普遍转变,如何为不能很好融入数字化的老人提供日常必要的服务,也需要进一步的实践与探索。

区域文化篇

2022年银川市文化和旅游业发展报告

王晓菲　许慧杰　鲍　洁

2022年，银川市坚持以习近平新时代中国特色社会主义思想为指导，突出学习宣传贯彻党的二十大精神这一主线，聚焦打造文化兴盛沃土，坚持聚焦重点任务、强化工作措施，充分挖掘和整合全市文化优势资源，全力打造优秀文化产品和优质旅游产品，不断满足人民群众对美好文化生活的需要。

一、文化建设基本情况

（一）强化思想引领，凝聚先行区示范市建设强大精神力量

一是理论武装入脑入心。贯彻落实《中国共产党宣传工作条例》，实施习近平新时代中国特色社会主义思想铸魂工程，分专题举办市委理论学习中心组集体学习会11次、专题培训班和专题辅导报告9期，新打造习近平新时代中国特色社会主义思想"七进"和学校"三进"示范点8个，组织开展宣讲2000余场次。"基层理论大篷车"宣讲品牌入选全区宣传思想文化工作守正创新优秀案例。出台《推动党史学习教育常态化长效化实施意见》《银川市推动"我为群众办实事"实践活动常态化长效化管理办法

作者简介　王晓菲，银川市委宣传部副部长；许慧杰，银川市委宣传部文化发展科科长；鲍洁，银川市委宣传部精神文明建设指导服务中心八级职员。

(试行)》，实现工作流程规范化、创新做法制度化、成熟经验机制化，推动为民办实事落实落地。银川市党史学习教育2篇案例入选中央案例选编、10篇案例入选自治区案例选编，入选数量居全区首位。二是主线宣传出新出彩。浓墨重彩做好党的二十大系列新闻报道，开设"深入学习宣传贯彻党的二十大精神"等专题专栏，开展"奋进新征程　建功新时代"主题采访，推出《非凡十年　"川"流不息》特刊，刊发相关稿件800余篇。央视《新闻联播》连续将镜头聚焦我市党的二十大代表，杨彦锋同志走上"党代表通道"接受采访，取得了历史最好报道效果。开设"建设创新发展引领市""聚力三新产业　打造两都五基地"等专题专栏，重点策划"银川市黄河流域生态保护主题宣传实践月"专题宣传，推出报道4500余篇次。三是思想道德引魂聚神。大力弘扬和践行社会主义核心价值观，举办"强国复兴有我"群众性主题宣传教育活动启动仪式，开展7大类156项活动，组织各地各部门参加宁夏第六届社会主义核心价值观主题微电影评选活动，15部作品获奖。召开学习贯彻习近平总书记给"中国好人"李培生、胡晓春重要回信精神座谈会，选树推荐发布"中国好人"等各级"好人"15名，制作推出道德模范、身边好人宣传片4部、公益广告22个，举办《闪亮的名字》思想政治教育系列活动3场，在全社会形成崇尚榜样、见贤思齐的生动局面。推动理想信念教育常态化、制度化，结合抗战胜利日、烈士纪念日、中国传统节日等，组织各地各部门依托爱国主义教育基地开展主题党日团日队日活动等线上线下宣传教育活动1600余场次，传承红色基因、赓续红色血脉。四是精神文明建设走深走实。实施全国文明城市创建"十大惠民工程""八项提升行动"，建立市级领导分片包抓责任制，持续完善"街巷长制""双报到"工作机制，顺利完成全国文明城市创建实地测评工作。召开全市拓展新时代文明实践中心现场推进会，建成实践中心6个、实践所54个、实践站538个，实现新时代文明实践阵地全覆盖。2022年，1人荣获全国"新时代好少年"，3人荣获自治区"新时代好少年"，25人荣获银川市"新时代好少年"。深入推进未成年人思想道德建设，打造《童心向党　健康成长》专题电视节目，申报全区乡村"复兴少年宫"建设试点项目11个。组织开展移风易俗宣传月，通过各种形式开展移风易俗宣传、文艺演出等活动1400余场（次）。"9·20"疫情以来，动员志愿者2.3万余人参与疫情防控志愿服务。

（二）创新引领推动，加快构建文化和旅游服务体系

一是强化顶层设计，统筹构建工作格局。起草《银川市"十四五"文化发展规划》，制定《银川市文化旅游广电发展"十四五"规划》，锚定工作目标，明确工作任务，强化工作措施，有序推动全市文化工作高质量发展。落实中宣部确定的市级融媒体中心试点建设工作任务，出台《加快推进媒体深度融合发展实施意见》《银川市新闻传媒中心加快推进媒体深度融合发展改革方案》，稳步推进媒体深度融合高质量发展。指导制定《关于让文物活起来 提升银川历史文化名城影响力的实施方案》《长城国家文化公园（银川段）建设实施方案》，加强全市文物保护利用和文化遗产保护传承，有力有序推进长城国家文化公园建设。指导编制完成《银川市旅游质量提升行动（2022—2023年）实施方案》，进一步完善银川市东线、西线全域旅游服务设施配套，加快贺兰山东麓、黄河金岸、环阅海旅游度假区建设。二是强化项目带动，加快推进高质量发展。广泛动员银川市相关文化单位、企业及各县（市、区）开展2022年自治区文化产业发展专项资金项目申报工作，争取2023年度中央文化产业发展专项资金推动影视产业发展项目1个（全区仅1个），上争资金300万元；争取自治区文产项目专项资金支持项目13个（全区33个）、入库项目5个（全区9个），上争资金890万元。全力推进银川文化园项目，文化艺术博览中心外立面改造和辅助公共文化设施项目已完工，银川图书馆、融媒体大厦主体验收完成，抓紧时间开展内部装修施工。三是强化精品意识，繁荣新时代文艺创作。起草《银川市加强新时代文艺评论工作实施方案》，实施"深化文艺评论"系列工程，把好文艺评论方向盘，营造健康评论生态。围绕"黄河流域生态保护主题宣传实践月"活动，举办"生态黄河 美丽银川"全民摄影作品展，组织开展"我与母亲河的故事"主题征文活动，评选优秀作品23篇。创作推出《出入山河》《大河上下》《山河人家》等文艺作品40余部，组织申报国家艺术基金2023年度资助项目25个。组织《情系贺兰》等优秀文艺作品赴北京、山东等地演出18场。舞蹈《公婆戏》等4部作品荣获自治区第十届文学艺术奖二等奖，弦鼓说唱《皆大欢喜》入选第八届全国少数民族曲艺展演，杂技《巍巍贺兰·峭壁精灵》成功入围第十一届中国杂技金菊奖全国杂技比赛决赛。四是强化文化惠民，丰富群众文化生活。成功举办第十九届群星奖全国广场舞大赛，银川市原创民族广场舞《塞上儿女心向党》斩获全国群众文化艺术政府奖最高奖"群星奖"。启动2022年"书香银川 银川书香"全民阅读暨"4·23"世界读书日系列活动，承办闽宁·2022"新时代乡村阅读季"活动启动仪式，引导广大群众爱读书、读好书、善读书。扎实推进文化惠民"润心"实事，新建"城市阅读岛"10个、基层综合文化服务中心20个，开展文化惠民演出1816场，举办公益艺术培训班700余场次，银川市顺利通过国家公共文化服务体系示范区创新发展复核验收，银川市黄河文化（银川）生态保护区入选自治区级文化生态保护区。

（三）以扩大消费为目的，全面推动全域旅游产业发展

一是"爱上银川"品牌打造取得新成绩。制定印发四季旅游活动实施方案，着力打造"爱上银川·四季可游"文化旅游品牌。开展文旅营销大篷车系列活动，组织优秀旅游企业27家次，锚定河南、山西、广东、福建、山东5省22个城市，推介文化旅游资源和引客入银政策。举办文化旅游消费季等活动40余场，推出精品旅游线路20条，发布"爱上银川"宣传视频100余期，点击量1000余万次，促进旅游市场回暖。二是全域旅游示范创建取得新成果。推进兴庆区、灵武市创建国家级全域旅游示范区，贺兰县、永宁县创建省级全域旅游示范区，贺兰山东麓旅游度假区顺利通过国家级旅游度假区初审，阅海湾休闲旅游度假区获评省级旅游度假区。玉泉国际酒庄和天山海世界获评AAAA级旅游景区，怀远观光夜市、建发大阅城入选第二批国家级夜间文化和旅游消费集聚区，金凤区丰登镇润丰村入选第四批全国乡村旅游重点村，百瑞源枸杞工业旅游基地入选国家工业旅游示范基地，敬德街街区、建发枫林湾街区获评自治区级旅游休闲街区。三是文旅节会创新营销取得新亮点。围绕"贺兰山下、黄河两岸、长城内外、葡萄园里、稻渔空间"特色旅游资源优势，举办"一山一河"文化旅游节、第三届乡村文化旅游节、文化旅游创意节、市民文化艺术节、宁夏

黄河流域非遗讲解大赛等品牌节会 20 余场，开展温泉养生、红酒巴士、户外露营等主题旅游活动 23 项，推出节会消费惠民促销活动，减免门票 187 万元，优惠让利 1200 余万元，受惠群众 175 万人次，全市 52 家 A 级旅游景区实施"文化旅游崇军"行动，进一步激发文旅消费潜力。四是中华优秀传统文化得以彰显。组织开展 2022 年银川市"文化进万家——视频直播家乡年"系列线上活动，大力开展"非遗"保护传承系列活动，成功举办传统文化（戏曲）进校园、"塞上风物"——银川市"非遗"系列作品展示活动、贺兰砚制作技艺中国工艺美术大师精品鉴赏展，以群众喜闻乐见的艺术形式把文化春风吹进万家，增强群众的文化获得感。积极推进玉皇阁、海宝塔文物保护规划，编制仁存渡口革命文物保护利用方案，完成国家文物局执法监测水洞沟、西夏陵、海宝塔、宏佛塔等全国重点文物保护单位"两线"范围内违建问题整改 38 处，有效推动文物保护传承利用。

二、存在的问题

近年来，受疫情影响，文化旅游行业遭受了极大冲击。银川市文化旅游亦不可避免遭遇"寒流"，整体行业艰难前行。

一是公共文化服务不平衡、不充分。受疫情影响，重点文化建设项目进展迟缓，基层文化阵地使用受限因素较多，文化文艺演出活动仍然偏少，不能为基层群众提供足够的文化娱乐项目。

二是文旅融合发展有欠缺、有短板。环顾银川周边旅游景区，没有很好地挖掘银川独特的地域文化，同质化的项目繁多，没有形成各自特色的竞争优势。区外游客"一日游遍银川城"，文旅行业带动二次消费较弱。

三是文旅宣传推广少优势、少流量。银川市既有贺兰山下葡萄酒庄的新型文化资源，也有西夏陵历史文化积淀，更有黄河沿岸的独特自然景观，但是都没有形成独特而成熟的营销模式，导致"银川"知名度较低，旅游品牌叫得不响。

三、对策及建议

(一) 在构建现代公共文化服务体系上下功夫，着力提升文化服务效能

一是建强用好公共文化服务设施。以银川文化园、银川图书馆新馆、融媒大厦等重点文化建设项目为引领，借助数字化建设"东风"，盘活新时代文明实践站所、文化站点、农家书屋等阵地资源，发挥"文化大篷车"的"流动"优势，助推文旅融合、农旅融合、体旅融合。二是久久为功做好文化惠民工程。深入推进"文化惠民·四送六进"工程，以菜单式、流动式、下沉式的服务模式，持续开展"送文化下基层"活动，完成送戏下乡1000场，广场文艺演出1000场，电影放映万场，传统文化（戏曲）进校园百场，举办"美丽乡村·文化大集"100场、"好戏连台·一元剧场"30场，以实实在在的文艺演出增加群众的文化获得感。三是坚持不懈擦亮"书香银川·银川书香"金名片。深化"书香银川·银川书香"全民阅读品牌建设，以新华书店及钟书阁、河姆渡等为载体，积极拓展城市阅读岛、城市书房等新型阅读空间建设，组织开展世界读书日、新时代乡村阅读季等系列活动，打造15分钟阅读圈，形成爱读书、读好书、善读书的良好阅读时尚。

(二) 在构建全域旅游发展格局上下功夫，着力提升文旅产业质量

一是深挖文化潜力。以黄河、长城国家文化公园（银川段）项目建设为契机，深入挖掘银川黄河文化、长城文化、红色文化、地域文化的丰富内涵，创作推出一批经典旅游项目和演艺剧目，进一步提升水洞沟、军事博览园、黄沙古渡等沿黄旅游景点品质，持续开发贺兰山岩画、西夏陵、葡萄酒庄等景点研学游、深度游。二是深挖数字潜力。加快国家文化数字化战略实施，强化云计算、大数据等新技术手段在文旅行业的应用，推出虚拟旅游、线上互动等体验项目。搭建"智慧文旅"平台，融入剪纸、泥塑、贺兰砚等非物质文化遗产活动项目，实现"一部手机游银川"。三是深挖服务潜力。学习借鉴沿海城市文旅发展的先进服务理念，摒弃唯门票收入的过时观念，加大住宿、旅游、餐饮、购物等"一条龙"服务链条的培育，研发制作体现银川文化特色的文创产品，注重用文旅引流、促游客消

费，在体现"银川服务"上下真功、做实绩。

（三）在构建旅游宣传营销模式上下功夫，着力提升品牌竞争实力

一是找准文旅宣传定位。积极参与"两晒一促"文旅推介宣传活动，借鉴"七彩云南""好客山东"等朗朗上口的宣传口号，深度挖掘银川"贺兰山下果园成，塞北江南旧有名"的诗意情怀，扩大《山海情》《大话西游》等影视剧的影响力，讲好银川文旅故事，打造银川文旅新形象。二是加大营销矩阵宣传。持续推广"区内区外+线下线上+官方民间"宣传模式，借助抖音、快手等网络新媒体平台，通过制造话题、发布高质量视频等方式，扩大银川知名度。制定科学有效的营销模式和推广计划，积极组织参与区内外推介活动，全面推介银川文化旅游产品。三是做大节会品牌影响。统筹整合文化旅游活动品牌，继续办好贺兰山文化旅游节、黄河文化旅游节，丰富"一山一河"文化旅游节内容，以品牌节会推动文化旅游融合发展。坚持"政府搭台，企业唱戏"，开展文化旅游惠民消费季活动，以发放文旅消费券等方式，进一步刺激文化旅游消费，推进国家和文化旅游消费示范城市创建。

2022 年石嘴山市文化和旅游业发展报告

赵晋宁

2022 年，石嘴山市文化旅游系统坚持以习近平新时代中国特色社会主义思想为指导，深入学习贯彻习近平总书记视察宁夏重要讲话和重要指示批示精神，紧紧围绕迎接宣传贯彻党的二十大这一主线，不断增强工作责任感、使命感，积极改革创新、力促文化惠民、推进文旅深度融合，努力推动全市文化旅游事业再开新局面、再上新台阶、再创新佳绩。

一、文化和旅游业发展情况

2022 年，石嘴山市顺利通过了文化和旅游部组织的国家公共文化服务体系示范区创新发展复核；全市新增国家 A 级旅游景区 3 个；平罗县头闸镇西永惠村入选新一批全国乡村旅游重点村；大武口生态工业旅游休闲集聚区入选国家工业旅游示范基地名单；3 人入选 2022 年度国家乡村文化和旅游带头人支持项目；沙湖景区成功入选第一批国家级文明旅游示范单位；平罗县高仁乡八顷村被公布为宁夏特色旅游村；龙泉山庄入选自治区五星级乡村旅游示范点，碧草洲生态园、潮湖人家庄园、沁园生态园、云乐生态旅游观光园入选自治区四星级乡村旅游示范点；平罗文化生态保护区被命名为自治区级文化生态保护区。

作者简介 赵晋宁，石嘴山市文化旅游广电局办公室主任。

（一）突出规划引领，确保文化旅游事业发展更有"动力"

坚持一张蓝图绘到底，先后制定印发了石嘴山市《生态工业文化旅游"十四五"专项规划》《全域旅游发展规划》《黄河国家文化公园（石嘴山段）建设实施方案》《长城国家文化公园（石嘴山段）建设实施方案》《2022年生态工业文化旅游产业高质量发展推进方案》《2022年乡村文化振兴工作方案》等一系列规划政策文件，明确了石嘴山市文化旅游事业阶段性发展目标、主要任务和保障措施。坚持疫情防控常态化和促消费两手抓，面向全区发放"宁夏人游石嘴山"旅游一卡通1.2万余册，真正把政策优势转化为推进文化和旅游业的发展优势。

（二）坚持群众导向，确保文化旅游事业发展更有"活力"

1. 创新实施文化惠民工程

结合国家文化公园建设、全域旅游发展等中心工作，先后举办了石嘴山市"览长城内外　展黄河风采"书法美术摄影作品展、大武口工业文化摄影大展、惠农区"喜迎党的二十大　黄河流域风光美"书法美术作品展等一系列参与面广、影响力大的群众文化活动。除常态化开展"文化大篷车""送戏下乡""流动图书馆""流动博物馆"等活动外，已连续举办23届的"广场文化艺术节"等文化品牌活动也在提升质量的基础上做到了长年不断、常办常新，全市公共文化服务实现了"每年有主题、每月有活动、每周有演出、每天有节目"。

2. 传承创新优秀传统文化

2022年在石嘴山市举办了"5·18国际博物馆日暨宁夏长城保护宣传日"、"非遗进万家·文旅展风采"2022年宁夏黄河流域剪纸传承人培训班、非遗传承人群培训班暨非遗工坊技能培训等自治区级文化培训活动。举办了石嘴山市非遗讲解大赛，持续开展文化遗产知识进社区、进校园、进企业，"戏曲进校园""非遗购物节"等宣传展示活动，通过让群众近距离接触感受，吸引了社会各界更加关注和参与优秀传统文化的传承保护。

3. 创新培育文旅融合品牌

探索文化+旅游、+农业、+体育、+餐饮等多种业态融合发展，举办了2022年自治区广场舞大赛总决赛、石嘴山市首届太极文化旅游节、大武口区第三届"工业之声"音乐节、惠农区大地天香国潮文化漫游节、平罗县首届乡村文化旅游节、黄渠桥特色美食文化节等文旅活动。启动了"塞上灵秀地 魅力石嘴山"2022年文化旅游体育消费季,自7月份以来,石嘴山市举办文化旅游体育活动40余项,已参与群众90余万人次,拉动消费2000余万元。2022年前三季度,石嘴山市共接待旅游人次447.51万人次,实现旅游收入29.68亿元,同比分别增长15.59%和15.57%。

4. 提升数字化服务能力

积极落实国家文化数字化战略,提升数字文化服务水平,对石嘴山文旅云平台进行优化,增加旅游功能板块,方便群众在线享受活动预定、数字阅读、视频点播、旅游导览等文化旅游资源。围绕抗击疫情和"非遗过大年"等,推出了"艺术人生——一节好课""同心战'疫'——艺术鉴赏线上课堂"等一系列线上数字文化资源,实现了公共文化服务"线下活动延期、线上活动不停"。

(三)抓好项目支撑,确保文化旅游事业发展更有"实力"

1. 做好现有文化阵地提升

组织实施了石嘴山市文化馆数字化建设项目,通过建设公共文化远程高清互动直播辅导系统,配备线下互动设备,丰富场馆数字体验功能,延长了服务半径。完成了石嘴山市图书馆自动化集成系统升级与总分馆管理建设项目,以市馆为总馆,各县区馆为分馆,各馆之间实现了文献资料的通借通还。为全市12个基层文化示范点配置文化设施设备,提升了基层文化阵地服务效能。依托城市社区建设,打造了集免费阅读、文化展示、文化休闲等多元功能于一体的大武口玖裕臺"城市书房"和平罗县汇融新天地"城市书房"。在惠农区黄河古渡坊新建了集文化活动开展、图书阅览、商务谈判于一体的惠农区文化馆分馆(商务文化艺术交流中心)。

2. 推进实施重大文旅项目

石嘴山市2022年谋划实施文旅重点项目13个,总投资约2亿元。围绕推动大沙湖旅游区建设,先后实施了沙湖大道景观提升、姚汝路沙湖段改线、农垦博物馆提升改造、萌宠乐园等项目,沙湖旅游区的带动力和辐射力进一步增强。推动黄河、长城国家文化公园建设,实施了黄河国家文化公园银河湾段黄河湿地郊野公园、长城国家文化公园（大武口段）西线旅游复合廊道、明长城红果子段（二期）抢险加固等项目，共争取到位国家专项资金4900余万元。

3. 推进产业融合项目建设

积极培育旅游休闲街区和夜间经济集聚区，实施大武口洗煤厂特色商业街、红柱子街夜经济聚集区等项目，蘭山小镇文旅特色街区、汇融新天地特色文化旅游休闲街区被认定为自治区级旅游休闲街区。推动石炭井工业文旅影视小镇提档升级，实施修缮石炭井工业文旅小镇展示馆、影视一条街改造、贺兰雄鹰纪念碑等项目，引进了诸多影视剧组在石炭井取景拍摄，特别是在石炭井取景拍摄的国庆档电影《万里归途》爆火，进一步提升了石炭井工业文旅影视小镇的影响力。加快乡村旅游提质增效，推进龙泉村、马家湾村等全国乡村旅游重点村基础设施建设，大力实施银河湾生态休闲旅游度假村、东永固村枸杞产业基地、大地天香景区特色民宿及玫瑰观赏区扩建、黄渠桥镇特色美食小镇、通伏乡稻艺产业园等乡村旅游项目，乡村旅游成为助力乡村振兴、带动农民增收的重要载体。

(四) 挖掘资源底蕴，确保文化旅游事业发展更有"潜力"

1. 深入挖掘资源内涵

结合国家文化公园建设，完成了黄河石嘴山段文物资源调查。开展文保单位升级申报，在全区首次将植物种植区域——贺东庄园葡萄古藤种植区域公布为市级文保单位。完成了惠农区雁窝池汉墓群抢救性发掘，勘探面积21000余平方米，清理发掘古墓葬5座。新发现的两处新增岩画点补充了石嘴山地区历史时期的动物种群资料，为研究贺兰山北部早期人类社会生活与经济模式提供了有力证据，被央视新闻频道、新华网、人民网、《中国日报》、《光明日报》等十几家主流媒体进行宣传报道，点击量超百万人次。

2. 做好文物宣传保护

通过馆际协作模式，石嘴山市博物馆举办了"亘古天书——中国岩画艺术展""延安精神永放光芒红色图片展"等专题展览。组织实施明长城红果子段、大武口兴民村段、韭菜沟段及田州塔本体维修项目20余个。完成了石嘴山市石窟寺专项调查，争取到石刻塔安全防护及岩画数字化建档等保护利用项目。推进石嘴山市博物馆岩画厅改造提升、平罗玉皇阁保护修缮等项目稳步实施。

二、目前存在的主要问题

（一）文旅资源整合难度较大

石炭井矿区、原兰州军区贺兰山守备一师师部旧址、大武口洗煤厂、韭菜沟、归德沟等具有开发价值的文化旅游资源分别隶属国家能源集团宁夏煤业有限公司、自治区自然资源厅和军队后勤等部门管理，资源整合利用开发难度较大，尚未形成齐抓共管、统筹推进文旅产业发展的工作合力。

（二）文化旅游人才不足

个别基层文化单位力量薄弱，组织开展文化活动的难度较大。乡镇（街道）、村（社区）的基层文化服务队伍专业素养偏低，兼职其他行政工作情况较为突出。特别是在文艺创作方面，由于专业人员缺乏，使得文艺作品的创作生产与群众更高层次的需求还有一定差距。

（三）帮扶政策针对性不强

因疫情原因，石嘴山市旅游企业受影响较大。但目前在文化旅游产业方面帮扶政策不多、针对性不强，特别是各银行的融资贷款政策与文旅企业需求匹配度还不高，普遍存在贷款周期短、利息高的现象，难以满足文旅企业发展需求。

三、下一步的对策及建议

（一）丰富文旅服务供给

围绕学习宣传贯彻落实党的二十大精神，结合开展"送戏下乡""广场文化艺术节""文化大篷车""流动文化服务"等，举办形式多样的文化活动，让群众能在家门口欣赏和参与文化活动的过程中学习领会党的二十大精神。挖掘黄河文化、长城文化、工业文化、移民文化等富有石嘴山地域特色的文化资源，推出一批展示石嘴山形象、讲好石嘴山故事的文艺精品。统筹实施好"在宁夏·非遗过大年""迎新春送春联""文化进万家"等节日文化活动，打造面向不同年龄群体、行业群体的公共文化服务品牌。抓住文旅深度融合契机，将热映电影《万里归途》作为文旅形象宣传切入点，充分整合挖掘文化旅游资源，推出"吃在石嘴山、游在石嘴山、玩在石嘴山、探秘石嘴山"等线上线下系列活动，打响"塞上灵秀地 魅力石嘴山"文旅宣传品牌。探索文旅公共服务机构功能融合，吸引各界力量投入，打造一批城市书房、阅读岛、文化驿站等小而美的基层公共文化设施及空间，形成城乡一体、覆盖全域的服务体系，方便群众感受文化、享受便利。

（二）夯实文旅发展硬件基础

抢抓文旅产业纳入自治区"六新六特六优"产业的机遇，推动大武口洗煤厂特色商业街、红柱子街夜经济聚集区等文旅项目提档升级，着力打造旅游休闲街区及夜间消费集聚区。以全域旅游示范区创建为抓手，巩固提升平罗县国家全域旅游示范县成果，确保平罗县顺利通过国家复核验收。指导大武口区对标国家全域旅游示范区创建标准，进一步查漏补缺，争创国家全域旅游示范区。加快龙泉村、大武口洗煤厂工业遗址公园、硒有田园、银河湾、黄渠桥革命传统教育基地等景区景点提档升级，全面推进北武当国家AAAAA级旅游景区创建工作。及时了解文旅产业发展方向及项目支持方向，谋划宁夏北部贺兰山东麓葡萄酒精品旅游线路等项目。提升数字文化服务能力，不断丰富全市数字文化资源库，推进实施自助图书借阅机等数字文化建设项目。

（三）注重文旅业态融合提升

推进乡村旅游重点村建设，改造提升一批乡村旅游示范点，大力发展田园观光、农事体验、经果林采摘、乡村民宿等新业态，不断提升乡村旅游服务功能和接待能力，打造一批农文旅融合精品项目，推动乡村文化旅游产业化发展。鼓励星海湖、沙湖、华夏奇石山等景区景点开发承办水上运动、星空游等体育赛事和新业态文旅产品，进一步挖掘和释放消费潜力，带动文旅消费市场活力。充分挖掘石炭井工业文化旅游资源，做好石炭井电影小镇基础设施配套、服务功能完善等。深挖特色文旅资源，持续举办文旅品牌活动，推出春赏花、夏避暑、秋观叶、冬玩雪等全季节旅游产品，推进"半年游"向"全年游"转型升级。

(四) 加强文旅人才队伍建设

加强对现有文旅人才队伍的培养锻炼,提升队伍专业能力和服务水平。推动专业文化人才下基层,选派"文化辅导员"开展"结对子种文化"活动,激活基层文化内生动力。持续加强文化志愿者队伍建设,依托文化场馆开展"小小讲解员"等文化志愿者的招募和培训活动,积极组织申报各类文化志愿服务项目,扩大志愿者队伍规模和志愿服务覆盖面。

(五) 加强文化遗产保护传承

抢抓国家文化公园建设机遇,加强革命文物、红色资源的保护利用。加强文物资源价值研究、阐释,形成研究成果,编印出版《石嘴山文物志》。开展文物系统安全生产大检查及公共博物馆安全专项整治三年行动,确保重大隐患全部整治到位。加强非物质文化遗产保护传承,积极申报国家级、自治区级非遗项目及推选代表性传承人,开展市、县(区)级非遗项目和代表性传承人申报评选,完善全市非遗名录体系。支持传承人开展非遗进景区、进街区、进校园活动,弘扬传承非物质文化遗产,发扬光大优秀传统文化。

2022年吴忠市文化和旅游业发展报告

杨宗麒　余钧彦

2022年，吴忠市认真学习贯彻党的十九届六中全会和党的二十大精神及自治区第十三次党代会精神，围绕吴忠市委、市政府中心工作，紧盯重要节点，认真谋划、重点突破，全力推进精品创作，文化繁荣兴盛沃土加快形成，文旅融合进一步提升，打造了一批惠泽百姓的文化惠民工程，优质文化产品和服务供给取得新突破，公共文化服务体系创新发展迈上新台阶。吴忠市群众享受到了更多更好精神食粮。

一、2022年吴忠文化建设基本情况

（一）文化艺术精品层出不穷

继续打磨提升话剧《兰花芬芳》、编排秦腔《攒劲女人》等文艺作品。在宁夏第十届文学艺术奖优秀作品奖中，吴忠市近10件作品获得优秀作品奖及表演奖。其中，长篇小说《山和梦》获得二等奖，《拂晓突袭》《静静的清水河》获得三等奖；报告文学《走出黑眼湾》获得二等奖；散文《远逝的机器轰鸣声》获得二等奖；《高沙窝脱贫记》获得戏剧类三等奖；摄影作品《梨园人家》获得摄影类二等奖；剪纸作品《壮美70年　礼赞新

作者简介　杨宗麒，吴忠市委宣传部三级调研员；余钧彦，吴忠市委宣传部文化艺术与新闻出版电影管理科科长。

宁夏》获得民间文艺类一等奖；微电影《追梦》获得影视类三等奖。新编创作了表演唱《瞧这一家子》、小品《村官和老婆》等文艺新作20余个，改编提升《血脉情》《一诺千金》等一批文艺精品。广场舞精品《扬鞭再创新辉煌》荣获全区广场舞大赛一等奖，入围全国群众文化艺术政府奖第十九届"群星奖"；话剧《兰花芬芳》、小品《一家亲》等优秀剧目荣获全区"群星奖"奖项；舞蹈《血脉情》、秦腔小戏《爸爸回来了》、群舞《温暖的记忆》等优秀作品获得自治区舞台艺术精品创作工程扶持；全市《青铜峡的传说》《爱有你我他》等17部优秀文艺作品入选国家艺术基金资助项目，排位全区第二。

（二）公共文化服务基础日臻完善

公共数字文化服务建设成绩显著。吴忠市数字文化馆、"吴忠记忆"黄河文化数字非遗展示馆、吴忠市图书馆信息化平台及业务智能化管理建设、吴忠市博物馆文物数字化保护与展示提升等项目已全面建成并投入运营，并免费向市民开放，极大地满足了群众的文化需求，吸引参观互动群众30万余人次，获得群众一致好评。县级公共图书馆、文化馆总分馆制建设取得新成绩。利青公共文化同城发展迈出新步伐。利通区图书馆实行馆员结对子，指定3名图书馆管理员为图书馆分馆常态化进行业务指导和效能监督，组织开展阅读活动20余场次；青铜峡市文化馆新馆如期投入使用，图书馆新馆装修项目加快推进，建立了怡园、裕民、韵欣苑、东街4个城市社区分馆。创新构建"城市书房"城市阅读体系。市图书馆军民融合24小时图书阅览室、同心县"豫海城市书房""清水苑城市书房"4座城市书房建成并对外免费开放，藏书2万余册，同时配备自助借还机、自助办证机等电子设备，进一步丰富了全民阅读服务。

（三）文化惠民工程丰富多彩

进一步加大文化惠民利民力度，文化惠民服务内容更加丰富，文化服务形式更加多样，文化服务效能不断提升。创新、高效、均等推进城乡公共文化服务，印发了《关于开展吴忠市"喜迎二十大 奋进新征程"文化惠民"送戏下乡""戏曲进校园""戏曲进乡村"等文艺演出活动的通知》《喜迎二十大 奋进新征程吴忠市2022年"滨河百姓大舞台"广场文化活动方案》等文件，推进"文化+旅游+体育"，推动文化引领发展，组织开展文化惠民活动700多场次，受益群众超过50万人次，群众满意度92%。线上线下齐发力，全民阅读深入开展。持续提升免费开放服务项目内容，全年无休，周免费开放时间70小时，全年接待读者20.4万人次，开展讲座、展览60余场次，借还5.7万人次、14.2万册次，持续深化"流动图书车2+X"服务150次、服务读者2万人次。线上线下组织开展"迎新春送春联"、"我们的节日·元宵节"谜语竞猜、"百名摄影师聚焦新时代"图片展、"畅读经典 欢度新年"典籍里的中国年巡展、"我们的节日·清明节"少儿线上系列活动、"喜迎二十大 奋进新征程 阅读再出发"青少年硬笔书法比赛和线上诵读比赛等89场线上线下阅读活动，推送线上巡展、阅读推文66期、106篇，吸引3万余读者参与活动。组织五县（市、区）文化艺术团队在乡村文化广场、城市社区、景区景点开展"送戏下乡""戏曲进校园""戏曲进乡村""文艺轻骑兵""文化进万家"惠民演出569场次，滨河百姓大舞台广场演出18场次，观看群众达到50万人次。大力创新提供优质在线文化资源，开展以"'艺'抗疫 '艺'起加油"——吴忠市优秀抗疫作品网络展6期，上线"幸福云课堂 文化过大年"吴忠文化馆百姓云课堂，线上发布"我们的新时代"主题作品创作展播——"欢乐宁夏"全区群众文艺会演吴忠市获奖作品节目线上展演13期，"学才艺"——全民艺术普及名家云课堂20期，传统文化二十四节气24期，牢记领袖嘱托，积极探索文艺与新时代文明实践深度融合，不断强化文艺惠民服务，切实打通了服务群众"最后一公里"。开展"文艺进万家、健康你我他"新时代文明实践志愿服务活动。文艺工作者集中创作了春联、福字2000余副（幅），在红寺堡区红寺堡镇玉池村开展"我们的节日·元宵节""送欢乐下基层"志愿服务活动，为群众送去文艺演出、非遗花儿和剪纸培训，为广大群众送去了一场文化大餐。举办名家名师进校园活动。宁夏2022年"优秀传统文化进校园"启动仪式暨"名家名师进乡村学校少年宫"活动走进吴忠市利通区利通街第二小学，艺术家表演了歌曲《学习雷锋好榜样》、演诵《花木兰》、舞蹈《我爱你中国》、杂技《手技》等，激励同学们在阅读中求索，在实践中传承红色基因，努力成长为担当民族复兴大任的时代新人。丰富了群众文化生活,进一步满足人民群众文化需求。

(四)文化吴忠品牌活动异彩纷呈

满足群众需求提升,紧盯市委、市政府中心工作和传承弘扬"我们的节日"中华优秀传统文化,着力打造文化品牌活动,举办全市大型文化品牌活动20多场次,参与活动群众20万人次。按照"征集评选一批,表彰奖励一批,宣传推出一批"要求,承办好全区第六届微电影展评,继续打造吴忠微电影文化品牌。充分运用农家书屋阵地,及时配送、更新书籍,丰富群众阅读内容。在市区建设25个城市书房、报刊亭、报刊阅读栏,充分挖掘利用吴忠市图书馆、利通区图书馆,市直各单位、利通区各单位图书阅读室,新华书店等资源,打造市区10分钟阅读圈。打造"吴忠文明大讲堂"宣讲品牌。紧跟宣传重点,认真策划选题,邀请王振升、杨森翔等专家学者,王兰花、刘超等志愿者代表等主讲嘉宾,线上线下讲授"寻年味·探集市""寻年味·贴窗花""罗山印象·从历史中走出的瀚海绿洲""乍然春风起'雷锋在行动'""铸牢中华民族共同体意识——以移民文化夯实民族团结基石""远离非法集资、共筑平安家园"等12期。开展作家签名赠书活动。举行"书香吴忠"暨"4·23"世界读书日签名赠书活动,以"喜迎党代会·书香进万家"为主题,通过开展表彰"阅读之星",邀请董永红、胡静等6位本土作家为市民现场签名赠书,为学生代表赠送"绿书签"及图书等,提升"书香吴忠"品牌建设,营造全民阅读浓厚氛围。隆重举办"启航新征程 奋进新吴忠"2022年吴忠市春节联欢晚会,通过"看吴忠"APP、微信公众平台"吴忠日报""微吴忠"等平台转播,推进线上感受家乡民俗年味。举办"为冬奥喝彩 一起向未来"、第八届"六一"全区少儿美术书法优秀作品展、"虎年画虎迎新春"等美影书展。精选革命文物图片,推出"红旗漫卷——宁夏革命文物陈列图片展"线上展览,讲好红色故事、传承红色基因。举办"奋进新征程 阅读再出发"为主题的"书香吴忠"暨"4·23世界读书日"系列活动、"铭记红色历史 相约美丽春天"2022年吴忠市"我们的节日"清明诗会、"传统民俗闹董府 非遗线上跨新年"吴忠市2022年文化进万家——视频直播家乡年、2022年度第46个"5·18国际博物馆日"系列活动、2022宁夏·吴忠黄河金岸文化旅游节暨"5·19 中国旅游日"活动、"喜迎二十大　奋进新时代"全区广场舞大赛复赛、2022 中国面食博览会暨第二届吴忠早茶美食文化节、"喜迎二十大　奋进新征程"吴忠市 2022 年"我们的节日·情满中秋夜"中秋系列活动等 20 多项重大文化活动。丰富了活动形式和内容，取得了良好反响，受到了群众广泛好评。

（五）净化文化市场

认真贯彻落实全国宣传部长会议和第三十五次全国"扫黄打非"工作电视电话会议精神，切实履行"扫黄打非"工作责任，以"正道""新风"集中行动为平台，全力开展 8 个专项整治，坚决维护意识形态和文化领域安全，为全市经济社会发展营造了健康向上向善的文化环境。坚持网上净化和网下清查相结合、集中行动和专项整治相结合、日常监管和明察暗访相结合，从社会举报、联排联查、基层站点巡查等方面循线深挖、追根溯源、落地查人，织密无盲区封堵、全方位打击的"扫黄打非"防护网。将属地 642 个备案网站、2.5 万多个微信公众号、186 万多个微博账号、21 个政务类应用程序全部纳入监测系统。扎实开展了"清风行动"，涉党史领域、涉民族宗教有害出版物等专项行动，推动"扫黄打非"工作落实。全市建成"扫黄打非"规范化、标准化基层站点 792 个，共创建全国"扫黄打非"进基层示范点 2 个、全区示范点 15 个，2 人荣获全区示范标兵称号。

二、存在的问题

（一）文艺精品创作的扶持引导机制还不够健全

没有健全对文艺精品创作的激励机制，创作环境不佳，扶持力度不大。对文艺工作的地位和作用认识不足，对文艺精品创作关心重视不够。

（二）经费保障机制不完善

投入不足依然是当前制约文化事业发展的瓶颈，文化领域仍然存在底子薄、基础差、经费不足的问题。

（三）文化队伍建设不完善

受编制限额影响，人才队伍缺在编专业骨干，出现"专职不专干、兼职不专技"的现象。专业性人才匮乏，特别是文化艺术人才奇缺，落实和推动工作力度不够。

(四) 文化产业发展动力不足

受限于地域和资金的影响，我们的文化产业起步比较晚，资金缺口大，导致发展动力不足，发展水平不高。

三、对策与建议

坚持以习近平新时代中国特色社会主义思想为指导，认真学习宣传贯彻党的二十大精神，深入贯彻习近平总书记视察宁夏重要讲话精神，自觉承担举旗帜、聚民心、育新人、兴文化、展形象的使命任务，不断繁荣发展社会主义文化，推动文化事业高质量发展，为建设文化强市贡献力量。

(一) 围绕中心大局，实施主题鲜明的系列活动

开展"祖国万岁"全国名家书画吴忠汇展活动，"吴韵天工谱华章"学习宣传贯彻党的二十大精神书法、美术、摄影作品展，"家国共此时"深入学习贯彻习近平总书记视察宁夏重要讲话精神大型黄河诗会，"赓续历史文脉、讲好黄河故事、助力'三区'建设"吴忠文艺家采风创作活动，"疫路三载 吴忠有爱"抗击新冠肺炎疫情文艺作品专题展。

(二) 提升公共文化服务水平

深入推进吴忠市文化馆、图书馆、博物馆、美术馆免费开放创新发展，推动县（区）"两馆"、乡镇（街道）文化站、村（社区）综合文化服务中心免费开放服务提升，着力提升贫困地区基层文化惠民工程覆盖面和实效性。创新打造新型阅读服务空间和智慧应用场景，助力百万移民致富提升行动，支持红寺堡区建设易地搬迁移民致富提升示范区建设。

(三) 创排一批文艺精品

围绕黄河文化、红色文化等中华优秀传统文化和"四大提升行动"等主题，深入挖掘黄河文化、红色文化等中华优秀传统文化，全面梳理黄河文化、红色文化、历史文化等题材，发动社会力量办文艺，加强重点题材艺术作品生产，创作一批具有时代气息、群众喜闻乐见的文艺精品，推动群众文艺创作演出繁荣发展。继续打磨提升原创话剧《兰花芬芳》，形成吴忠地方精品剧目，为繁荣发展文化吴忠贡献力量。

（四）提升文化吴忠品牌活动

坚持以传承弘扬黄河文化为中心，深化文化旅游融合发展，大力实施"黄河文化"品牌活动供给提升工程，积极开展黄河流域生态保护和高质量发展先行区元旦、春节系列文化活动，"我们的节日"清明节、端午节、七夕节、中秋节、重阳节等传统节日文化活动。精心举办"5·18博物馆日"、文化和自然遗产日、"5·19"暨黄河文化旅游节、大西北早茶文化美食节等黄河文化旅游系列活动，讲好吴忠故事，传播吴忠好声音，促进"黄河明珠美丽吴忠""黄河明珠一见'忠'情""共产党好，黄河水甜"等黄河文化价值品牌体系影响力大幅提升。

（五）深入开展"正道""新风"集中行动

充分发挥"扫黄打非"工作领导小组协调机制，统筹协调、联防协作，严厉打击违法犯罪行为，多方联动、齐抓共管，继续开展"扫黄打非"进基层示范点创建工作，争取全国"扫黄打非"示范点创建。

2022年固原市文化和旅游业发展报告

王永玮　路　宁

2022年固原市文化和旅游业坚持以习近平新时代中国特色社会主义思想为指导，围绕宣传贯彻党的二十大这条主线，深入贯彻落实自治区第十三次党代会和固原市委五届五次全会精神，全面推进群众精神文化生活共同富裕，聚焦生态文旅特色市定位，着力打造红色文化新高地，满足脱贫地区群众精神文化新需求。

一、文化和旅游业发展情况

（一）公共文化事业持续发展

固原市全年"送戏下乡"306场次，开展广场文化活动200场次。成功举办春节线上过大年文化惠民、群众广场舞大赛、广场文化活动启动仪式暨庆祝中国人民解放军建军95周年文艺演出、"民族团结进步月"启动仪式、首届乡村音乐节、国学公益讲座等线上线下系列节庆活动。组织完成22个第五批市级非物质文化遗产代表性项目、20个第二批固原市级非物质文化遗产保护传承基地、73个第四批固原市级非物质文化遗产代表性项目、代表性传承人名录评定及公布工作，组织承办2022年"文化和自然

作者简介　王永玮，宁夏社会科学院办公室干部；路宁，固原市委宣传部文化艺术科和电影管理科干部。

遗产日"宁夏主会场宣传展示系列活动。完成固原市（六盘山地区）文化生态保护区规划的专家论证、征求意见及合法性审查并进入自治区级文化生态保护区公示名单。

（二）全域旅游创建成果丰硕

坚持"以文塑旅、以旅彰文、文旅融合"的发展思路，抢抓黄河流域生态保护和高质量发展先行区建设的战略机遇，围绕创建西部地区独具特色的生态休闲避暑旅游度假区和红色文化旅游目的地、国家全域旅游示范市目标，全域全季全景发展红色游、丝路游、生态游、乡村游、避暑游、康养游、冰雪游，促进吃住行游购娱全业态发展，市县一体、多点支撑、全域延伸的文旅产业新格局正在逐步形成。编制完成《关于加快建设生态文旅特色市的实施意见》（送审稿）。启动《国家六盘山生态文化旅游区建设发展规划》编制工作。扎实推进国家长征、长城文化公园（固原段）项目，印发了国家长征、长城文化公园（固原段）建设实施方案。7个续建项目投资概算20131万元，目前已完成投资16178万元。5个新建项目投资概算7500万元，3个已开工建设，完成投资2281万元。持续推动文化旅游产业保护挖掘利用项目。隆德县老巷子旅游休闲综合体项目已完成投资3500万元；启动固原市文化馆数字化设施等采购；7个乡村旅游助力乡村振兴示范工程项目全部开工建设，已完成3个。六盘山旅游度假区被评定为自治区级旅游度假区；将台堡镇、姚磨村入选第四批全国乡村旅游重点村镇；原州区开城镇小马庄村、官厅镇乔洼村等7个村入选第二批宁夏特色旅游村。截至2022年，固原市有全国乡村旅游重点村镇14个、宁夏特色旅游村镇29个。原州区荣华锦汇街区被评定为自治区级旅游休闲街区。实施乡村旅游助力乡村振兴工程，率先在全区制定印发了《固原市创建全区民宿经济发展先行区实施意见》《固原市关于支持精品民宿发展的若干政策措施》，协调市金融工作局推出"民宿贷"等信贷产品助推民宿发展。各县推进精品民宿提升改造和建设工作，建成乔家渠红色民宿、红军寨民宿等一批精品民宿15家。召开全市旅游服务质量提升及文明城市创建动员部署大会。开展星级饭店行业从业人员服务技能大赛，通过"以赛代训"，培训文化旅游从业人员500余人次，固原参赛选手在自治区宾馆饭店技能大赛中获中餐服务一等奖并入围全国大赛。

（三）红色文化特色明显

紧扣"红色固原、绿色发展"定位，充分利用革命时代、长征时期红色资源，以及习近平总书记在将台堡发出"走好新时代长征路"伟大号召，在杨岭村、姚磨村视察脱贫攻坚等新的红色资源，深入提炼、升华、展示蕴含其中的长征精神、脱贫攻坚精神、民族团结精神等精神富矿，创排红色文艺作品，打造红色产业集群，讲好固原红色故事。进一步健全完善红色资源管理保护机制，对全市68处红色资源进行了排查梳理，实施红色基因库建设工程，六盘山长征纪念馆"红色基因库"建设项目全面完成，固原博物馆、西吉县将台堡红军长征会师纪念园"红色基因库"项目完成前期申报工作。加强革命传统教育、爱国主义教育、青少年思想道德教育，组织党史专家、社科理论工作者和红色教育基地讲解员组建"红色讲师团"，开发红色思政课。依托清明节等时间节点，组织干部群众开展缅怀先烈主题教育、"革命英烈"网上纪念等红色主题教育活动，让红色教育更加深入人心。紧扣红色文艺作品创作主题，召开全市红色文艺作品创作座谈会，联合自治区民间文艺家协会推出《长征故事》等红色作品，举办"追根寻源宁夏文化丛书"首发仪式，推动红色革命精神薪火相传。扎实开展国防教育，成立固原市全民国防教育工作领导小组，围绕"开启时代新征程、爱国强军谱新篇"主题，开展"百场国防形势报告"、全市中小学校国防教育优秀课件评选等活动，着力强化广大干部群众的国防意识。按照"以线串点扩面"工作路径，聚焦"两核"（六盘山红军长征旅游区、将台堡红军长征会师纪念园）、"三线"（红一、红二方面军和红二十五军转战宁夏线路）、"多点"（"单家集夜话"、青石嘴战斗遗址、毛泽东宿营地、任山河烈士纪念碑等），把全市红色旅游资源连成线、形成片，打造红色旅游产业集群。打磨提升"读长征史、走红军路、登胜利山"等红色主题研学教育线路，激活乡村旅游、民宿体验、生态休闲等新业态。

（四）宣传营销成果丰硕

创新开展文化旅游惠民促销活动，开展了以"宁静的夏天 凉爽的固原"为主题的避暑季活动。捆绑各类媒体进行宣传，有力扩大了固原文化旅游影响力和覆盖面，成功举办六盘山山花旅游节及系列活动和丝路文化节、乡村旅游节等活动，促进节庆活动常态化、品牌化，切实提升了"红色固原、绿色发展"文化旅游知名度和美誉度。固原文化旅游"两微三号"图文及视频发稿1万余条，被新华社、人民网等主流媒体转发10余篇，阅读量超过500多万；捆绑全国新媒体及网站矩阵全网营销，"你好固原"第一季文化旅游短视频展播9期100个作品，视频号播放量超过200万次、抖音号播放量超过707万次。推进"八闽亲人游固原"和"宁夏人游固原"等旅游惠民活动，"游固原免ETC"等补贴措施，向八闽亲人免费发放和区内游客免费发放景区门票3万余张，执行所有A级旅游景区向全国医护人员、公安民警、福建游客、中高考学子免首道门票政策。成功启动2022年宁夏六盘山避暑旅游季活动，赴福建、浙江等省市开展旅游宣传推介会、招商引资活动，"梯田花海踏春赏花游""泾隆花乡醉美赏花游""清凉固原红色研学游""固原庆丰收感恩红色游"四条旅游线路入选文化和旅游部"乡村四时好风光"全国旅游精品线路，入选数量位居全区第一。预计全年接待游客835万人次，实现旅游社会总收入34.5亿元，同比分别增长27%和22%。

（五）文化市场秩序规范有序

深入开展公共博物馆三年行动计划，持续扎实开展博物馆三年行动总结和建章立制工作，对未销号的三家场馆督促整改并实现正常运营，联合消防部门对全市博物场馆全面开展"回头看"行动，实现文博场馆隐患清零。进一步加强执法力度，抓好行政处罚案件规范化建设，开展联合执法行动，共出动执法人员16828人次，检查互联网上网服务营业场所、出版物印刷企业、旅游经营场所等各类文化市场经营单位8718家次，下发责令整改通知书20余份，下发疫情防控通知书及其他宣传品3500余份，办理各类行政处罚案件19件，没收非法出版物226册（本），没收违法所得383元，罚款5万余元。全力做好疫情防控工作，坚持按《新型冠状病毒肺炎防控方案（第九版）》严格落实景区、乡村旅游示范点、文化旅游经营场所、公共文化场馆（站）等疫情防控措施，文化旅游市场持续向好。持续加强文明单位创建，把文明单位创建与业务工作同部署、同检查、同落实,全面形成上下联动、齐抓共管、全员参与、整体推进的文明单位创建工作格局,切实推动文化旅游工作高质量发展,六盘山红军长征景区通过自治区文明单位创建验收工作。

二、存在问题

一是文化旅游市场缺少龙头企业带动。二是文化旅游产业较为单一。三是新冠肺炎疫情对文化旅游产业发展带来巨大冲击和诸多不确定性,导致文化旅游企业发展面临困境,文化旅游企业投资意向偏低。

三、对策建议

坚持以习近平新时代中国特色社会主义思想为指导,深入学习贯彻党的二十大精神和习近平总书记视察宁夏重要讲话和重要指示批示精神,牢固树立绿水青山就是金山银山理念,紧扣"红色固原、绿色发展"战略定位,聚焦"宁夏副中心城市"区域定位和"生态文旅特色市"特色定位,以生态为底色、文化为内涵、旅游为载体,围绕市委、市政府中心工作,以全域旅游示范区创建为抓手,全力推进长征、长城、黄河国家文化公园等红色旅游重点项目和民宿经济先行区、乡村旅游示范工程建设。

(一)深入实施文化惠民工程

开展文化进万家活动,举办春节群众文艺活动、秦腔精品剧目、社火线上展演。创排演出一批文艺作品,组织开展"送戏下乡"180场,广场文化活动200场。充分利用大型广场、公共文化服务场所引导广大居民参与群众广场舞活动和群众文艺会演活动等。持续推进博物馆、图书馆、文化馆数字化、信息化、标准化建设,发展云阅读、云视听、云体验,促进供需在云端对接,开展全民阅读活动30场次以上。争取并推进国家文化生态保护区创建。建设剪纸、泥塑、社火、砖雕等非物质文化遗产传习场所和固原市非物质文化遗产展厅,健全固原市非物质文化遗产保护传承体系。提高非物质文化遗产保护传承水平,开展"非遗文化进百校"传承展示活动。

(二)深入推进全域旅游示范区创建工程

印发《关于加快建设生态文旅特色市的实施意见》,完成《国家六盘山生态文化旅游区建设发展规划》编制工作，进一步推动文化旅游融合，发展"旅游+"等新业态。推进原州区、隆德县创建国家级全域旅游示范区，西吉县、彭阳县创建自治区级全域旅游示范区。巩固周边市场，争取扩大直航城市和闽宁客源市场。引入市场主体，丰富节庆内容，增强节庆文化内涵。出台营销激励政策和更多惠民措施，利用重大节庆日，充分发挥文化旅游企业主体作用，丰富旅游体验项目，优化旅游线路。支持和促进文化进景区活动，增加旅游吸引力。加大执法检查力度，持续开展文化市场专项整治行动，提升固原文化旅游市场服务质量，确保文明、公正、透明、有序的文化旅游市场环境。

（三）深入实施国家文化公园建设工程

推进长征国家文化公园建设，推动以六盘山红军长征旅游区、将台堡红军会师纪念园为核心的红军长征革命遗址保护利用基础设施建设和彭阳县长征国家文化公园建设等项目。推进长城国家文化公园建设。围绕原州区、西吉县、彭阳县战国秦长城、秦汉长城、宋长城等遗存，建设长城博物馆和国家长城公园。推进黄河国家文化公园建设。以清水河、泾河、葫芦河、渝河、茹河为核心，挖掘和展示周边文化遗存和生态文化。

（四）深入实施乡村旅游建设工程

以创建民宿经济先行区为抓手，制定出台精品民宿地方标准和管理办法，提升打造一批精品民宿，积极配合国家、自治区特色旅游重点村镇评定工作，大力发展乡村旅游、助力乡村振兴。

2022年中卫市文化和旅游业发展报告

康娟娟

2022年，中卫市宣传文化系统以学习宣传贯彻习近平新时代中国特色社会主义思想为指导，全面贯彻落实党的十九大和十九届历次全会以及党的二十大精神，深入学习宣传贯彻习近平总书记视察宁夏重要讲话和重要指示批示精神，认真贯彻落实自治区第十三次党代会精神，坚持创新性转化、创造性发展，稳步实施文化活市战略，推进文化自信自强。

一、文化为城市铸魂赋能

聚焦打造文化兴盛沃土、建设文化活市，不断激发黄河文化保护传承活力，彰显中卫文化自信，体现中卫文化软实力。2022年以来，黄羊古落、漠贝酒庄创评国家AAA级旅游景区，迎水桥镇、何滩村、鸣钟村、关桥村获评全国乡村旅游重点村（镇），创业村、田拐村、方堡村获评宁夏特色旅游村，古建彩绘、黄羊钱鞭被列入国家级非物质文化遗产保护项目，"中卫黄河古村休闲赏花游""中宁枸杞研学游""中卫乡村古道秋季探秘游"3条线路入选文化和旅游部"乡村四时好风光"全国乡村旅游精品线路，丰安屯旅游度假区入选2022年国家级森林康养试点基地，《"点亮"大漠星空 释放消费活力 打造"星星的故乡"文旅IP》入选全国文化和

作者简介　康娟娟，中卫市委宣传部文化艺术科副科长。

旅游领域改革创新优秀案例，大战场农民合唱团"杞花开"文化志愿服务项目荣获2021年文化和旅游部文化和旅游领域最佳志愿服务项目，宁夏香山寺国家草原自然公园试点建设取得良好进展。

（一）创新"四大工程"，守护黄河根脉

中卫市统筹推进黄河文化宣传阐释和推广展示、黄河文化遗产传承创新和活化利用、黄河印象品牌打造和推广，创新"四大工程"推动黄河文化融入经济社会发展。

1. 实施以"讲好黄河故事"为主题的黄河文化宣传阐释和推广展示工程

推进音乐党史课《歌声里的民心》、动画片《中卫民间故事》、反映建设乡村全面振兴样板区风貌的电影《六谷儿》等精品力作，打造了《丝路驿站》《金沙梦》《三个女红军》等样板节目，推出了歌曲《我们》、花儿MV《宁夏人最念党的恩》等优秀文艺作品，着力讲好中卫的黄河文化故事。

2. 实施以"重塑黄河人家"为主题的中华文明探源工程

对古建筑、古镇、古村等农耕文化遗产和引黄古灌区、古渡口、治河技术等水文遗产进行保护传承，依托独特资源禀赋做优黄河宿集、黄羊古落、大漠味集、丰安屯等传统村落、街区，打造艺慧、红枸杞等黄河文化展示馆及文创产品孵化基地，培育了"大战场农民合唱团""永乐村艺术巷"等基层文艺品牌。

3. 实施以"活化黄河印象"为主题的黄河文化传承创新工程

创新文物和文化资源保护传承利用新路径，深入调研挖掘中卫下河沿陶瓷历史，创新研发了黄河瓷、黄河陶印等文创产品，提出了"来自黄河母亲的祝福"的品牌概念。依托丰富的人文资源，推出了大漠追星等沉浸式体验旅游项目，打造了秘境之旅等非物质文化遗产研学线路，黄河文化体验展示项目首次进入国家文化产业发展项目库，沿黄中卫文化大数据云服务平台项目等4个项目获自治区文化产业发展专项资金扶持。将书香融入景区，在大漠、黄河、星空特色旅游资源富集地建设悦读书房，不断培享黄河文化土壤。

4. 实施以"沉淀黄河记忆"为主题的黄河文明标识工程

深入挖掘黄河文化蕴含的中华民族精神，培育和孵化体现中华民族精神独特标识的地标体系，依托黄河、沙漠、星空等特色旅游资源，打造了黄河印象、沙漠大客厅、沙漠图书馆、黄河文化博物馆等文化旅游 IP。保护地方特色戏曲、民俗、传统技艺，道情戏"九进"活动深受群众欢迎。举办"永乐风情""又见莫楼村"等乡土文艺活动，沉淀华夏儿女的乡愁记忆，为建设新时代文化强区做出贡献。

（二）实施"三大举措"，发展文化旅游

深入研究文化旅游产业发展新态势，努力打造具有中卫特色、符合市场需求的文化旅游业态。2022 年前三季度，全市共接待国内游客 883 万人次，实现旅游总收入 53 亿元，受"8·04""9·20"疫情影响，预计全年同比分别下降 0.42% 和 9.71%。

1. 规划引领，有效推进全域旅游创建

制定《中卫市文化旅游产业提质增效三年行动计划（2022—2024 年）》《中卫市乡村旅游发展三年行动方案》，完善《中卫市沙坡头沙漠区控制性详细规划》。谋划 2022 年文化旅游项目 32 个，完工 15 个、在建 5 个、督促计划开工 3 个，预计完成投资 2.7 亿元。制定全域旅游示范区创建实施方案，推荐中宁县重点作为自治区级全域旅游示范区创建单位。

2. 强化宣传，持续提升文化旅游形象

举办了第十二届丝绸之路大漠黄河国际文化旅游节开幕式、2022 丝绸之路城市文化旅游发展国际论坛、"千车自驾游中卫"、"月满大河之夜·保护黄河公益音乐会"、支付宝中秋音乐节、凯越新品发布会、自治区第十六届运动会龙舟测试赛等节会活动，累计参与人数达到 20 万人次，相关信息浏览量突破 5000 万次。在西安、长沙、广州、宜昌等地开展文旅推介，加入了陕甘川宁毗邻地区旅游合作联盟。推出了瀚海大漠追星游、寻根黄河体验游等 8 条精品旅游线路。全年经央视新闻报道 10 余次，央视网直播推广 5 次。

3. 精准施策，持续增加文旅市场温度

制定《"五一"黄金周中卫旅游促消费八项优惠措施》，完善《中卫市旅行社送团奖励办法（试行）》，兑现2021年送团奖励资金725万元，2022年接待长沙、宜昌、南通等地来卫旅游包机38班次，往返游客1.05万人次。制定了《中卫市促进旅游业回暖10条措施》，发放补助资金500余万元。发动23家文化旅游企业参与自治区、中卫市文化旅游消费券发放活动，共投放消费券180余万元。

（三）落实"五项工作"，推进文明创建

着力构筑"一城好人，满城春风"的新时代道德高地，不断满足群众精神文化需求，持续擦亮"创建全国文明城市、做文明有礼中卫人"精神底色。

1. 培育城市新风，文明创建实践再拓展

以文明城市创建"九大攻坚战"为统揽，争创自治区级文明单位8个、文明村镇5个、文明校园8个，推进乡村"复兴少年宫"试点建设6个，建成新时代文明实践所40个、实践站511个，8人获评"中国好人榜"候选人，延伸建设了沙坡头区雷锋纪念馆、中宁县南河子公园、海原县文化馆等新时代文明实践分中心、实践基地（广场）35个，实现县、乡镇、村（社区）三级阵地建设全覆盖。立足"靶向式服务"，开展"千名文艺志愿者进基层"主题实践活动，建立了市委宣传部、文明办统筹，群众"点单"、文联"派单"、协会"接单"、中心（所、站）"评单"的闭环运行机制，走出了新时代文明实践深化拓展的创新之路。全域推行"赶集行动""小新帮办"等志愿服务活动5900余场次，"我为人人、人人为我"的氛围日益浓厚。

2. 满足群众需求，文化惠民实效再凸显

全年开展"文化大篷车""广场文化艺术节"等文化惠民、全民健身活动1000余场次、农村数字电影放映5800余场次，《金沙梦》节目"九进"活动55场次。按照"新建一批、改建一批、共享一批、延伸一批"的理念，在公园广场、景区社区、学校机关等地，建成图书馆及分馆、城市阅读书房、24小时微书房、共享阅读空间48个。"8·04""9·20"疫情防控期间，坚持以文化人、以艺通心，开展"艺"起战"疫"、以"艺"抗疫主题活动，创作音乐、诗歌、朗诵、书法、绘画、摄影等群众喜闻乐见的文艺作品 4700 余件，短短一个多月的时间，是过去两年文艺创作的总和，筑起了平复社会情绪的"心理长城"。

3. 树立全局观念，思政工作水平再提升

广泛开展大学习、大讨论、大宣传、大实践，组织"做悦读党员·建书香机关"等活动，机关思想政治工作得到加强。建立市级领导上思政课机制，加强爱国主义和国防教育，开展"弘扬传统文化 传承红色基因"等主题实践活动，引导青少年"扣好人生第一粒扣子"。深入实施国有企业基层党建"六化六提升工程"，持续推动习近平新时代中国特色社会主义思想进企业、进车间、进班组。加强社区思想政治工作网格化建设，构建"社区党组织—网格化党支部—楼栋党小组"治理链条，推动社区思想政治工作和基层治理、社区党建结合。

4. 落实文化担当，文物保护利用再深入

获评首批自治区级文化生态保护区，制定《长城国家文化公园（宁夏中卫段）建设实施方案》《长征国家文化公园（宁夏中卫段）建设实施方案》《黄河国家文化公园（宁夏中卫段）建设实施方案》，出台《关于加强大麦地岩画保护的决定》，完成了胜金关滑坡及危岩体抢险加固工程、中卫鼓楼保护修缮工程，开展了第六批国家级非物质文化遗产代表性传承人申报、第五批市级非物质文化遗产代表性项目和代表性传承人评审、中卫博物馆展陈修改提升等工作。

5. 聚焦群众困难，解决问题机制更健全

围绕解决疫情防控期间群众急难愁盼问题，建立"1+N"群众诉求排忧解难专班工作机制，统筹整合涉群众诉求 16 个重点部门渠道资源，坚持线上解疑释惑和线下解难纾困并行推进，受到国务院联防联控机制宁夏工作组充分肯定和自治区领导多次批示，工作经验全区推广。成立应对新冠肺炎疫情心理健康服务专班，开展"临时妈妈（儿女）"暖心行动，及时纾解群众负面情绪，解决了一线人员后顾之忧，有效预防极端事件发生，《人民日报》、新华社等中央媒体进行了广泛报道。

二、存在的问题

(一) 黄河文化传承转化力度不够，挖掘还不全面

黄河文化、非遗文化等多以文化展馆式的传统开发、静态展示为主，文化演艺进景区未形成常态，与基础设施、旅游要素的结合不紧密，文化产品缺乏中卫特色，没有形成中卫特有的文化产业链，文化产业竞争力不强，中卫文化品牌"走出去"步伐艰难。

(二) 城乡精神文明建设不平衡，发展还不充分

新时代文明实践中心（所、站）、农家书屋、乡镇综合文化站等阵地利用效率还不够高，功能发挥还不够明显。文明创建工作辐射带动作用还有待提高。

(三) 旅游行业持续承压，旅游业态还不丰富

全国疫情多点散发，导致游客出行困难，个别项目推进缓慢，投资后劲不足。"吃、住、行、游、购、娱"关键要素还不完善，"全景、全业、全时、全民"格局还未完全形成，不能充分满足游客需求。

三、对策建议

一是加快打造文化兴盛沃土。持续实施以"守护黄河根脉"为主题的传承黄河文化基因、延续中华历史文脉推进工程，推进长城、长征、黄河国家文化公园建设，完善文物资源资产动态管理机制，传承民间艺术、传统技艺、戏曲曲艺等非物质文化遗产，创建全域旅游示范市，落实文艺作品质量提升工程，培育"黄河印象"文创品牌，全力打造文化兴盛沃土，推进文化自信自强。优化公共文化资源配置，提升"文化大篷车""百姓大舞台""送戏下乡"等群众文化活动水平，推动公共体育设施提档升级，增强广大群众文化获得感和幸福感。

二是推进城乡精神文明建设。深化社会主义核心价值观公益宣传平台传播工程，持续推进社会主义核心价值观"六进"活动，实施文明素养提升行动。严格贯彻落实《中卫市文明行为促进条例》等规章制度，形成有利于培育和践行的生活情景和社会氛围。以创建全国文明城市统揽各项文明创建，全力实施"六大提升行动"，完善长效常态创建机制。加强文明单位、村镇、校园创建，深化移风易俗宣传教育，培育文明乡风。推动新时代文明实践提质增效，大力推广"爱心超市"等积分兑换做法，持续开展"千名文艺志愿者进基层"主题实践活动。深化学雷锋志愿服务活动，培育打造一批志愿服务品牌和项目。

三是激活文化旅游新动能。抓好沙漠主题度假中心（野奢酒店）、沙漠传奇、钻石酒店、沙漠沙泉空间酒店等23个重点项目，力促项目投资"双落地"，争取2023年完成投资6.43亿元。积极开展文旅推介，高标准策划举办自治区第十六届运动会、第十三届丝绸之路大漠黄河国际文化旅游节、星空旅游大会、梨花节、中宁枸杞文化旅游节、海原乡村文化旅游节等节事活动。落实《中卫市促进旅游业回暖10条措施》《中卫市旅行社送团奖励办法（试行）》等，提振市场主体信心。进一步健全现代旅游服务体系，加大优质旅游业态供给力度，丰富星空旅游、休闲度假、研学旅游等八大旅游业态，推动自驾游、乡村游、特色餐饮、特色购物等新业态发展。

附 录
FULU

2022年宁夏文化发展大事记

贾 峰

1月

3日 东风日产天籁·2022新年音乐会在宁夏人民剧院上演。

5日 宁夏博物馆联合四川博物院、山西博物院、沈阳故宫博物院等12家国家一级博物馆共同推出国宝日历文创产品，集结12家博物馆300多件国宝文物共同见证中华文明上下五千年的历史。其中，宁夏博物馆的镇馆之宝"鎏金铜牛""灰陶迦陵频伽"等26件文物入选其中。

10日 宁夏2022年"文化进万家——视频直播家乡年"活动启动。

17日 经过严格评审程序，确定129人列入第六批自治区级非物质文化遗产代表性项目代表性传承人名录。

25日 《宁夏回族自治区文物事业发展"十四五"规划》正式印发实施。

26日 由固原博物馆、平凉市博物馆等8家文博单位联合举办的"平固相依·情镜交融——平凉百件馆藏精品铜镜固原献岁特展"在固原博物馆开展。此次展览遴选平凉市各博物馆馆藏铜镜精品137面，时间跨度自汉唐至明清，种类较为齐全，文化内涵丰富，极具艺术欣赏价值，基本可以

作者简介 贾峰，宁夏社会科学院文化研究所助理研究员。

反映中国古代铜镜艺术发展的概貌。

27日 由中国文物报社联合固原博物馆等50家文博机构共同推出的"虎虎生福——壬寅虎年新春生肖文物（图片）联展"在固原博物馆开展。

是月 生态环境部发布2021年度美丽河湖、美丽海湾优秀案例，宁夏沙湖入选美丽河湖优秀提名案例。

2月

是月 宁夏作家季栋梁长篇报告文学《西海固笔记》由北京十月文艺出版社出版发行。

3月

7日 "中国梦·巾帼情"宁夏第八届妇女摄影作品展在银川市吾悦广场举行。

10日 宁夏大学《爱我中华》民族重唱作品音乐会在该校音乐厅上演。

11日 宁夏书法家任龙书法作品入选"2021'中国书法·年展'全国楷书作品展"。

15日 宁夏书法家于智勇书法作品入选"2021'书圣故里·中国临沂'中国书法临书大会"。

4月

23日 在"全民阅读大会·2021年度中国好书"盛典上，"中国好书"年度榜单揭晓，著名作家何建明倾力创作，黄河出版传媒集团宁夏人民出版社与海峡出版发行集团福建人民出版社合作推出的《诗在远方——"闽宁经验"纪事》赫然在榜，入选中宣部主题出版类获奖图书，也是本次"中国好书"唯一一部"脱贫攻坚类"获奖图书。

是日 徐娟梅、李政共同主编的"追根寻源宁夏文化丛书"——《宁夏长征故事》《宁夏长城故事》《宁夏丝路故事》新书发布会在宁夏图书馆举行。

30日 第十一届（中国·宁夏）沙湖国际观鸟节启动。

5月

23日 文化和旅游部公布第一批国家级文明旅游示范单位名单，全国共有47家单位入选，宁夏沙坡头景区、沙湖景区位列其中。

27日 由自治区文化和旅游厅、石嘴山市政府、宁夏农垦集团主办的2022年"中国旅游日"宁夏分会场活动在石嘴山市沙湖旅游景区举办。活动现场，"神奇宁夏·星星故乡"文旅品牌标识正式发布。

27日—28日 方言版大型原创话剧《情系贺兰》在银川剧院精彩开演。

6月

2日 "宁夏电投杯"第五届《朔方》（2020—2021）文学奖揭晓。

6日 由银川市文学艺术界联合会、共青团银川市委员会、银川市生态环境局、银川市新闻传媒中心联合主办的"喜迎二十大 讴歌新时代 奋进新征程"——银川市首届"黄河流域生态保护主题宣传实践月"系列艺术展览在银川美术馆正式开展。

9日 宁夏第十届文学艺术突出贡献奖及优秀作品奖评选出炉，奖项涵盖文学、戏剧、影视、音乐、舞蹈、美术、书法、摄影、民间文艺、曲艺杂技、文艺评论等11类。其中，一等奖15部、二等奖34部、三等奖53部。

9日—12日 宁夏文学艺术界联合会举办第23期文艺（评论）研修班，来自全区的50多名文艺评论工作者参加了培训。

11日 2022年"文化和自然遗产日"宁夏主会场系列活动在固原博物馆广场启动。本次活动由文化和旅游部统筹指导，自治区文化和旅游厅、固原市政府共同主办，活动紧扣"连接现代生活，绽放迷人风采"主题，通过线上线下结合、多方协作互动，集中立体呈现党的十八大以来宁夏文化遗产保护丰硕成果，宣传宁夏独特的文化魅力，营造全社会共同参与和保护传承中华优秀传统文化的浓厚氛围，致力推动文化遗产融入现代生活，促进人民共享，展现当代价值。

13日—24日 由中国戏剧家协会、西安市政府主办的第九届中国秦腔艺术节在陕西省西安市举行。宁夏秦腔剧院排演的本戏《狸猫换太子》获得本届艺术节唯一特别推荐剧目。

25日 "微观宏图——朱宪民摄影展"在银川当代美术馆开幕，展览以"微观宏图"为主题，共展出350余幅作品，通过梳理朱宪民先生的纪实摄影史，以"时间""本身""集体"和"世界"构成展览的四个版块，其中关于西北及黄河的作品有百余幅。展览展出作品时间跨度六十余年，也是朱宪民先生迄今为止展出作品规模最大、作品类型最为全面的一次大型回顾展览。

27日 宁夏大学音乐学院2019级合唱团在西吉县将台堡红军长征会师纪念园开展了"喜迎二十大，奋进新征程，情系老区红色血脉永流传"《黄河大合唱》专场演出。

7月

1日 第五届中国（黄河流域）戏剧红梅大赛在山东聊城举办，宁夏秦腔剧院优秀青年演员、演奏员取得"一金四银"的好成绩。

14日 "非遗进万家·文旅展风采"2022年宁夏黄河流域非遗讲解大赛在银川市兴庆区天山海世界成功举办。

15日 由中国文物学会和中国文物报社主办的2021年度全国文化遗产十佳图书推介活动终评会在京召开。经过综合评议和投票推荐，本次活动从1018种参评图书中选出2021年度全国文化遗产十佳图书10种、优秀图书10种。其中，由文物出版社出版的宁夏博物馆编、陈永耘著的《宁夏地区革命文物的保存管理和保护利用调查研究》入围十佳图书。

16日 "千与千寻"——久石让·宫崎骏经典动漫视听音乐会在宁夏人民剧院上演。

18日 由国家民委西北少数民族社会发展研究基地、西北大学科学史高等研究院、北方民族大学民族学院、宁夏岩画研究中心、银川市贺兰山岩画管理处联合发起的中国早期文明探索与文化遗产保护学术论坛在银川举行。

18日—19日 由文化和旅游部国际交流与合作局、自治区文化和旅游厅主办，宁夏中外文化交流中心、中卫市政府承办的"2022 丝绸之路城市文化和旅游发展国际论坛"在中卫市举办。

20 日　国家艺术基金资助项目"意境——唐诗主题画展全国巡展"第二站在石嘴山市书画院开幕，此次展览集中现了国内 24 位艺术家的 80 余件精品力作。

22 日　由宁夏博物馆、扬州博物馆共同主办的"扬州八怪"书画精品展在宁夏博物馆开展，展览展示了 53 幅扬州博物馆馆藏"扬州八怪"书画精品。

8 月

1 日　由文化和旅游部艺术司、中央军委政治工作部宣传局、中国美术家协会主办，国防大学军事文化学院、中国文联美术艺术中心承办的"庆祝中国人民解放军建军 95 周年全国美术作品展览暨第 15 届全军美术作品展览"在中国美术馆开幕，银川市美协顾问张戈、美协理事李雪合作的雕塑作品《前进·前进·向前进》、美协理事马荣的版画作品《军魂之一》入展，并被中国人民革命军事博物馆收藏。

是日　宁夏第四届诗词大会总决赛在银川落下帷幕，12 位选手经过 4 个小时的激烈比拼，最终，来自哈尔滨理工大学的姚克中夺得总冠军。

7 日　在山东省东营市举办的沿黄九省区民歌展演闭幕式暨颁奖晚会上，宁夏选派的歌手王淑霞、张娜获"最佳演唱奖"，褚国建、郭金霞获"最佳风采奖"。

10 日　国家艺术基金 2020 年度传播交流推广资助项目——杂技剧《岩石上的太阳》在山东省会大剧院倾情上演，拉开了 2022 年全国巡演的序幕。《岩石上的太阳》作为宁夏首部大型原创杂技剧，以贺兰山岩画为创作主题，深入挖掘宁夏本土文化素材，将非物质文化遗产用杂技艺术的形式再现，填补了宁夏历史上大型原创杂技剧的空白。该作品先后两次获得国家艺术基金立项资助，曾亮相第十届中国杂技展演等大型舞台。

16 日　宁夏书画院、石嘴山市书画院和固原市美术界联合举办的"喜迎二十大　奋进新征程"书画作品展在固原博物馆开展。展览以"献礼二十大"为主题，共展出国画、版画、油画等作品110幅。艺术家们通过不同的艺术表现形式，用大爱情怀寄情翰墨，用华彩丹青讴歌新时代，谱写宁夏经济建设和社会发展各个方面取得的成就以及人民群众的美好生活。

19日 迈点研究院公布"7月度5A级景区品牌百强榜单"，沙坡头旅游景区新晋"5A级景区品牌影响力（MBI）100强榜单"，排名41名。

20日 在北京国际电影节闭幕式上，由宁夏独立电影人赵磊导演的电影《北方的霓裳北方的河》荣获创投单元"最具投资价值项目奖"，是入围项目里唯一一部纪录电影项目。此外，该剧还获评2022年金鸡电影创投大会"特别关注项目"。

20日—26日 2022年宁夏黄河流域非遗成果展示推广活动在银川市敬德夜市成功举办。活动由自治区文化和旅游厅主办，银川市兴庆区文化旅游体育广电局承办，来自全区的非遗创意大赛获奖者以及"网红达人"百余人参与，展示展销的巴鸟麻编、刘三朵八宝茶、剪纸、葫芦画、刺绣、蒿子面、老醋、羊羔酒等极具宁夏特色的非遗项目吸引广大市民游客打卡体验。

24日 全区文化旅游产业高质量发展推进会在银川召开，会议总结文化旅游产业高质量发展包抓机制成立以来全区文旅产业发展情况，审议《关于贯彻落实自治区第十三次党代会精神加快推进全区文化旅游产业高质量发展的实施意见》。

25日 文化和旅游部公布第二批国家级夜间文化和旅游消费集聚区名单，银川市怀远观光夜市、银川市建发大阅城、吴忠市盐州古城3家单位入选。截至目前，全区共有4个国家级夜间文化和旅游消费集聚区。

26日 宁夏画家张继春创作的中国画作品《古韵新颜》入选"2022'万年浦江'全国中国画作品展览"。

28日 《西部散文选刊》创刊15周年纪念暨首届刘成章散文奖颁奖典礼在内蒙古鄂尔多斯市举行，宁夏作家计虹的《市井生活》获刘成章散文奖黑马奖。

30日 宁夏旅游大篷车全国十城巡演活动走进南京，开展多种文化旅游推介，进行互动交流和精彩文化演艺活动。

是日 湖南省歌舞剧院创排的《乐秀风华》民族音乐会在宁夏人民剧院上演。

9月

3日—9日 由福建省文学艺术界联合会和宁夏回族自治区文学艺术界联合会联合指导,福建省作家协会、福建省文学院、宁夏文学艺术院主办,《福建文学》杂志社、《朔方》杂志社、福建省文艺评论家协会、福州文学院等单位协办的"喜迎二十大,建功新时代"闽宁青年文学创作研讨交流系列活动在福州马尾举办。来自宁夏的10名青年作家及福建省各地50多名青年作家共同参与了活动。该活动是"闽宁模式"在文学领域的首次合作,是两省区文学艺术界协作共进的开山之旅,主要包括"闽迹踪寻"主题学习走访创作、研修、文学研讨交流、经典诗文朗诵交流会等内容。

7日 由农业农村部、文化和旅游部、中国人民对外友好协会和自治区人民政府共同主办,以"中国葡萄酒·当惊世界殊——荟聚贺兰山·携手向未来"为主题的第二届中国(宁夏)国际葡萄酒文化旅游博览会在银川市闽宁镇盛大启幕。

13日 36集电视剧《星星的故乡》开拍,将进一步快速持续擦亮"星星的故乡"这一全新的文旅IP,推动宁夏文旅融合高质量发展。

是日 第二届宁夏贺兰山东麓国际葡萄酒大赛颁奖盛典暨首届"中国银行杯"宁夏"马瑟兰"酿酒大师邀请赛启动仪式在银川举行。本次大赛,宁夏广邀全球葡萄酒产区、企业参赛,共征集到中国、法国、德国、智利等16个国家43个产区797款酒样,国内12个主要葡萄酒产区全部参加,是历届博览会大赛酒样征集报名中,参与产区范围最广、酒款报名数量最多的一次。大赛共设大金奖、金奖、银奖3类奖项,共评出224款获奖酒款,其中大金奖12款、金奖80款、银奖132款,宁夏贺兰山东麓葡萄酒产区10款酒荣获大金奖。

15日 第十三届中国艺术节闭幕式在河北雄安隆重举行,经组委会严格评选,由宁夏选送、宁夏演艺集团歌舞剧院创排的音乐剧《花儿与号手》从各地及中央直属各院团选送的参评作品中脱颖而出,一举夺得我国舞台艺术最高奖——文华大奖。这是继2019年秦腔现代戏《王贵与李香香》荣获文华大奖后，宁夏再次摘得文华大奖桂冠。

是日 在第十三届中国艺术节闭幕式上，宁夏选送的广场舞作品《塞上儿女心向党》从全国33支团队中脱颖而出，荣获全国第十九届群星奖。

是日 由中国舞蹈家协会主办，中国文联舞蹈艺术中心承办，宁夏舞蹈家协会协办的"2022年全国群众舞蹈网络展演"活动成功举办。宁夏舞蹈家协会选拔推荐的《塞上儿女心向党》《扬鞭再创新辉煌》《舞动新时代》参加展演。

16日 第二届沿黄九省（区）政协书画文艺精品展演在山东美术馆开幕，展览共展出书画艺术作品170余件，其中宁夏选送的15幅书画作品入选。

19日 国家文物局公布了2022年度"弘扬中华优秀传统文化、培育社会主义核心价值观"主题展览100个推介项目名单，宁夏博物馆"历史红流——陕甘宁边区盐池县革命文物特展"名列其中。

22日 第七届北京十月文学月启动，活动当天揭晓了首届十月年度作家作品，以及入选王蒙青年作家支持计划的3位年度特选作家，宁夏作家季栋梁的报告文学《西海固笔记》入选。

26日 宁夏画家岳子萱创作的中国画作品《大河之畔》入选"2022年全国少数民族美术作品展"。

10月

9日 第七届华语青年作家奖颁奖典礼在成都龙泉驿东安湖畔举行，八大奖项一一揭晓。宁夏作家马金莲《爱情蓬勃如春》获得短篇小说奖主奖。

28日 宁夏文化旅游产业高质量发展包抓工作机制办公室印发《关于推进乡村旅游高质量发展的实施意见》。

29日 宁夏9个村镇入选第四批全国乡村旅游重点村和第二批全国乡村旅游重点镇（乡）名单。截至目前，宁夏全国乡村旅游重点村镇已达46个，包括40个村、6个乡镇。

30日 《山海情》《花儿与号手》《中国北斗》《诗在远方——"闽宁经验"纪事》4部作品获得第十六届精神文明建设"五个一工程"奖。

11月

1日 文化和旅游部发布2021年国内旅游宣传推广优秀案例名单，由自治区文化和旅游厅主办的"丝路魂·山海情"大西北主题宣传推广活动成功入选。

2日 文化和旅游部发布了53个国家工业旅游示范基地名单，石嘴山市大武口生态工业旅游休闲集聚区和百瑞源枸杞工业旅游基地成功入选。

4日 宁夏画家马瑜创作的《役》入选第四届全国（宁波）综合材料绘画双年展。

6日 反映宁夏移民文化的大型电视专栏《家园》在宁夏卫视开播。

11日 宁夏画家段炼中国画作品《花语》入选"赋彩新时代——中国重彩画学术邀请展"。

17日 文化和旅游部印发《关于公布2021年度文化和旅游领域改革创新十佳案例、优秀案例的通知》，由自治区文化和旅游厅推送的《"点亮"大漠星空 释放消费活力 打造"星星的故乡"文旅IP》成功入选优秀案例。

18日—24日 由西安美术学院主持的2022年度国家艺术基金传播与推广项目"家乡美——乡村振兴油画作品巡回展（宁夏站）"在宁夏青年美术馆展出。

30日 我国首部葡萄酒全产业题材电视剧《星星的故乡》杀青。全剧以宁夏葡萄酒产业的发展、变迁为主线，围绕政策引导机制，向观众展现中国葡萄酒人不负众望朝着"当惊世界殊"的宏伟目标奋蹄扬鞭，以葡萄酒产业发展小切口讲述了中国对外开放大故事。

是月 宁夏首部数字秦腔戏曲电影《花儿声声》入选第四届、第五届中国戏曲电影展推优名单。

是月 宁夏书法家许金平书法作品荣获全国第三届"雷锋杯"公益书画作品展优秀奖。

是月 "固原市（六盘山地区）文化生态保护区""盐池滩羊文化生

态保护区""黄河文化（银川）生态保护区""黄河流域中卫段文化生态保护区"及"平罗文化生态保护区"被正式设立为首批5个自治区级文化生态保护区。

12月

2日　宁夏地质博物馆主办的"奇妙夜"活动在"云端"拉开帷幕，首次通过抖音直播方式，带领观众"云游博物馆　趣享科普夜"。

7日　吴忠市利通区上桥镇牛家坊村《打造现代服务业集聚区促进多业态转型升级》案例入选《2022世界旅游联盟——旅游助力乡村振兴案例》。

8日—12日　2022云上宁夏文学周活动在银川以线上线下相结合的形式举办，先后开展了第二届宁夏青年作家创作工作会议、作家主编面对面暨《黄河文学》创刊三十周年见面会、第五届"阅读之星"颁奖、文学照亮生活大讲堂、宁夏城市文学座谈会等活动。

注：本大事记根据《宁夏日报》、自治区文化和旅游厅网站、宁夏新闻网、宁夏文艺网等相关报道整理而成。